이언주

나는 왜 싸우는가

나는 왜 싸우는가

이언주 지음

서문

나는 70년대생, X세대다. '서태지 세대'라는 말도 있었다. 민주화 이후 자유로운 사회적 분위기와 비교적 풍요한 경제적 여건, 그리고 세계화의 흐름 속에 생성된 세대였다. 과거 경직된 사회에서 지낸 구세대와 다른 '신세대'라는 평가를 받았다. 그 같은 사회적 영향과 내 개인적인 성향 때문인지는 몰라도 몇 년 차이가 나지 않았지만 86 운동권들과 나는 정서적 차이가 컸다. 그들의 경직된 이념과 교조적 태도는 나와 기질적으로 맞지 않았다. 그래도 운동권과 민주당 세력이 우리 사회 민주화 세력임을 내세웠기에, 나는 이들이 개인의 자유를 최상의 가치여기는 자유주의 세력에 가까울 것이라고 막연히 생각해왔다. 그래서 민주당이 나에게 정치 영입을 제안했을 때, 나는 큰 고민 없이 받아들였다. 민주당을 지지했던 많은 사람들도 아마 나와 비슷한 '오해'(?) 속에 그들에게 표를 던져주었을 지도 모른다.

그러나 입당한 후 민주당을 4년 경험해 보니 내가 기대한 착각 속에서 지내왔다는 의심이 커져만 갔다. 민주당 내 운동권 출신 의원들이 주류를 형성해가며 당이 좌클릭 되어가는 현실 속에서 민주당의 정치 노선에 대한 회의감은 깊어졌다. 국제거래 전문 변호사로서 글로벌 기업을 경험했던 나의 관점에서 볼 때, 그들의 역사관과 세계관은 너무 이질적이었다.

대학시절부터 시작된 정치투쟁의 오랜 경험으로 단련된 운동권들은 정치판에 뛰어들어 정치 기술자로 변신했다. 새로운 비전을 제시하는 대신, 과거사 바로잡기 등 정체성 정치에 몰두하며 지지자를 결집시키는데만 능숙했다. 그들의 권력만능주의와 국가개입주의적 행태는 보수정당보다 더했다.

보다 심각한 문제는 그들이 추구하는 정치적 지향이다. 개방적 해양세력이자 자유민주진영의 일원으로서 대한민국의 건국과 역사성을 부정하는 86세대의 역사관은 너무나 위험해 보였다. 특히 왕정보다 더한 원시신정 체제에 가까운 북한정권에 대한 맹목적 추종과 비현실적이고 시대착오적인 민족근본주의는 도저히 이해할 수 없었다.

글로벌 기준으로 본다면 한국의 운동권은 진보나 좌파조차 될 수 없다. 그들은 끊임없이 과거사를 호출하지만, 6.25 남침으로 수백 만 명에게 사상자를 발생시켰던 북한의 과거는 묻지 않는다. 휴전이후 현재까지 수만 번 도발한 북한의 행태에 대해서도 말이 없다. 북한 인권에 대해서는 끝끝내 침묵한다. 이들이 과거 민주화 운동 때 내걸었던 '자유'와 '인권'은 3.8선 앞에서 멈춘다. 그런 가치는 그저 권력 투쟁을 위한 명분이었을 따름이다.

대한민국의 헌법질서 하에서 용인될 수 있는 좌파란 사민주의자 정도다. 그들은 분배 문제에 천착할지언정 자유민주적 기본질서와 시장경제 원리 자체를 부정하지는 않는다. 또 인권의 가치에 대해서도 이중적이지 않다. 실제 서구에서 북한 인권에 대해 가장 강경한 입장을 보인 정당은 유럽의 사회민주정당이나 미국 민주당이었다.

전체주의 국가인 북한에 대한 태도가 분명치 못하고, 한미동맹의 가치를 훼손하고, 대한민국의 정체성을 부정하는 정치세력이라면 그들은 퇴출되어야 할 반체제 세력일 뿐이다. 미국도 민주, 공화 양당의 진영주의가 극심해지고 있지만, 국익과 안보문제 앞에서는 모두 한 목소리를 낸다. 미국 민주당이 아무리 진보를 지향하더라도, 적대적 경쟁국인 중국이나 러시아를 추종하며 미국의 안보에 위협되는 정책은 상상조차 하지 않는다. 그런 자가 있다면 스파이 혐의를 받게 될 것이다.

친북적 성향의 운동권 좌파들이 한국에서는 '진보'라는 진영을 차지하고 있다. 이런 현실에서 대한민국의 상식과 양심은 보수일 수밖에 없다.

87년 이후 시대적 변화를 주도하지 못하고 혁신을 소홀히 한 보수는 위기에 처했다. 그러나 보수정치세력의 위기가 자유민주주의와 시장경제를 핵심으로 삼는 대한민국 가치의 위기일 수는 없다. 자유민주주의와 시장경제질서는 배경과 줄서기가 통하는 정실주의가 아닌 진정한 경쟁을 요구한다. 배제가 아닌 효율적, 생산적 사회안전망과 원님 맘대로식 인치가 아닌 법치를 원한다. 국민들은 결코 인민민주주의나 전체주의 사회주의를 원하는 것이 아니다. 우리 국민이 바라는 것은 헌법가치 즉, 대한민국 주류정치가 추구해야 할 가치를 제대로 실현하는 것이다. 그렇나면 보수의 과제는 분명하다. 보수가 혁신하여, 자유민주주의의 본래적 가치를 제대로 추구해야 한다.

지금 대한민국의 '자유민주주의'의 위기는 위험수위를 넘어서고 있다. 대통령 탄핵으로 집권한 운동권세력들은 스스로를 '촛불혁명세력'으로 규정하고 자신들이 하는 모든 일은 '정의'로 분식해서 국민들을 선동한다. 중국의 문화대혁명이 상기될 만큼 우리 사회에 전체주의, 인민주의 풍조를 만연시키고 있다. '적폐', '정의'의 반대편으로 분류된 집단이나 개인이 자유와 재산권을 침해당해도 이를 문제삼는 사회적 분위기는 형성되지 않는다. '이게 아닌데' 하면서도 "적폐를 편드는 거냐", "너는 누구편이냐?"는 서슬 퍼런 마녀사냥 앞에서 사람들은 위축되고 있다. 이래서는 안 된다. 자유는 누가 대신 지켜주지 않는다. 우리 스스로가 지켜야 한다. 자유를 향한 홍콩시민들의 절박한 민주화 시위가 남의 일처럼 느껴지지 않는다.

'혁명'을 입버릇처럼 말하는 이들은 실제로 사회주의 혁명군처럼 행세하고 있다. "우리는 국민이 혁명으로 승인한 세력이므로 그 권력으로 뭐든 할 수 있다, 새로운 질서를 만들 수 있다"는 태도로 사회주의 실험을 마구 자행하고 있다. 이렇게 말하면 일각에서는 이미 1990년대 초반 동구권 사회주의가 몰락하던 시절 다 사라진 위협인데 '설마~' 하는 분들도 있다. 그러나 사회주의는 동구권 몰락과 상관없이 우리 내부에 존재해 왔다. 그리스나 베네주엘라의 경우도 사회주의적 포퓰리즘이다. 최저임금의 과도한 인상과 근로시간 단축도 사회주의적 구상이고, 탈원전도 실은 생산력 발전을 적대시하는 생태근본주의적 성향에 뿌리를 두고 있다. 지자체별로 확산되고 있는 무분별한 현금 뿌리기나 정부가 직접 다 하겠다며 공공서비스 산업을 독점하고 서비스시장을 파괴하는 것, 그리고 배급식 복지를 확대하는 것도 모두 우리 사회가 서서히 사회주의화 되는 현상이다.(자유시장경제체제에서도 복지를 하지만 배급제 방식을 선호하지는 않는다) 국가가 모든 걸 다 해줘야 하는 입법 만능주의도 현대적 사회주의의 맥락이다. 일부 지식인들의 반자본주의 선동과 대중의 반기업 정서는 이런 사회주의 흐름에 편승하여 날로 심각해지고 있지 않은가? 지금 대한민국에서 기업하는 사람들은 전부 죄인이 된 것 같은 분위기 속에서 절망하고 있다. 투자를 해도 회수 가능성에 대한 확신이 없다. 우리나라의 시장경제 시스템에 대한 신뢰가 갈수록 떨어지는 것이다. 이런 상황에서 누가 투자하고 고용하겠는가?

대한민국 자유민주주의의 위기는 내부에만 있는 것이 아니다. 외부의 위협도 높아지고 있다. 바로 북한의 핵위협과 중국의 독재 강화다. 우리는 그간 놀라운 경제발전으로 북한과의 체제 경쟁을 끝냈지만, 적성국가인 북한과 중국에 둘러싸여 안보적 환경은 늘 긴장의 연속이었다. 한미동맹으로 안보적 균형을 이뤄왔다. 그런데, 그 균형은 북핵의 완성으로 인해 깨져 버렸다. 이제 핵 불균형으로 인해 우리는 기존의 역학관계가 뒤집힐 위험에 처해 있는 것이다. 여기에 더해 중국의 독재 강화 현상과 지역 패권 추구도 우리의 안보환경을 더욱 악화시키고 있다. 인적 물적 교역 규모나 지리적 근접성을 감안할 때 우리는 중국과 적대적으로 대척할 수만은 없겠지만, 적어도 중국의 빠른 전체주의화 현상이나 패권적 행태는 우리의 자유를 지키기 위해 항상 경계해야 할 부분임에는 틀림없다. 게다가 미-중간 신냉전 질서의 도래는 우리가 무시할 수 없는 수준에 이르렀다.

상황이 이러함에도 불구하고 문재인 정부는 우리 국민의 안전과 재산보다 북한과의 묻지마식 교류나 협력, 통일에만 집착하고 있다. 같은 자유민주주의 국가인 미국과 일본보다 전체주의 독재국가로 회귀하는 중국과 사실상 신정체제인 북한에 더 우호적일 이유가 있는가? 만일 우리가 지금 당장 여행을 떠난다면 어디를 가겠는가? 답은 이미 나와 있다. 막연하고 추상적인 '민족'보다 우리에겐 '자유'가 우선이다. 집권 운동권 세력의 비합리적이고 맹목적인 북한 우호적 태도는 내가 민주당을 떠난 결정적 이유기도 하다.

나는 산업화가 꽃을 피우던 80년대에 중고등학교를 다니며 활력과 희망이 가득 찬 대한민국을 경험했다. 90년대 후반 IMF 외환위기 즈음 아버지 사업이 부도가 난 후 사실상 집안의 가장 역할을 하면서 때론 세상의 냉혹함에 상처받고 좌절하기도 했지만 용기를 잃지 않았다. 왜냐하면 어제보다 더 나은 오늘이, 오늘보다 더 나은 내일이 있다는 걸 믿고 있었기 때문이다. 우리는 우리 부모 세대보다 더 번영하고, 더 강하고, 더 자유로운 나라에서 살게 되었다. 그 분들의 희생과 헌신 덕분이다. 이제 우리는 '어떤 나라를 후손들에게 물려줄 것인가?'라는 물음에 답할 수 있어야 한다. 적어도 우리보다 더 번영하고 더 강하고, 더 자유로운 나라에서 살 수 있게 해야 하지 않은가?

하지만, 운동권 세대의 어두운 습성은 이러한 현실인식과 다르다. 갈수록 경제여건은 나빠지는데 그들은 미래세대에 부담을 떠넘기면서 기득권을 꽉 쥔 채 절대로 놓지 않으려 한다. 국가와 사회에 대해 우리 부모세대만큼의 책임감을 전혀 갖고 있지 않은 듯하다.

대한민국이 어떻게 세워지고 발전해온 나라인가? 비록 굴곡이 있었지만 반만년 역사 이래 이 정도 위상을 가져본 적이 있는가? 이제 겨우 건국된 지 70년이다. 우리 부모들과 선배들이 피땀으로 일궈온 소중한 기반을 여기서 무너뜨릴 수는 없다는 절박감으로 이 책을 썼다.

책을 만드는 오랜 기간 동안 많은 분들로부터 영감을 받고 논리와 자료의 도움을 받았다. 모든 분들께 감사드린다. 책을 탈고하며 언제나 바쁜 일정 속에서 매일 늦게 들어오는 엄마와 아내를 항상 걱정하며 지지해주는 사랑하는 가족들에게도 고마운 마음을 보낸다.

가족의 사랑은, 나를 '강한 엄마'로 만든다.

여의도에서

이언주

1장

어느 자유주의자의 선택

어느 자유주의자의 선택

01 | 민주당과의 결별

2017년 4월 6일. 국회정론관에서 더불어민주당의 탈당 기자회견문을 읽던 나는 갑자기 감정이 북받쳐 눈물이 쏟아질 뻔했다. 회견문의 어느 대목에서 지나간 내 인생의 한토막이 주마등처럼 지나갔기 때문이었다.

"저는 아버지의 부도로 온 가족이 고통 받았던 쓰라린 기억을 갖고 있습니다. 정치에 대한 저의 소명의식은 그 아픈 기억에서 비롯되었습니다. 단 하루를 정치하더라도 경제적 빈곤·양극화·불공정으로 고통 받는 국민들의 고단한 삶을 위해서 정치를 해야 한다고 생각했습니다."

우리 가족은 IMF 외환위기로 파산에 몰렸던 아픈 기억이 있었다. 그 당시 제때 치료를 못 받은 어머니는 결국 간암으로 돌아가시고 말았다. 내가 기자회견장에서 울컥했던 것은 그 시절의 기억 때문이었다.

나는 장녀로 자라면서 책임감도 남달랐지만, 유달리 자존심이 강했다. 내가 속해 있는 곳을 최고로 만들려고 노력했고, 내가 맡은 일은 완벽히 처리하려고 했다. 학창시절부터 그랬다. 기업에서 근무했을 때도 마찬가지였다. 대기업의 임원이자 사내 변호사로 일하던 내가 '정치인'으로 인생의 항로를 변경했을 때, 나는 그 어느 때보다도 남다른 책임감과 소명의식을 가졌다. 기업은 그 책임 범위가 직원과 투자자, 소비자에 한정되지만 정치는 차원이 다르다. 정책 판단이 잘못되면 그 영향이 미치는 범위는 국가와 국민 전체다. 그래서 나는 정치를 시작하며 민간 기업에 비해 훨씬 더 무거운 책임감과 부담을 느꼈다. 민주당 탈당을 선언하는 순간 꾹 참았던 눈물은 바로 그 책임의 눈물이었다.

남들이 보기에 탈당은 말 그대로 바보 같은 짓이었다. "아니, 대세만 잘 따르면 장관이라도 한 자리 맡을지 모르는데, 왜 탈당해! 소신도 좋지만 대세를 따르는 게 낫지 않겠냐!"는 아버지의 반대도 있었다. 함께 탈당을 고민했던 동료의원들도 대부분 막판에는 결정을 못 내리고 머뭇거렸다. 사실상 집권을 눈앞에 두고 있던 당을 제 발로 떠나는 것은 정치적 자살이나 마찬가지였기 때문이었다.

당시 민주당은 박근혜 대통령 탄핵 여파로 압도적인 지지율을 보이고 있었고, 대선을 눈앞에 둔 상태에서 문재인 후보 지지율은 가파르게 오르고 있었다. 공천에 탈락한 것도 아닌데, 사실상 차기집권을 예정한 정당의 국회의원이 스스로 탈당한 경우는 극히 드물다. 혹자는 나더러 당을 옮기는 것이 부담되지 않냐고 묻지만, 그럴 때면 나는 단호하게 되묻는다.

"정당을 옮기면 아무래도 불이익을 받게 됩니다. 기득권도 비려야 합니까. 그러나 정당의 방향과 내 소신이 맞지 않는데도 정치적 불이익이 싫어서 계속해서 국민들을 속이고 계속 위선을 떨며 정당에 머무는 것이 올

바른 정치 맞습니까?"

새로운 길을 떠나는 건 어려운 길이지만 설레는 길이기도 하다. 자기 소신대로 판단하고 소통하고 국민들로부터 평가받으면 될 일이다. 국회의원은 각자가 헌법기관 아닌가?

게다가 한국정치에서는 어느 당이든 정체성이 그리 뚜렷하지도 않다. 항상 사람 중심으로 이합집산 하는데 그걸 쫓아다니는 게 더 문제인 경우도 많다. 가치를 따라야 하는데 말이다. 나는 자유주의자로서의 가치를 추구해왔다. 국가권력으로부터의 자유, 양심의 자유, 사상의 자유, 표현의 자유, 언론의 자유, 종교의 자유, 학문의 자유, 경제적 자유, 노동의 자유 등 특정 집단의 힘으로부터의 자유 등 말이다. 어떠한 억압과 폭정도 견딜 수 없다. '자유가 아니면 죽음을 달라'는 말도 있지 않은가? 그래서 민주당이 야당으로 있을 때 그곳에 몸담아 권력의 국가주의적 전횡에 맞섰고, 지금은 문재인 운동권 정권의 전체주의적 억압과 위선, 사회주의식 국가개입에 대항하여 싸우고 있다. 그런 의미에서 과거 민주당과 운동권이 자유를 명분으로 권력에 저항한 것이야말로 오히려 위선의 극치였음이 요즘 더욱 뚜렷해 보인다. 냉전을 종식시킨 미국의 레이건 대통령은 원래 민주당 멤버였지만, 이후 공화당으로 옮겼다. 그는 이런 말을 남겼다. "내가 당을 떠난 것이 아니라 민주당이 나를 떠났다." 내가 하고 싶은 말도 똑같다.

민주당 탈당은 나로서는 자존심에 커다란 상처가 되는 일이기도 했다. 나의 정치적 최초 선택이 잘못되었음을 자인하는 것이나 다름없기 때문이다. 그런데도 탈당을 할 수밖에 없었던 이유는 민주당 내부로부터의 개혁이 불가능하다는 현실 인식, 그리고 문재인 대선후보의 무책임한 노선에 동참할 수 없다는 판단 때문이었다. 특히 당시 대통령이 탄핵된 직후였는데, 그 당시 여당이었던 새누리당이 몰락하는 걸 보면서 책임질 수 없는 정치는 하지 말아야겠다는 소신을 더욱 굳혔다. 무책임한 정치가 나라를 얼마나 혼란스럽게 하고 국민들에게 어떤 피해를 줄 수 있는지, 그리고 정치인들이 살아있는 권력의 단맛에 빠질 경우 국민이 어떤 고통에 시달리는지 나는 잘 알고 있었다.

인재 영입

나는 변호사지만 산업현장에서 일해 오다가 민주당 인재 영입 케이스로 정치에 입문했다. 당시만해도 IMF즈음 아버지 회사가 부도나 온 가족이 길거리에 나앉고 경제적 빈곤으로 숱한 어려움을 겪었다.

세상에 무슨 일이든 하다 실패할 수도 있는 법인데 내가 본 실패의 결과는 너무나 가혹했다. 그래서 몰락한 자들 혹은 낙오된 자들의 재기 즉, 패자 부활을 가능케 하는 사회안전망에 큰 관심을 갖고 있었고 자연스레 민주당에서 정치를 시작했다.

그러나 나는 어디까지나 기업인 출신으로서 시장 경제원리의 틀 속에서 사회안전망을 모색하자는 것이었지, 사회를 가진 자와 못가진자로 나누어 계급혁명을 하려는 것은 아니었다. 그런 사회주의적 발상은 힘싱 양극화 해소, 빈곤해결 같은 그럴듯한 말을 내세우지만, 결국 실제적 인간의 경제하려는 의지를 말살 시켜 경제 활력을 없애고 다 같이 못살게 만든다. 더구나, 어린 시절의 해외 교민생활과 글로벌 기업 생활은 나에게 자연스레 투철한 국가관을 심어주었는데 민주당은 시간이 지날수록 당내 운동권 세력이 강해지면서 자유대한민국의 정체성에 반하는 쪽으로 당내 기류가 흘러가는 것이 피부로 느껴졌다. 나는 우리가 공산주의국가가 아닌 자유대한민국에서 태어난 게 얼마나 행운이라고 생각하는지 모른다.

계속되는 갈등과 번민

나는 민주당의 주류를 형성하고 있던 운동권 출신들과 세상을 바라보는 관점이 너무나 달랐다. 학창시절부터 상호간에 끈끈한 유대관계를 맺고 있던 그들은 사회 갈등을 해소하기보다는 오히려 대립을 조장하고, 문제의 실질적 해결보다는 정치투쟁의 명분을 중시 여겼다. 기업과 현장에서 '실질적 성과'를 내기 위해 발 벗고 뛰어다녔던 나의 상식으로는 도저히 납득할 수 없는 행태가 한 둘이 아니었다. 생업 전선에서 하루하루 최선을 다하는 대부분의 국민들이 정치현장에서 민주당의 무책임한 행태를 직접 본다면 모두 나와 같은 심정일 것이라 확신했다.

비극적인 세월호사고 때였다. 학부모로서 너무나 마음이 아팠던 나는, 세월호 사고를 제대로 수습해서 유족들이 슬픔을 딛고 생업에 복귀하는 데 도움을 주고자 세월호특별법 TF에 참여했다. 그러나 민주당은 계속해서 강경 세력의 목소리에만 휩쓸렸다. 당시 집권당이던 박근혜정부와 조금이라도 타협적인 제안을 내놓으면 마치 배신자처럼 몰고 가는 분위기마저 있었다. 사회의 비극을 권력획득을 위한 정쟁의 수단으로 삼는 듯한 태도에 나는 당혹감을 느꼈다.

민주당의 오락가락 무소신에도 혼란스러웠다. 여당일 때 추진했던 정책이 야당일 때 반대로 돌아선 것이 한두 번이 아니다. 한미 FTA를 제일 먼저 추진하고 협상을 완료했던 정부는 다름 아닌 참여 정부였다. 노무현 대통령은 지지 세력의 반대에도 불구하고 소신을 갖고 밀어붙였다. 그렇지만 정권이 바뀌자 민주당은 한미 FTA 비준을 거부했다. 제주해군기지 건설 역시 참여정부 시절에 결정되어 추진되었는데, 정권이 바뀌자 민주당은 운동권 단체들과 함께 해군기지 건설반대로 돌아섰다.

무엇보다 안보문제에 대한 인식차는 넘기 힘든 벽이었다. 북한 핵위협을 막을 최후의 보루인 사드 배치에 대해서도 민주당 의원들은 이해할 수 없는 행태를 보였다. 사드배치가 가시화되면서 중국의 압박이 커졌다. 그러자 논란이 한창임에도 불구하고 민주당 국회의원들은 중국방문을 강행했다. 사실상 미국이 아니라 중국 쪽의 손을 들어주는 행위라고 느낀 나는 기가 막혔다. 어떤 의원들은 '사드 전자파에 몸이 튀겨진다'는 등의 이른바 '사드 괴담송'을 불러서 문제가 되기도 했다.

무엇보다 북한인권법의 경우, 민주당이 왜 그렇게 내심 못마땅해 하는지 나는 이해할 수 없었다. 당내에서는 '북한을 자극해서는 안 된다'는 이유로 북한의 인권현실에 대해 침묵해야 한다는 논리를 내세우는 의원들이 많았다. 혹자는 북한 인권을 제기하는 것에 대해 '내정간섭'이라는 주장도 폈다. 그러나 과거 군사정권시절에 우리나라에 대해서도 미국이 김대중 같은 야당 정치인들의 인권에 대해 말했고 이를 내정간섭이라 평하는 사람을 나는 들어보지 못했다. 같은 인권문제인데 휴전선만 넘으면 민주당과 운동권 출신들의 잣대가 갑자기 구부러졌다. 한마디로 나와는 다른 사람들이었다.

당에서 원내대변인을 맡아 당의 입장을 대변해야 했기 때문에 의문이 솟구치는 데도 꾹 참고 당의 입장대로 브리핑을 하곤 했다. 정치초짜라서 그런 것이려니 하면서 시간이 지나면 점차 나아질 것이라고 생각했다. 그런데 알면 알수록, 공부를 하고 논쟁을 할수록, 더욱 혼돈과 괴로움 속에 빠졌다. 아무리 내가 개혁적인 성향이 강해 때론 진보적 어젠다를 수용한다 해도 국가정체성이 흔들리는 건 참을 수 없었다. 내가 반국가세력이 되어가는 듯 했다.

민주당은 변질됐다

현재의 민주당은 과거의 민주당이 아니다. DJ 시질까지의 민주당은 호남에 기반을 둔 보수정당의 성격이 있었지만, 지금의 민주당은 김대중 대통령이 이끌던 민주당도 아니고, 노무현 대통령 때와도 다르다. 물론 DJ 시절에도 86그룹이 존재했지만, 당시의 그들은 주류와는 거리가 멀었다. 정부 정책을 주도한 것은 호남보수 세력과 전문 관료였기에 찬반양론은 있을지언정 현실과 동떨어진 정책은 없었다. 오히려 친시장주의 정책을 과감하게 추진하기도 했다.

노무현 정부에서도 86세대가 일부 중용되기는 했지만 한미 FTA, 이라크 파병 등 한미동맹을 중시했고, 자유민주주의와 시장 경제의 근간을 함부로 훼손하지는 않았다. 자유한국당 비대위원장으로 추대된 김병준 교수 같은 온건현실주의자들이 정책을 주도한 면도 있었다. 노무현 대통령은 운동권 출신들과 가까웠지만, 스스로 사업체를 꾸려 본 경험도 있었고, 자신의 생각에 집착하기보다는 현실과 타협할 줄 아는 성격이었다. 최소한 국익을 위해서는 자신의 생각을 접을 줄도 아는 분이었다고 생각한다.

그러나 내가 직접 겪어 본 민주당은 달랐다. 그 주류는 노동운동과 학생운동, 그리고 시민단체 등 범운동권 연합체나 다름없었고 노선으로 본다면 과거 민주노동당, 통합진보당과 대동소이했다. 국가개입을 절대선으로 삼고, 무상복지를 만능으로 여기며 계급투쟁 사상에 빠져 기업을 적대시하는 민주당 분위기에 나는 도저히 적응할 수 없었고, 시간이 지나면서 점점 이질감이 깊어졌다.

결정적으로 마음이 떠나기 시작한 사건은 2016년 총선 때였다. 당시 민주당은 패권적 행태를 보이는 친문세력과 비문세력 간의 대립이 극심한 상태였다. 문재인 당대표 체제에서 노동계와 시민단체 출신 등이 대거 당에 들어왔고 당 노선은 좌클릭 일변도였다. 당 지지율은 바닥을 모른 채 추락 중이었고 내분 양상은 심각했다. 이 때문에 2016년 총선 직전, 민주당이 대패할 것이라는 전망이 지배적이었고, 민주당 내 수도권 비주류 의원들은 사실상 탈당 직전까지 갔다. 그러나 문 대표가 당권을 내려놓고 김종인 전의원을 비대위원장으로 모시고 오면서 상황은 급반전되었다. 김 위원장은 탈당 카드를 만지작거리던 비주류의원들을 실득해서 주저앉혔다. 동시에 자신의 대표상품인 경제민주화를 앞세우되 사드배치 반대를 무산시키는 등 좌편향에 쏠려있던 민주당의 균형을 잡기 시작했다. 당시 나는 몇몇 의원들과 동반탈당을 의논하던 중 김종인 박사를 비대위원장으로 모신다는 말을 듣고 그에게 가서 만류했다. 그러나 김종인 박사는 "문 대표가 하도 간곡하게 삼고초려 하는데 어쩌겠는가, 야당이 망하면 민주주의 발전에 도움이 안 되니 이 기회에 야당을 혁신시켜야 한다."고 하셨다.

김종인 전위원장의 이런 노력으로 민주당은 공멸을 면하고 예상 밖의 선전을 했다. 그러나 총선이 끝나자마자 운동권 출신을 중심으로 한 민주당 내 86세대들은 김종인 전위원장에 대해 무차별적으로 모욕주기에 나섰다. 선거가 끝나자 필요가 없어진 사람에 대해 '버리기'에 돌입한 것이다.

이 때 내가 김종인 위원장을 옹호하는 입장에 서자 언론에서는 나를 '김종인계'로 표현하기도 했다. 그러나 나는 김종인계라기보다는 민주당의 당내 운동권 노선과 다른 방향을 찾으면서 자연스럽게 김종인 위원장과 공감대를 형성하게 되어 동지적 관계로 발전했을 따름이다. 나는 '사람을 추종하는 정치'는 하지 않는다. 누구한테 줄서서 생계형 정치를 해서는 안 된다는 것이 나의 소신이다. 정치는 내 신념과 내 힘으로 국민들에게 떳떳하게 선택받아야 한다고 믿는다.

나는 친노도 아니었고, 친문도 아니었다. 참여정부에서 일한 적도 없다. 여성 CEO 인재 영입 케이스로 정치에 입문했던 어찌 보면 민주당의 이방인이었다. 민주당 내에서는 보이지 않는 신분질서가 있다. 참여정부 직계 친노친문은 성골, 주변 방계는 진골, 그 외 남은 동교동계나 영입된 전문직은 6두품이다. 그래서 비슷한 처지에 있는 민주당 내 의원들과 우스갯소리로, '우리는 출신 성분이 안 좋아 당에서 역할을 할 수 없다'는 말을 하기도 했었다. '굴러온 돌'과 '박힌 돌'이 때론 충돌하고 때론 상생하면서 '혁신'을 추구하는 일은 민주당에선 실현 불가능한 일이었다.

02 | 새정치를 향한 길

2017년 4월. 대통령선거를 앞둔 시점에서 나는 민주당을 탈당하고 국민의당에 입당했다. 탄핵 이후 민주당은 강성운동권으로 더욱 기울어졌고, 보수는 마치 사회악처럼 규정되었다. 촛불과 태극기로 갈라진 극심한 진영갈등으로 나라는 무너져 내릴 듯했다. 당시 나는 문재인 대통령 후보의 주변에 포진한 강성 운동권 출신들이 국정책임을 맡게 될 경우, 어떤 미래가 올지를 상상하며 암담해 하고 있었다. 그렇다고 탄핵을 불러온 기득권 보수세력이 또 다시 집권하는 것도, 말이 안 될 것 같았다. 나의 선택은 자연스럽게 중도 노선으로 흘렀다.

중도 노선의 '안철수 현상'은 운동권세력의 급진성과 구보수의 권위주의적 통치에 실망한 민심이 투영된 결과라는 것이 나의 판단이었다. 그러나 안철수 현상은 오래가지 않았다. 2014년 안철수가 민주당에 들어가 새정치민주연합을 창당하자 안철수 현상은 빠르게 사라졌다. 무엇보다 그가 내걸었던 '새정치'가 기존 정치와 어떻게 다른지 보여주는 데 실패한 것이 문제였다.

그런데 2015년 12월. 안철수가 민주당과 결별하고 신당을 창당하자,

제2의 안철수 바람이 불었다. 그가 새로 만든 국민의당은 2016년 총선에서 38석을 차지하며 돌풍을 일으켰다. 수도권 정당득표는 민주당을 능가했다. 불과 창당 4개월 만에 일으킨 기적이었다. 당시 여당이었던 새누리당의 극심한 분열과 한국 정치의 양극화에 대한 국민적 염증이 다시 한 번 안철수 바람을 불러온 것이다.

문제는 2017 대선이었다. 대통령 탄핵으로 도덕적 정당성을 잃어버린 보수진영과, 안보와 경제에 무책임한 친문진영, 그 둘 중 누가 집권해도 대한민국 앞길은 암울했다. 나는 머뭇거리지 않고 안철수 선거운동에 나섰다. 나는 안철수 후보에게 운동권 세력의 집권을 막기 위해 보수 후보들과의 단일화의 필요성을 설득했다. 민주당을 탈당한 김종인 전대표도 합류하여 단일화를 중재했다. 그러나 안철수 측은 단일화에 부정적이었다. 결국 단일화 시도는 후보의 소극적 태도와 많은 사람들의 반대 속에 제대로 진전되지 못하고 말았다.

대선 패배이후 나는 우리 정치의 현실을 면밀히 검토해보았다. 도대체 어디서부터 잘못된 걸까? 양당구도에서 비롯된 극심한 정치양극화와 그로 인한 소모적 대립구도를 벗어나야 한다는 당위성에 대해서는 많은 사람들이 동의했다. 그러나 막상 투표장에 들어 간 순간 지금껏 찍어 왔던 투표성향 그대로, 양당의 어느 한쪽으로 기울어지는 경우가 많았다. 어쩌면 새누리당의 혁신을 바라는 영남과 민주당의 혁신을 바라는 호남의 민심은 근본적으로 동일하며, 그 민심이 중도층으로 표출되었던 것은 아닐까 하는 생각이 들었다.

유승민과 안철수를 설득하다

나는 이러한 현상 앞에서 내가 가야할 길이 결국 〈보수 혁신의 길〉임을 자각하기 시작했다. 중도란 정치적으로 이것도 저것도 아닌 애매한 길로 흐를 위험이 컸다. 보수와 진보라는 두 가지 큰 기둥은 절대적인 가치는 아니지만, 국민 앞에 정치적 노선과 소신을 분명히 한다는 점에서는 분명 가치가 있었다. 스스로 추구하는 정치적 가치와 방향성을 대중 앞에 명확히 제시하지 못하는 것은 정치인으로서 자격이 없을 뿐 아니라 솔직하지 못한 태도이기도 했다.

초기 안철수 현상에 열광할 때에도 그것이 과연 탈이념 현상인지 의문이었는데, 오랜 고민 끝에 깨달은 건 탈이념 중도정당이란 나침반 없이 항해하는 배와 같다는 거였다. 중도 정당은 모래 위의 성으로 끝날 가능성이 높았다. 탄핵으로 보수정치세력이 몰락한다고 해서 보수가 궤멸되는 것은 아니다. 이제 애매한 중도가 아니라 '보수'를 새롭게 하는 길을 걷는 것이 국민으로부터 부여받은 정치의 소명을 다하는 것이라고 생각했다. 그렇게 해서 '진보도 아닌 반국가적 좌파를 몰락시키고 혁신을 유도해야 한다.'는 소신을 더욱 굳혔다.

이런 판단 속에서 나는 〈바른정당〉과 〈국민의당〉 사이의 통합을 추진했다. 어중간한 국민의당이 아니라, 매력적인 중도 보수당을 꾸려 한국당이 담지 못하는 중도보수 세력을 규합하여 보수혁신을 주도해야 한다고 생각했다. 중도보수당이 자체 확장력을 활용해 민주당 내 운동권 세력의 폭주를 막아야 한다는 판단을 내린 것이다. 나는 그와 같은 구상 속에서 국민통합포럼을 만들어 유승민계와 안철수계 양쪽을 설득했다. 얼마 후 국민통합포럼의 주도로 바른정당과 국민의당 통합이 성사되었고, 바른미래당이 탄생했다. 새 정당의 최초 정체성은 한국당과는 다소 결이 다르지만 분명히 우파였고 선명 야당이었다.

'바미한' 바른미래당, 바른미래당의 미래는 하느님도 모른다?

그러나 바른미래당은 창당 직후부터 방향성을 잃기 시작했다. 나는 안철수 전 대표에게 '창당을 주도한 세력이 당 지도부를 구성해야 처음부터 당 정체성을 바로잡을 수 있다'고 강력히 얘기했다. 하지만 어느 시점에선가 뒤늦게 합류한 舊민주계 세력들이 당의 지배구조를 차지해버렸다. 나는 자연스럽게 지도부에서 빠지게 됐다.

이에 따라 차세대 보수 정당으로 기대했던 바른미래당의 정체성은 점점 혼란스러워졌다. 바른정당과 국민의당은 합당을 결의하며 통합선언문을 통해 '합리적 보수와 합리적 중도의 결합'을 표방했지만 2018년 6월 19일 의원워크숍 이후 발표한 성명서는 '합리적 중도'를 '합리적 진보'로 슬며시 바꾸고 탈이념 정당을 표방했다. 보수와 진보라는 이념적 지향성을 밝히면서도 탈이념이라고 하니, 흡사 파란색과 빨간색을 섞었다면서 무채색을 지향한다는 궤변을 생각나게 했다. 국민의당은 초기부터 노선이 모호하여 정체성 혼란을 겪은 채 바른미래당까지 왔는데, 도로 국민의당이 되어버린 것이다.

이후의 바른미래당은 첨예한 정치적 사안이 터져 나올 때마다 기계적 중립 속에 어정쩡한 입장에서 줄타기하듯 왔다 갔다 하는 모습을 보이는 경우가 많았다. 핵폐기가 우선되어야 할 대북정책에서 북한 퍼주기로 일관하는 문재인 정부를 비판하기는커녕 그들과 보조를 맞추겠다고 나서기도 했다. 당내 의견수렴조차 거치지 않은 채, 판문점선언 비준 협조를 덜컥 약속한 것이다.

한국 사회 개혁을 위해 설득력 있는 의제를 제시하지도 못했고, 또 국민의 신뢰를 쌓지도 못했다. 입으로는 좌파-우파, 보수-진보 프레임에서 벗어나겠다고 선언했지만, 실제로는 양 진영이 충돌할 때 좌고우면(左顧右眄)하기에 급급했다. 그만큼 일관된 정치철학과 정책노선을 제시하지 못했다.

친북일변도의 대북정책, 사회주의에 버금가는 복지포퓰리즘, 몰상식한 탈원전 등 국가적 재앙을 불러올 정책들을 정부여당이 추진하고 있음에도 바른미래당 지도부는 이에 대해 강력히 투쟁하지 못했다.

반면, 연동형 비례제를 골자로 한 선거법 개정안은 민주당 및 그 2중대 정당들과 작당하여 처리하는 행태를 보였다. 합의제 민주주의를 한다며 연동형 비례제를 주장해놓고 지극히 비민주적인 방식으로 날치기해서 관철하는 것을 나는 결코 수용할 수 없었다. 더구나 문 대통령의 제왕적 대통령 권한 행사를 견제하려면 강력한 야당이 탄생해야 하는데 야당을 사분오열로 만드는 다당제를 제도화시킨다면 독재로 가는 길이라 판단하고 강력히 저지했다. 결국 손학규 대표는 자신을 비난했다는 이유로 나를 징계했고, 나를 배제한 채 의원총회에서 선거법과 공수처 패스트트랙 법안을 밀어붙이고야 말았다.

선거법은 〈게임의룰〉로서 정당간 합의 처리가 기본이었다. 하지만 민주당은 제1야당인 자유한국당을 배제한 채 선거법 개정을 추진했고 바른미래당 지도부는 이에 발맞춰 당내 반대의견을 묵살한 채, 2019년 5월 선거법과 공수처법 패스트트랙을 처리했다. 어떤 정치를 해야 하는지에 대한 소신은 없고, 오로지 차기 총선에서 생존해보겠다는 얄팍한 꼼수만 있는 것 같았다. 개혁적 중도노선을 표방하며 바른미래당 창당을 주도했던 나는 자괴감을 느낄 수밖에 없었다. 바른미래당이 뇌사판정을 받았다고 느낀 나는, 2019년 4월 23일. 결국 탈당의 길을 선택했다.

국회의원 이언주 '바른미래당 탈당' 기자회견문

2019.04.23

오늘 의총에서 패스트트랙 합의안 처리가 지도부의 수적 횡포 속에 가결되었다. 돌이킬 수 없는 정치적, 역사적 죄악을 저지르고 말았다. 당원권 정지라는 지도부의 꼼수로 인해 12대 11이라는 표결결과가 나온데 대해 참담한 분노를 느끼며 이를 막아내지 못한데 대해 국민들에게 너무나도 죄송하다. 의총장 출입거부로 의원들에게 마지막편지의 형식으로 현명한 판단을 부탁드렸으나 역부족이었다. 하지만 나는 이를 수용할 수 없으며 어떤 경우라도 좌파독재의 문을 열어주는 패스트트랙을 결사 저지할 것을 거듭 다짐하는 바다.

애초에 공수처 법인과 비례확대 선거법을 패스트트랙 안으로 합의한 것 자체부터가 어불성설이었다. 공수처 법안은 세계 유례가 없는 법으로서 '반대파 숙청법'에 다름 아니다. 검찰이 중립을 지키지 않는다는 전제하에서 만들어진 법인데, 그렇다면 공수처가 정치적 중립을 지키지 않는다면 어떻게 할 것인가? 공수처를 수사할 공수처 특검을 만들 것인가? 이런 코미디 같은 옥상옥 사정기관을 만드는 것이 무슨 개혁인냥 둔갑되어 있는 현실이 개탄스럽다. 여기에 기소권 부여 여부는 100을 사기치냐, 50을 사기치냐의 차이만큼 무의미하고 어처구니없는 논점에 불과하다.

비례확대를 골자로 하는 선거법 처리는 더 말할 것도 없다. 우선 선거법은 게임의 룰로서 주요 정당들 사이에 합의하여 처리한 것이 전통이었다. 다수당이 배제된 채 2중대, 3중대들과 함께 작당하여 선거법을 처리한다는 것은 의회 폭거다. 정당 상호 간에도 완전 합의를 중시하는 것이 선거법인데, 당 내부에서 이견이 있음에도 당지도부가 이 안건을 계속해서 의총에 상정시키는 것은 도저히 납득할 수 없는 행태였다.

내가 거듭 말씀드렸듯이 현 우리 정치 여건에 비춰볼 때 연동형 비례대표제는 결코 받아들여서는 안 된다. 민주당과 정의당이 적극 추진하는 연동형 비례대표제는 현 우리의 정치 상황에서 제도적 정합성이 맞지 않다. 제왕적이라고 일컬어질 만큼 대통령의 권한은 막강한데, 이를 강력히 견제할 야당을 이중대, 삼중대로 사분오열로 만드는 비례대표 확대는 대통령의 전횡과 집권당의 폭주만을 가속시킬 뿐이다. 또 현대 민주주의를 탄생시킨 영국, 프랑스, 미국은 아예 비례대표제도 자체가 없다. 비례제 강화는 민주주의와 전혀 무관하다.

이런 이유로 나는 당원권 정지라는 황당한 징계로 손발이 묶여 있음에도 불구하고 패스트트랙 법안을 저지하기 위해서 최선을 다해 투쟁했다. 당이 최악의 길로 빠지지 않도록 하는 것이 당원으로서 내 마지막 도리라고 생각했기 때문이다. 국민의당과 바른정당 통합을 위해 동분서주하며 바른미래당을 창당했던 멤버로서 갖는 책무감의 소산이기도 하다.

바른미래당이 민주당이 2중대, 3중대로 전락하고 있는 것을 비판한 것을 빌미로 손학규 지도부가 나를 징계할 때부터 탈당을 결심했지만, 패스트트랙을 저지하기 위해 그 모든 수모를 감내해왔다. 이제 더 이상 당에 남아있을 이유가 없다. 여기까지가 내 소임인 것 같다.

지금 대한민국은 좌파운동권 정부가 들어신 이래 사유민주주의라는 체제의 근간이 허물어지고 있다. '소득주도성장'이라는 궤변 속에 시장경제는 지령경제 체제로 전환되고 있고, 탈원전으로 국가에너지 산업의 근간이 뿌리 채 뽑히고, 남미식 퍼주기 복지로, 미래 세대의 자원마저 수탈할 지경이다. 북한 편향의 통일 정책으로 한미동맹 관계는 파탄 일보직전이며, 국가 안보는 무장해제 수준으로 몰락하고 있다. 민주노총이 무소불위 폭거를 자행하고, 종북단체들이 광화문 한복판에서 김정은을 찬양해도 공권력은 꼼짝 못하는 현실이다.

이처럼 대한민국은 좌파 운동권들에게 철저히 농락당하고 붕괴되고 있는 상황임에도 바른미래당은 야당으로서 문재인의 폭주를 저지하기는커녕 그들과 함께 작당하여 차기총선의 생존만을 모색하고 있다. 창당된 지 1년이 넘었어도 자신들이 보수인지, 진보인지 밝히지 못할 만큼 혼돈의 정체성으로 갈짓자 행보만을 일관하여 국민들의 정치 환멸과 냉소만을 증폭시켜 왔을 뿐이다. 이제 그 누구도 바른미래당에서 미래를 찾는 사람은 없다. 지도부가 교체된들 당의 현 상태가 환골탈태가 될 것으로 기대할 사람도 없다. 정체성조차 갈피를 잡지 못하는 이 정당이 과연 존재할 가치가 있는지 국민들은 회의적 시선을 보내고 있다.`

■ 향후 진로

이에 나는 단기필마로나마 신보수의 길을 개척하고자 한다. 나라를 걱정하는 뜻있는 국민들이 보수정치 세력에게 요구하는 바는 분명하다. 첫째, 보수가 힘을 합쳐 문재인의 광기어린 좌파 폭주를 저지하라는 것, 둘째는 과거 보수의 모습에서 탈피하여 국민에게 희망을 줄 수 있도록 보수가 새롭게 거듭나야 한다는 것이다.

무엇보다 민생을 도탄에 빠트리고 대한민국을 내부로부터 붕괴시키는 문재인 정부의 폭거를 저지하는 것에 내 정치생명을 걸겠다. 좌파운동권 정권의 광기어린 폭주 속에 대한민국 헌정체제가 풍전등화의 위기에 놓여 있는 오늘 절박한 심정으로 호소 드리고자 한다.

내년 총선은 반드시 헌법가치 수호세력들이 단일대오가 되어야 하며, 어떠한 분열도 정당화될 수 없다. 제1야당인 한국당, 바른미래당 내 보수세력만이 아니라, 문재인 운동권 집단의 자유, 민주주의, 공정과 정의 운운하는 언설에 속았던 세력들, 과거 정권에 실망하여 바깥에서 구경하고 있던 세력들 모두 이제는 대한민국 헌법가치를 수호하기 위해 함께 싸워야 한다. 대한민국을 바로 세우려는 큰 통합의 에너지를 만들어내야 한다. 헌정체제를 수호하려는 모든 세력을 규합하여 보수야권대통합의 그 한길에 내 모든 것을 바칠 것이다.

동시에 보수는 이제 혁신이 없으면 죽음밖에 없다는 절체절명의 위기의식을 갖고 새로운 보수의 비전을 보여줘야 한다.

신보수주의는 국가주의, 권위주의, 기득권 생활에 중독된 구보수와는 다른 길을 갈 것이다. 산업화, 민주화라는 구태의 패러다임 속에서 여전히 퇴행을 거듭하는 정치는 이제 종식되어야 한다.

오늘날 글로벌 환경은 어떠한가? 공유경제 등 산업의 패러다임이 바뀌고 있고, 혁신이 일상화되어 4차 산업혁명으로 명명될 정도로 기술의 진전이 가속화되고 있는 시대에 접어들었다. 새로운 보수는 이러한 시대적 변화를 주도하면서 뉴미디어의 환경 속에서 나고 자란 밀레니엄 세대들과 호흡하며 거듭나야 한다. 연공서열 대신 실력이, 집단이 아닌 개인이, 획일이 아닌 개성이 중시되는 사회로 대한민국은 전환되어야 한다.

세대교체 역시 보수 혁신의 주요 과제다. 우리 사회 기득권 세력의 탐욕은 끝이 없다. 산업 현장은 정규직, 정년연장 등을 통해 일자리 독점을 일삼아 좋은 일자리는 청년들에게 봉쇄되어 미래세대들은 해외를 기웃거리는 신세로 전락하고 있다.

정치도 마찬가지다. 여야를 막론하고 산업화 민주화세대 들의 독점 공간이 되고 있다. 586세대들은 지난 30년간 정치를 해왔으면서도, 당리당략의 저열한 이해관계와 권력의 이권에 취해 단 한 번도 후배 세대들에게 길을 열어주지 않고 있다. 이제 산업화, 민주화 세대는 더 이상 노욕을 부리지 말고 미래세대가 대한민국의 미래를 열어갈 수 있도록 용퇴해야 한다.

이제 나는 광야에 선 한 마리 야수와 같은 심정으로, 보수대통합과 보수혁신이라는 국민의 절대적 명령을 쫓을 것이다. 국민 여러분의 많은 성원 부탁 드린다.

03 | 보수일 수밖에 없다

대한민국을 긍정할 것인가, 부정할 것인가

어떤 정치 이념이나 노선도 진공상태에서 발명되지는 않는다. 각 나라의 역사와 문화 속에서 특수하게 형성된 국민 정서와 세계관이 녹아들어 있을 수밖에 없다. 한국에서 보수라는 가치 역시 마찬가지다. 우리 정치지형에서의 보수와 진보 또는 우파와 좌파는 대한민국 현대사를 어떻게 보는가라는 역사적 관점에 따라 일단 크게 갈라진다. 좀 더 노골적으로 말하자면, 대한민국의 건국과 발전을 긍정적으로 보느냐, 부정적으로 평가하느냐에 따라 보수 진보가 나뉘는 것이다.

이런 기준에서 보면 나는 기본적으로 보수다. 나는 대한민국의 건국과 발전을 전체적으로 긍정하는 입장이기 때문이다. 진보적 사관(史觀)은 대한민국을 부정하는 관점이 강하다. 대한민국은 1948년 이른바 38선 남쪽의 난녹선거로 수립된 정부이며, 해방이후 친일청산을 제대로 이뤄내지 못해, 그 후 친미로 옷을 갈아입은 기득권세력들이 독재정권과 합세

해 민주주의를 탄압했고, 그 후 온갖 사회모순의 원인을 제공했다는 인식을 바탕에 깔고 있다. 한마디로 대한민국은 애당초 잘못된 태어난 나라이며, 아직도 일제 식민지배의 잔재를 청산하지 못했다는 생각이 팽배하다.

하지만 나는 근본적으로 대한민국이 자유민주진영의 일원으로 건국되었다는 사실에 중요한 역사적 의미를 부여하고 있다. 당시 유라시아 대륙을 보면 소련, 동유럽, 중국 등 거의 다 붉은 물결로 가득 찼을 때였다. 3.8선에서 대한민국이 공산화의 흐름을 힘겹게 막아낸 것이었다. 바로 이 사실 덕분에 오늘날 우리 모두가 자유민주주의가 꽃피운 대한민국에서 살고 있다고 생각하기 때문이다. 제2차 세계대전 종전 이후 공산화의 길을 걸었던 중국과 북한의 오늘과 비교하면 그 역사의 첫 단추가 얼마나 중요했는지 말할 필요는 없을 것이다.

위험한 대한민국, 진보: 반 대한민국 반 헌법세력?

대한민국의 성립 이후 산업화추진 과정 역시 매우 중요한 역사적 함의를 갖고 있다. 오늘날 세계적인 기업과 선진과학기술을 보유한 한국의 번영은 박정희 대통령의 산업화 정책과 기업육성을 빼놓고는 설명이 안 된다. 김대중 대통령은 박정희 기념관 건립 추진위에서 박 대통령에 대해 다음과 같이 평했다.

공인(公人)의 삶은 전부 다 박수받거나 전부 다 비판받을 순 없다. 박 대통령은 6·25 이후 실의(失意)에 빠진 국민에게 '우리도 하면 된다. 큰 공장을 짓고 우리 물건을 세계에 팔 수 있다. 고속도로도 놓을 수 있다.'고 자신감을 불어넣어 주었다. 그 공로는 참으로 지대하다....(중략)..이제 박 대통령은 역사에서 존경받는 지도자로 국민에게 알려져야 한다.

박정희 정부에서 가혹한 박해를 받았던 김대중 대통령의 이런 평가에 고개를 끄덕이지 않을 사람이 얼마나 될까?

한국은 식민지와 전쟁의 폐허 위에서 산업화와 민주화를 동시에 달성한 자랑스러운 역사를 지니고 있다. 이는 세계사적으로 유례를 찾기 힘든 성공이다. 그러나 진보는 이렇게 자랑스런 산업화의 역사도 부정하고 싶어한다. 80년대 운동권 서적에는 박정희 시절 경제발전이 '노동자의 업적'이지 박정희의 업적은 아니라는 공허한 논리가 버젓이 횡횡하고 있었다. 심지어는 박정희가 일본 육사 출신이라는 점을 들어 그를 친일파의 일원으로 간주하기도 한다. 그렇다면 당시 일제 치하에서 한국인은 육사나 일본대학에 유학을 가지 말았어야 했다는 것인가.

열린우리당부터 시작되어 현재의 더불어민주당으로 이어진 흐름은 바로 이런 맥락에서 대한민국의 역사적 출범과 그 성장과정에 동의하지 않는 반체제적 좌파에 경도되어 있다고 할 수 있다. 대한민국호의 출범에 근본적으로 부정적 시선을 갖고 있는 정치세력이 우리 정치의 주류에 올라섰다면, 체제를 수호하려는 모든 이들은 경각심을 갖고 단합해야 한다. 대한민국의 헌법적 가치와 자유민주주이에 대한 신념을 분명히 갖는 보수정치를 정립해야할 필요성이 커진 것이다.

이들이 한국에서 진보를 참칭하는 한, 대한민국의 역사를 적극 긍정하고 대한민국의 정체성과 체제를 지키려는 세력은 보수의 깃발아래에 단결하지 않을 수 없다. 대한민국을 지키려는 자, 우파일 수밖에 없는 것이다. 대한민국은 자유민주적 기본질서와 시장 경제원리에 입각한 헌법을 갖고 있다. 잔인한 독재 국가 북한의 위협으로부터 국민들의 안위를 지켜야 하는 수권 세력이 되려면 좌파라고 하더라도 서구와 같이 자유의 가치와 시장 경제를 존중하는 사회민주주의 세력 정도만이 용인될 수 있을 뿐이다. 주사파 운동권 등 대한민국을 부정하거나 공산주의, 사회주의를 추구한다면, 그들이 어떤 외피를 두르고 있든 간에 '진보'가 될 수가 없다. 그저 반체제, 반 대한민국 세력으로서 공존이 불가능한 집단에 불과하다.

나는 왜 싸우는가

내가 보수일 수밖에 없는 또 하나의 이유는 나는 뼛속 깊숙이 자유주의자이기 때문이다. 다소 전통적인 의미에서 개인의 자유와 책임을 중시하는 자유주의자다. 보수주의나 공화주의를 중시한다는 측면에서 미국식 리버럴과는 다소 결을 달리한다.

아이러니 하지만, 내가 민주당에서 정치를 시작한 것도 자유주의자라는 정체성에서 기인한 것이다. 당시 집권세력이던 보수정부는 국가주의적 습성에서 크게 벗어나 있지 못했다. 민간인 사찰 의혹과 국정원 댓글 사건, 국정교과서 논란(물론 검정 역사교과서가 내용적으로 좌편향 문제는 있었다) 등 권위주의적이고 시대착오적인 행태가 자행되고 있었다. 당시의 내 눈에는 민주당이 개인의 자유를 침해하는 국가권력을 상대로 싸우고 있었던 것으로 보였다. 그 결과 민주당의 영입제안을 자연스럽게 수용했던 것이다.

　하지만 나는 민주당 입당 후 운동권 출신 의원들과 부대끼면서 그들의 세계관, 역사관이 나의 관점과는 너무나도 다르다는 사실을 절감했다. 민주당이 말하는 자유와 개혁은 지금 보면 매우 기만적인 것이었다. 오히려 그들의 국가개입주의적 행태는 보수정당보다 심각했다. 뿐만 아니라 그들은 경제적 자유의 개념에 대해 제대로 이해하지도 못하고 좌–우를 혼동하기도 했다.

　민주당 인사들 중에는 내가 과거에 경제민주화를 주장했다가 지금은 자유시장 경제를 주장하면서 오락가락한다고 비판한다. 그런데 이는 경제민주화에 대한 그들의 무지를 드러내는 대목이다. 그들은 헌법 119조 2항에 나오는 경제민주화가 시장경제를 부정하는 좌파이론인 줄로 알지만 경제민주화는 애당초 우파적 경제이론의 한 지류라고 볼 수 있다. 헌법 119조 2항에 나오는 경제민주화는 119조 1항의 경제적 자유를 보충하는 내용이지 2항이 1항의 내용을 전복하는 것이 아니다. 공정한 경쟁 질서를 촉진하고, 투명한 정보공개를 통해 투자자를 보호하고, 기업의 투명한 의사결정을 통해 경쟁하도록 하자는 것이다. 경제 주체 간의 조화와 균형을 도모해 사회주의가 기승을 부지리 않도록 차단하고 자본주의의 지속가능한 성장을 꾀하자는 데 목적을 둔 것이다. 아마도 과거 박근혜 대통령이 경제민주화를 수용했던 것은 그러한 의미에서 였다고 짐작된다. 물론, 〈경제민주화〉라는 용어는 그 자체가 민중주의 혹은 인민주

의의 냄새를 강하게 풍긴다. 그러다보니 좌파의 선동수단, 계급투쟁수단
으로 악용되기 쉬울 수 밖에 없다는 문제점이 있다. 자본주의, 자유주의
역사가 짧은 우리나라에서 국민들이 전문적 내용까지 이해하고 분별하
기란 쉬운 일이 아니다.

그러나 민주당은 본인들이 〈경제민주화〉라는 말을 어떻게 배우게 되었
는지 알지도 못한 채 이 개념을 좌파적 계급투쟁의 수단으로 활용했다.
기업가들을 인민재판하고 시장에서 결정되어야 할 임금과 가격을 직접
정부가 통제하는 문화혁명기 사회주의와 같은 끔찍한 상황으로 나라를
몰아넣어 버렸다. 기업의 사회적 책임 운운하면서 실제로는 경영권을 박
탈하고 몰수하려는 계급혁명의 수단으로 써먹고 있다. 그들은 참된 경제
적 자유도, 경제민주화도, 헌법정신도 이해하지 못한 채 우파적 개념으
로 좌파적 만행을 휘두르고 있다.

사실, 내가 이렇게까지 문재인정부와 각을 세울 것이라고는 나 자신도
생각하지 못했다. 민주당을 탈당한 입장에서 민주당 정권에 대항해 강력
하게 싸우는 건 많은 정치적 부담을 수반한다. 그래서 처음엔 가급적 조
용히 지내는 게 좋겠다고 생각했다. 그런데도 나서게 될 수밖에 없는 이
유는 어떤 절박감 때문이었다. 대한민국을 부정하는 낡은 운동권 세력이
득세하면서 그들만이 정의라는 오만 속에 그들과 다른 견해를 억압하며
자유를 침해하고 있고 '소득주도성장'과 '탈원전' 같은 비현실적인 포퓰
리즘과 때아닌 위정척사 운동이 대한민국을 초토화시키고 있다는 절체
절명의 위기감이 고조된 것이다. 집권한 지 2년밖에 지나지 않은 시점에

이 정도라면, 앞으로 남은 3년여 동안 과연 나라가 제대로 버틸 수나 있을지 잠이 오지 않을 지경이다. 과장이 아니다. 문재인 정부의 망국적 정책의 실상을 앞으로 하나하나 짚어 보면 내가 왜 '보수의 여전사', '자유의 여전사'가 되었는지 이해할 수 있을 것이다.

2장

자유를 향한 투쟁

자유를 향한 투쟁

01 │ 나는 X세대 자유주의자다

  나는 70년대 생이다. 87년 민주화 이후 90년대에 대학을 다닌 일명 X 세대다. 90년대 초반은 소련과 동구권 사회주의의 몰락으로 학생운동은 거의 자취를 감추고, 일부 남아있는 운동권들은 더욱 극소수화, 극렬화 되던 무렵이었다. 그 무렵 세계화, 자유화의 바람이 불면서 대학생 사회도 주체사상이나 해방이론, 공산당 선언, 중국공산당 대장정 같은 좌파 이론들을 집단학습하거나 농활, 공활 등을 다니는 일 보다는 알바나 배낭여행 등의 취미활동으로 관심사가 옮겨 가던 시절이었다.

  우리 세대는 대체로 개인주의자들이거나 자유주의자들이다. 권력보다는 개인을 중시하고, 나의 자유와 선택에 민감하며, 자기만의 개성이 강한 세대의 등장이었다. 나는 당시 파격적 음악을 선보였던 '서태지와아이들'의 열렬한 팬이었고 강남역 디스코텍, 신촌 락카페 등에서 최신 댄스음악을 즐겼다.

  우리 세대는 자유화, 세계화의 흐름 속에서 일명 글로벌 트렌드에 매우 민감했는데 특히, 나는 초등학교 시절의 해외교민 생활과 글로벌기업에서 일한 경험 등으로 인해 과거 세대보다 글로벌한 관점을 갖고 있었다.

그러나 우리는 동성애, 이주노동자 문제 등에서 보듯이 세계적 흐름이라고 무조건 추종하지는 않았다. 그만큼 자기 삶에 당당하고 자신이 있기 때문이기도 하다.

이렇게 자유주의적 기질이 강했던 나에게 이명박 정권이 보여준 모습은 매우 실망스럽지 않을 수 없었다. 내가 정치권에 입문하던 무렵의 집권 보수정당은 자유의 가치를 표방하고 있었지만 실제 국가운영은 여전히 권위주의적인 문화를 벗어나지 못하고 있었다. 이는 나로 하여금 당시 야당인 민주당으로 부터의 인재영입 제안을 자연스럽게 받아들이게 하는 원인이 되었다.

실제로 나는 정치 입문이후, 민간인 사찰관련 국정원 댓글사건처럼 표현의 자유를 왜곡하고 언론의 자유를 억압하는 사례가 불거질 때 마다 진심으로 분개했다.

02 | 자유의 억압과 위선에 대한 분노

　나는 민주당의 대북관, 집단주의적 패권문화, 계급혁명으로 변질된 경제민주화 등에 문제의식을 느껴 민주당을 탈당 했지만, 그래도 민주당이 소위 민주화세력을 자처하는 세력이므로 그와 밀접한 영역들 예컨대 표현의 자유나 언론의 자유, 공직사회의 투명성이나 권력의 공적의지 등에 대해서는 그래도 진정성이 있을 것이라 생각했다.

　하지만 결과적으로 이는 오판이었다. 생각해보면 순진하게도 민주당 시절, 열심히 테러방지법 필리버스터에 참여 하면서 국가권력으로 부터 개인의 자유를 외쳤던 나였다. 민주당 안에서 표현의 자유니, 재산권보장이니 하며 열심히 떠들어 대던 나로서는 지금 배신감마저 느껴진다. 민주당의 이러한 이중성과 위선을 보며 왜 다들 침묵만을 지키는지 답답하기만 하다.

　민주당은 박근혜 대통령 탄핵 즈음부터 집권이 다가올수록 슬슬 본색을 드러내기 시작했다. 검찰개혁을 한다면서 인사권 독립을 추진 하는게 아니라 검찰을 옥죌 공수처를 설립하겠다는 주장을 펼친 것이 대표적인 사례다. 나는 당내에서 공수처는 검찰개혁의 방향이 아니라는 주장을 했다가 "정권 잡을 시간이 눈앞인데 오히려 사정기관을 잘 활용해야지 무슨 소리냐!"는 핀잔까지 들었다.

집권 후 문재인 정부의 모습은 어떠할까? 언론은 완전히 장악되어 80년대 땡전뉴스가 연상될 정도로 정권의 입맛에 맞는 보도기조가 횡행하고 있다.

심지어는 국정을 비판하는 시사고발 프로그램을 두고 청와대가 공개적으로 경고하는 일까지 벌어졌다. 나라 경제가 망해가도 경제현실에 대한 보도는 제한적이고, 북핵이나 국제정세에 대한 보도 역시 외신을 보지 않으면 객관적 판단이 어려울 정도다. 보수정권하에서는 지나칠 정도로 강경투쟁에 나섰던 언론관련 노조들은 지금 무엇을 하는지 모르겠다.

집권세력은 정부에 대해 비판적인 유튜브 방송도 압박하고 있다. 정부에 대한 의혹제기나 비판적 평가에 대해서는 가짜뉴스라며 고소고발을 남발한다. 각종 어용방송들은 권력을 감시, 비판하는게 아니라 권력을 비판하는 야당정치인의 발언과 유튜브 방송 등을 비판하는 쪽에 방송시간을 할애 한다. 최근 KBS시사기획 창에서 정부의 태양광 사업의 비리의혹을 방송하자 청와대에서는 아예 공개적인 비판과 압박을 넣었다. 해당 방송은 재방송이 결방되기도 했다. 그럼에도 불구하고 상당수가 침묵을 지켰다. 양심이 사라진 것이다.

강원도 산불 당시 대통령의 대응에 대한 의혹 제기를 두고 수많은 네티즌과 유두비가 수사를 받고 있고, 내통령과 성권을 풍자한 대자보를 붙인 청년 대학생들은 지문감식, CCTV추적, 임의동행 등의 과도한 요구를 받고 있다. 수사기관의 이와 같은 무리한 요구는 우리 헌법상 보장된 표현의 자유를 억압하는 것이다.

김태우 수사관 사건으로 불거진 정치 사찰, 드루킹 댓글 조작 사건, 적폐청산이라는 명목 하에 행해지는 노골적 블랙리스트와 정치적 후광을 업고 끼리끼리 이득을 취하는 낙하산 인사 등은 현 집권세력의 마비된 양심을 보여준 단면이다.

탈원전을 추진하겠다며 입법도, 대책도 없이 일방적으로 원전가동을 중단시키고 수십 년간 공들여 세계 최고의 기술축적을 이룬 원전 생태계를 한순간에 무너뜨리는 바람에 관련기업, 노동자, 학자, 지역주민 등 모두를 망연자실하게 만들기도 했다.

서울 집값을 잡겠다며 아직 제대로 인프라가 갖춰지지도 못한 2기 신도시는 방치한 채 3기 신도시 건설계획을 발표하는 바람에 주민들의 재산권은 만신창이가 되었다. 이는 국가의 갑질이다.

양극화를 해소 한답시고 국민들에게 무리한 임금인상을 강제하고 근로시간도 강제한다. 국민들이 감당이 안 되고 원하지 않는데도 권력자의 이상을 실현하기 위해 국민들을 희생시킨다. 이 과정에서 사용자도 노동자도 경제적 자유가 박탈되었다. 모르모트가 된 것이다. 실업자가 만연하고, 회사가 도산하고, 가게가 문을 닫고, 수출경쟁력이 떨어지고 기업들의 해외 엑소더스가 일어나도 개의치 않는다.

정부가 최저임금 논란을 벌이며 일각에서 사실상 "그 정도도 못 줄거면 문 닫아라!"라고 자신 있게 외치는 모습을 보면 가슴이 답답하다. 누가 감히 그런 말을 하는가? 국민은 실험대상도 부속품도 아니다.

대한민국의 주권자이다.

자유민주주의 국가에서는 국민이 곧 시장이다. 주권자인 국민이 먼저 있고 국민이 국가에 권력을 위임하여 일을 시킨 것인데 국가가 "네가 망하더라도, 네가 직장을 잃더라도, 네가 더 일하고 싶어도 국가가 시키는 대로 하라!"는 것은 사실상 국민으로부터 국가가 권력을 빼앗는 것이다.

이러한 경제적 자유의 억압은 경제구성원들의 경제 의지를 말살시켜 사회 전체가 경제 활력과 국제 경쟁력 상실로 이어질 수밖에 없다. 과거 동구권의 몰락이나 최근 남미형 사회주의국가의 몰락과 같은 맥락이다.

경제는 건강한 경쟁 속에서 발전하는 법인데, 대한민국에는 경쟁 자체를 죄악시하는 풍조가 만연하고 있다. 혁신은 경쟁 속에서 나오고 전 세계는 점점 더 치열한 경쟁 속으로 진입하고 있는 데 말이다.

집권세력은 "모두가 잘 사는 사회" "평준화" "비정규직 없는 세상" 같은 듣기 좋은 말들로 정권을 치장하고 있지만 국가는 그렇게 좋은 말들로 돌아가지 않는다. 인간의 타고난 자유, 다양성, 시장의 자유로운 경쟁과 경제 번영은 이런 좋은 말들로 해결되지 않는다.

이 구호들은 듣기엔 그럴듯하지만, 현실적으로는 국민들의 자율성과 다양성, 개성과 창의, 자유로운 경쟁을 저해하는 과정을 거쳐 권력의 강력한 통제 즉 명령경제와 사회주의 체제로 이어지고 궁극적으로는 경제몰락의 길을 걷게 마련이다. 국가가 시장의 자율성과 경쟁을 촉진하면서 사회적 약자를 보호하기 위해 사회안전망을 강화하는 것과 국가의 보이는 손이 시장을 통제하는 것은 전혀 다른 차원의 문제이기 때문이다. 특히 경제행위가 점점 다양하고 복잡해지고 있는 현대 사회에서 이 두 가지 경로의 끝은 천지차이가 된다.

03 | 공적 의지(public mind)가 실종된 사회

　대한민국 헌법은 제1조에서 "①대한민국은 민주공화국이다. ②대한민국의 주권은 국민에게 있고, 모든 권력은 국민으로부터 나온다."라고 규정하고 있다. 제1조 ①항은 민주공화국의 원리 ②항은 국민주권주의를 규정한 것인데, ①항에서 보듯이 우리 헌법은 공화주의를 채택함으로써 무제한적 자유주의보다는 사회의 공공성을 위한 권력 행사에 무게 중심을 두고 있다. 공화주의가 과도해지면 전체주의로 흐를 위험이 있으므로 우리 헌법이 말하는 공화주의는 "자유민주적기본질서"를 근간으로 하여 왕정과 대비되는 의미가 더 강조된 것으로 보인다. 다만, 공공성의 실현이라는 공화주의 정신은 ②항의 국민주권 원리를 통해서도 구현된다.

　따라서 권력을 행사하는 공직자는 선출직이든 직업공무원이든 그 권력이 국민으로부터 나온 것 즉, 국민들로부터 그 권한을 위임받은 것이므로 국민의 이익에 부합하게 권력을 써야 한다. 또한 우리 헌법은 직업공무원 제도를 둠으로써 (헌법 제7조) 공무원들이 정치적 외풍으로부터 독립해 국민의 이익과 공공성을 위해 일할 수 있도록 하고 있다.

　그런데, 우리나라는 이런 헌법규정에도 불구하고 조선시대 봉건 왕정

시대의 관습이나 사고에서 완전히 벗어나지 못하고 있다. 선출된 권력은 제왕 행세를 하고, 주변 공직자들은 임기동안 그 권력에 줄을 서는 경향이 강하다. 즉, 임기가 정해진 왕이 생기는 것이다.

이 때문에 우리는 종종 권력자가 국익과 국민들의 이익, 혹은 공공성보다 자신과 자기권력 주변의 사사로운 이익을 먼저 추구하는 모습을 보게 된다. '권력의 사유화 현상'이 일어나는 것이다.

'공직'은 국가와 국민을 위해 일하는 자리이므로, 그 역할을 가장 잘 할 수 있는 능력 있는 자를 선출하여 최선의 업무성과를 내도록 해야 한다. 따라서 선출직의 경우, 그런 관점에서 가장 국민을 위해 역할을 잘할 수 있는 자를 '공천'하고, 임명직은 이러한 인물을 적재적소에 써야 한다.

그런데 우리 정치는 상당부분, 국가와 국민의 이익보다 권력자와 그 패거리들의 사사로운 이익을 위해 선거공천권이나 공직인사권을 전횡하는 모습을 자주 드러내고 있는 것이다.

문재인 정권의 인사실패는 방금 지적한 이 문제의 단면을 보여준다. 문재인 정부는 병역기피, 부동산 투기, 위장전입, 세금탈루, 논문표절 등의 인사원칙을 제시하였지만 제대로 지켜지지 않았다. 스스로 원칙을 뒤집으면서도 그들은 잘못을 인정 할 줄 몰랐다. 그들은 스스로를 촛불 혁명으로 집권한 세력이라 부르지만, 당시 국민들의 가장 큰 바람은 '권력의 사유화' 현상을 개혁하라는 것이었다고 나는 생각한다. 지금 와서 생각해보면 당시 보도된 내용들 중에 가짜뉴스이거나 과장된 부분이 매우 많았던 걸로 보이지만 어쨌든 그 상황에서 대중의 분노는 본질적으로 권력의 사유화에 대한 반발이었다.

그렇다면, 이른바 촛불을 통해 성립한 문재인 집권이후는 어떠한가? 문재인 정부는 국민혈세를 아껴야 한다는 관념이 별로 없는 것 같다. 국가에 꼭 필요한 일이 아닌데도 무분별하게 공무원을 증원하거나, 휴지 줍기처럼 실적을 채우기 위해 비생산적인 부문에 예산을 낭비하는 일, 지자체에서 불필요한 사업을 벌여 필요 없는 일자리를 만들거나 지방공기업 등을 설립하여 자리를 만들고, 선거 때 도왔던 사람들을 낙하산인사로 보내 혈세를 낭비하는 일들이 넘쳐난다. 꼭 필요한 사업이 아닌데도 선거용 생색내기 위해 사업선정을 해서 예산을 쓰거나 국가재정법상 예비타당성조사를 면제할 사안이 아닌데 절차를 임의로 생략해서 예타를 면제하는 경우도 있다. (특히 예타 면제는 사실상 특정지역의 특혜로 연결될 수 있어 심각한 문제다) 최근에는 재정자립도가 10% 남짓되는 열악한 기초자치단체가 친 정부성향의 연예인에게 고액 강사료를 지급하고 초청한 사건이 회자되기도 했다.

'권력의 사유화' 현상은 '공공기관의 사유화', '공공재의 사유화'로 이어지고 특정세력의 독재로 이어진다. '공공재의 사유화' 특히, 최근 대한민국의 문제는 그 사유화가 특정개인의 주변인에 의한 사유화를 넘어 특정세력에 의한 사유화로 확대되고 있다는데 그 심각성이 있다. 예컨대 사법부권력이 특정 법률 동아리 출신들에 의해 잠식되는 현상이 그렇다. 교육감이나 노동관계 행정 분야에서 일부 노동단체들의 입김과 영향력이 커지고 노조 출신들에 의해 장악되는 것도 그러하다. 가장 우려되는 문제는 국민의 혈세와 수신료로 운영되는 공영방송에서 특정노조가 경영권을 장악하여 공영방송이 아니라 노영방송으로 전락하는 상황이다.

국민혈세와 수신료로 국민들의 자기세력의 정치적 성향을 반영하는 프로그램을 제작하거나 패거리들끼리 요직을 독점하는 현상들은 사실상 언론인이 권력을 비판하고 견제할 책무는 망각한 채 권력의 하수인이 되는 일이다.

뿐만 아니다. 권력이 곳곳에 개입하고 특정단체 또는 세력과 결탁하여 국가의 자원을 독점하는 현상은 자본주의의 공정한 경쟁 질서를 파괴한다. 자본주의 때문에 불공정해지는 것이 아니라 자본주의·자유민주주의 간판을 달고 제대로 운영하지 않기 때문이다.

언론, 검찰·경찰, 각종 정부부처 등 공공기관에서 적폐청산을 명분으로 기존의 역량있는 인재들을 제거하고 아무 역량도 없는 자기 패거리를 집어넣어 주류 세력을 교체하는 모습도 지적하지 않을 수 없다.

이런 모습을 보며, 나는 대한민국의 국민은 말만 주권자일 뿐, 권력을 위임받은 자들이 도리어 국민위에 군림하며 권력과 국가의 부를 약탈하기에 급급한 것 아닌가 싶은 생각이 들지 않을 수 없다.

내 눈에는 우리 국민의 혈세가 눈먼 돈, 쌈짓돈이 되어 가고 있는 모습이 보였다. 권력을 쥔 자들은 국민세금을 아껴 쓰는 것보다 어떻게 하면 사적 이익으로 활용할 수 있을까를 경쟁하는 듯하다. public mind 즉, 공적의지, 공적책임감이라는 것이 실종되어 버렸다. 민주당이 과거 4대강 사업이 무리한 사업이라며 예타를 생략한 절차를 문제 삼을 때 나는 상당히 설득력 있다고 느꼈고 적극 동조했다.

그런데, 의외로 4대강 사업의 결과는 용수공급과 친수 환경성 등 측면에서 꽤 긍정적이었다. 그럼에도 정권이 바뀌자 문재인 정부는 4대강 사업에 문제가 많았다며 다짜고짜 보를 해제한다고 부실한 절차를 진행했다. 문제는 4대강 사업에 대한 예타 면제를 그렇게 비난해놓고도 정작 자신들은 선거용 퍼주기 예타 면제를 대놓고 실행했다는 사실이었다. 그뿐 아니다. 비생산적이고 비효율적인 복지를 개선하지 않는 것이나, 탈원전이나 소득주도성장등 잘못된 정책을 계속 추진하며 나라경제에 큰 문제가 생기는데도 이를 제대로 보고하지 않고 윗사람 눈치 보기에 여념없는 공무원도 공적 책임감이 약하기는 매한가지다.

지금 우리는 공적의지가 실종된 사회, 양심이 실종된 사회에서 살고 있다. 일부 집권세력은 상대의 약점을 잡아 지독하게 공격하고 쓰러뜨려 권력을 잡았지만 정작 자신들은 집단적으로 국민 혈세에 빨대를 꽂고 사적이득을 취하는 추한 모습을 보이고 있다. "국민혈세가 들어갔으니까 아껴야 한다."거나, "공적 자리니 나 같은 사람이 그런 일을 맡기엔 과분하다, 내 영역과 무관하다."며 자리를 고사한다거나 하는 염치는 사라진지 오래다. 그 보다는 "기회가 왔을 때 돈 벌자", "남들 다 하는데 나 혼자 청렴하면 손해"라는 생각이 팽배하다. 권력의 사유화 현상은 훨씬 더 심해졌다.

이젠 정치 자체가 국가경영철학의 경쟁과정이 아니라 사익을 취하기 위한 수단으로 전락한 것 같다는 생각마저 들 정도다. 정치현장은 권력자들의 이해관계가 충돌하는 전쟁터가 되어버렸다.

04 | 86세대의 위험한 과거

86세대, 그들은 누구인가?

문재인 정부의 청와대, 정부부처, 여당은 이른바 86세대[1]로 지칭되는 세력들이 장악하고 있다. 우리 사회의 노동조합과 사회단체는 물론 각 기업이나 사회조직들 또한 대부분 이들이 주도권을 쥐고 있다. 사실상 우리 사회를 주도하는 셈이다. 50대라는 연령대는 어느 사회에서나 대체로 결정권을 쥐고 있는 중진이기 때문에 이를 두고 특정 세대가 "한국사회를 지배하고 있다"고 표현하는 것이 다소 과하게 들릴지도 모른다. 그러나 86세대가 80년대에 획득했던 낡고 위험한 신념을 공유하면서 아직까지도 세대 차원의 강한 결속력을 형성하고 있다는 점은 부정할 수 없다.

이른바 86 운동권 출신들은 '민주화운동'이라는 상징 자본을 독점하며 자신들은 선, 상대 세력은 모두 악으로 규정짓고 단죄하려 한다. 세상을 민주와 독재, 신과 악, 정의와 불의로 재난한다. 이런 단순무식한 이분법적 세계관은 정치사회 전분야로 확장되어 우리사회를 노동과 자본, 민중과 재벌, 기득권과 경제적 약자 등으로 프레임 짓고 자신들은 언제나 약자 편에 서는 정의의 사도로 자리매김한다. 그러다보니 여러 사회, 경제적인 사안을 두고도 원인분석과 정책적 대안을 모색하는 것이 아니라, 편을 갈라 상대를 단죄하는 방식으로 문제를 해결하려 한다. 문제가 더 깊어지면 과거 적폐 타령하면 그만이다. 어쩌다가 이런 몰상식한 집단이 우리 정치를 지배하게 되었을까?

주지하듯이 80년대는 정치적인 어둠의 시대였다. 12·12사태와 광주의 비극 속에서 군부독재 정권이 수립되었다. 그러나 한편으로는 정치적 암울함과 대조적으로 경제 상황은 너무나 좋았던 시절이었다. 전두환 집권 이후, 우리 경제는 오일쇼크 위기에서 벗어나 경기가 크게 회복되었다. 80년대 중반에 들어서면서 부터는 3저호황(저달러, 저금리, 저유가)에 힘입어 물가는 안정되고 수출은 큰 폭으로 늘어나며 매년 10%를 웃도는 성장률을 보였다.

80년대는 한마디로 '단군 이래 최대 호황'을 구가하며 경제가 비약적으로 발전하던 시대였다. 이런 초호황의 시대를 만나 기성세대는 경제성장의 일익을 담당하는데 집중했다. '군사독재'에 대한 정치도덕적 불만은 마음 한 편에 간직한 채 말이다.

이 때문에 군사독재와의 투쟁은 도덕적 감수성이 예민한 20대 청년들의 몫이 되었다. 바로 86세대다. 그래서 시민들은 당시 학생들에게 묘한 정치적 부채감을 갖게 되었고 이들이 데모 하는 모습을 볼 때마다 응원을 아끼지 않았다.

문제는 80년대 학생운동의 주류가 친북 노선에 경도된 이른바 민족해방파의 사고방식을 갖고 있었다는 점이다. 80년대의 청년, 학생들은 군사정부가 탄압을 하면 할수록, 또 시민들의 지원이 쇄도할수록 자신들의 정당성과 사명감에 도취되어 갔다. 빈곤사회의 부패와 무질서가 극에 달하던 건국초기에 비교적 무혈입성 했던 5·16과는 달리 12·12 같은 80년대의 군사행동은 경제발전으로 국민들의 의식수준이 높아지고 민주화에 대한 열망이 강해진 이후 일어난 사건이었다. 이 때문에 대중의 저항은 극렬했고 그 만큼 대립도 극단적이었다. 당시 운동권은 전두환이라는 절대적인 악을 몰아낼 수만 있다면 어떤 수단을 동원해도 옳다고 믿었다. 민주화 운동조직은 정권의 탄압을 피해 지하화 되었고 이념은 더욱 급진화 되어갔다. 그 과정에서 남한의 군사독재와 대립하는 북한을 동맹으로 여기며 그들을 추종하는 흐름이 발생한다. 북한 대남선전 방송에 현혹된 민족해방파(NL), 즉 주사파는 반미친북 민족주의를 확산시키며 점차 학생운동의 주류가 되어갔다.

전 민주노동당 정책위의장 주대환은 당시 학생운동권에서 종북주의가 득세한 배경을 이렇게 설명한다.

전두환 세력, 저 악마를 몰아내기 위해서는 어떤 놈하고도 손잡을 수 있을 것 같은 그런 심정인데, 북한이란 존재를 재발견해낸 거예요. 그 당시 20대들이, 김영환이나 이런 사람들이 재발견한 거예요. 그 친구들은 선배들로부터 내려오는 운동적, 지적 전통을 받은 것도 아니고 자기들이 발견한 거예요. "아, 그렇지 북한이란 게 있었구나." 하고 말입니다. 사실 저처럼 그 전부터 당시에 듣다가 들키면 반공법으로 처벌받던 북한의 대남방송을 자주 듣고, 북한과 통일 문제를 자주 생각해보지 않았던 사람일수록 김영환이 말하는 '전국적 관점'이라는 데 쉽게 넘어갔습니다. 전국적 관점이란 것은 남한만 따로 떼어내서 생각하는 반(半)국적 관점이 아니라는 이야기입니다. 피아(彼我) 힘의 계산을 남북한을 합쳐서 하자는 이야기죠. 게다가 그 당시 70년대 말, 80년대 초의 북한이란 게 밖으로만 보기에는 그럴싸했습니다. 그러니까 인민들의 실제 생활은 잘 몰랐어요. 예를 들어 IISS라고 국제전략연구소 같은 군사학 전문 연구소 발표를 보면 탱크 생산 대수가 연간 200대였다고, 거의 독일 수준이에요. 처음에는 물리적, 군사적 힘에 끌렸지만, 점차 생각을 그 방향으로 발전시키니 나중에는 그 북한이 역사적, 도덕적 힘도 가진 것으로 믿게 되었습니다. 만주의 항일 투쟁, 보천보 전투 그런 것이 얼마나 멋지게 보입니까? 반면에 정당한 주장을 하는 우리를 반대하는 놈들은 모두 친일파의 후손이라고 생각해버립니다. 싸움이 치열한데, 전선을 그어서 아군과 적군을 단순하게 정리하고, 적군은 무조건 나쁜 놈이고 아군은 무조건 아름답게 보아야 할 필요가 있었던 겁니다.[2]

이렇듯 80년대 운동권세대는 단순히 민주화에 대한 열정만으로 투쟁한 것은 아니었다. 86세대는 북한의 주체사상은 물론 모택동, 레닌 같은 공산주의자들의 혁명론까지도 광범하게 수용하면서 투쟁의 이론적 양분을 확보했다. 현재까지도 86세대가 미국에 대해서 정서적 반감을 갖고, 중국이나 북한 같은 전체주의 국가에 친근감을 갖는 것도 바로 이 시절 형성된 전체주의 사상의 영향이라고 볼 수 있다.

전체주의 사상이 가져온 결과는 소름이 끼칠 정도로 끔찍하다. 전체주의는 자신들과 다른 의견은 척결해야 할 반동으로 치부된다. 스탈린의 끔찍한 대학살, 김일성의 대숙청, 마오쩌뚱의 문화대혁명 등 역사적 사례는 부지기수다. 그런데 바로 이 습성이 오늘날 86운동권세대에 고스란히 전해졌다.

나 역시 학창시절 운동권들의 전체주의적 사고방식을 얼핏 경험한 적이 있다. 내가 대학에 입학했던 해는 87년 6월항쟁이 끝난 지 4년이 지났을 무렵인 91년도였다. 당시 운동권 세력이 많이 약해지기는 했어도 여전히 학생회는 그들이 주도권을 잡고 있을 때였다. 대학 초년생이던 나는 잠시 선배들의 권유로 학회와 운동권서클에 몇 번 가본 적이 있다. 그런데 아무래도 너무 권위적이라는 느낌이 들었다. 선배들은 사상통제는 물론이고 심지어 나의 옷차림이나 머리모양까지 간섭했다. 그것은 한마디로 전체주의 문화였다. 오래 못가 나는 선배들에 반감을 가졌고 모임에 발을 끊었다. 그 당시 운동권 선배는 나에게 학습을 강요하며 마르크스-레닌주의 사상을 주입하려 했고 기숙사까지 쫓아오며 집요하게 설득하기도 했다.

내가 경험한 86세대는 '민주화 운동'이라면서 오히려 전체주의 사상을 신봉하는 내재적 속성을 지니고 있었다. 86세대가 내심 자유민주주의를 경멸하는 것은 이 때문이다. 운동권 학생들은 입이 두 개 같았다. 한 입으로는 민주주의를 외치면서 또 다른 입으로는 모택동과 중국공산당의 대장정을 은근히 동경하고 전체주의 사상을 신념화 하면서 자본주의나, 자유민주주의를 부르주아 국가로 경멸했다.

사실 86세대가 말했던 '자유', '인권', '민주주의'는 그 가치를 형성시킨 자유민주주의 사상과 시민권에 대한 깊은 이해 속에서 나온 것이 아니었다. 그것은 단지 군사정권에 대해 자신들을 탄압하지 말라는 명분에 불과했다.

민주주의는 경제발전과 함께 가야 한다

이런 맥락에서 나는 과연 우리의 민주주의가 86세대를 비롯한 운동권 출신들에게 빚지고 있는지 의구심을 갖고 있다. 80년대 당시 평범한 시민들은 운동권 학생들처럼 하고 싶어도, 민주화 운동에 전적으로 참여할 수 있는 입장은 아니었을 것이다. 시위에 참여하다 감옥이라도 가면 생계를 이어갈 수가 없기 때문이다. 그러나 결정적으로 독재의 기를 꺾은 것은 바로 보통시민들의 힘이었다. 전두환 정권이 직선제 개헌을 거부하고, 4·13 호헌을 선언했을 때, 종교계를 비롯해 각종 단체, 교수들 심지어는 가수부터 바둑기사에 이르기까지 각계각층의 사람들이 호헌 반대를 선언하며, 직선제 개헌을 주장했다. 그리고 6·10항쟁에 이르러 넥타이부대로 불리는 사무직까지 합류하여, 직선제 개헌을 이끌어냈다. 한국의 민주화는 학생-재야 운동권은 물론 심지어는 보수정당과 양심적 군 인사들 까지 포함한 수많은 보통 사람들이 충분한 사회적 공감대 위에서 합심하여 이루어낼 수밖에 없었던 역사의 필연이었다. 심지어 집권세력조차도 시대의 흐름을 인식하고 타협을 통한 점진적 변화를 선택했다.

그리고 더 중요한 측면이 있다. 그것은 지속적 경제발전이 민주화의 안정적 정착에 미치는 영향이다. 단순히 독재 정권을 뒤엎는다고 민주주의가 저절로 정착하는 것은 아니다. 무엇보다 중요한 것은 민주화 이후의 민주주의를 유지, 발전시킬 수 있는 사회 전체 역량의 동반 상승이 존재하느냐의 문제다.

이런 맥락에서 민주화의 열기가 폭발하는 동안 또 다른 한쪽에서 묵묵히 자기 자리를 지켜온 경제 발전의 힘 또한 한국 민주주의 발전의 중요한 주체라고 봐야 한다. 맨손으로 산업화를 일구었던 보통 사람들의 치열한 삶이 있었기에 오늘날의 안정적인 민주주의가 가능했다는 것이다.

대한민국이 경제적 번영과 안정적 민주주의가 동시에 작동하는 나라가 된 것은 어떤 특정집단의 공으로 돌릴 수 있는 성질의 것이 아니다. 우리와 비슷한 시기에 민주화의 바람이 불었던 필리핀, 아랍, 튀니지 등의 현실을 보면 이 대목의 중요성이 잘 드러난다. 현재 이들 나라들은 차라리 과거의 독재시절을 그리워하고 있을 만큼 국내 경제 사정이 어렵다. 리비아는 무정부상태에 놓여 있고, 시리아는 내전 중이다. 이집트는 다시 쿠데타가 일어났다. 아랍의 봄은 처절한 비극으로 끝나고 말았다. 경제 발전이 병행되지 못한 갑작스런 민주화는 많은 부작용을 동반하면서 오히려 '민주화의 성과' 자체도 제대로 지켜내지 못했던 것이다.

86세대, 선악의 이분법으로 권력을 얻다

그러나 86세대는 70~90년대 우리나라의 경제 발전이 민주화의 중요한 기반이 되었다는 사실을 잘 인정하지 않는다. 민주화 투쟁이 끝난 지 30년이 흘렀지만 86세대는 여전히 세상을 민주와 독재, 선과 악, 정의와 불의로 재단하고 자신들은 언제나 약자 편에 서는 정의의 사도로 착각한다.

이러한 86세대의 행태는 '민주화운동'이라는 상징 자본을 독점하기 위함으로 보인다. 86세대는 본능적으로 단순한 권선징악 구도가 가장 효과적임을 잘 알고 있다. 따라서 언제나 자신들은 선(善), 상대 세력은 모두 악(惡)으로 규정짓고 단죄하려는 속성을 갖는다. 이런 이분법에 바탕을 두고 끊임없이 격렬한 정치적 대립을 호출해 이를 자기 권력의 기반으로 삼는다. 그러다보니 어떤 사안이 발생할 경우 합리적 정책 대안을 모색하는 것이 아니라, 편을 갈라 상대를 단죄하는 방식으로 문제를 해결하려 한다.

내가 대학에 입학했던 때는 민주화가 이미 진행되었던 90년대 초반이었지만, 학생사회에서 운동권들의 영향력이 아직까지는 많이 남아 있었다. 그들이 불렀던 이른바 민중가요 구절 몇 개를 기억하는데 그 중의 하나가 농민가다. 농민가 가사 중에는 이런 대목이 나온다. "삼천만 잠들었을 때, 우리는 깨어~..." 노무현 대통령 비석에는 이런 말도 새겨져 있다. '민주주의 최후의 보루는 깨어있는 시민의 조직된 힘'

이들은 왜 이렇게 '깨어 있다'는 말을 좋아할까? 나는 이 말에서 운동권 세대의 무의식적인 사고방식을 엿볼 수 있다고 생각한다. '깨어있음'은 각성을 뜻한다. 즉, 깨어 있다는 말은 각성된 자와 그렇지 못한 자를 가른다. 각성한 자가 잠든 자를 일깨운다는 계몽의 의미가 내포되어 있는 것이다. 그런데 이들에게 각성한 자는 다름 아닌 자기들의 생각에 동의한 자들이다. 자신들의 의견과 맞지 않거나, 대립적인 위치에 서 있는 자들은 각성이 덜 된 사람이다. 운동권들은 각성한 자신들이 잠들어 있는 자를 깨우는 것을 '의식화'라고 불렀다.

이처럼 '깨어 있다'는 의미 속에서는 '내 생각이 틀릴 수 있다'는 가능성 자체가 배제된다. 자신이 절대적으로 옳다는 독선으로 흐를 수밖에 없다. 민주주의의 언어가 아니다. 그러다보니 이들 '깨어있는 자들'이 보는 세상은 참과 거짓으로 나뉘고, 이것은 선과 악의 이분법으로 확장된다. 합리적으로 이해관계를 조정하는 길을 원천 봉쇄되고 선의의 경쟁정치, 타협의 정치는 사라진다.

86세대는 당위적이고 도덕적인 관점에서 세상만사를 재단한다. '불평등하다고? 그럼 최저임금 올려! 투자가 안 돼? 재벌들에게 투자하라고 강요해! 일자리 없어? 그럼 정부 돈으로 채용해!' 죄다 이런 식이다. 그동안 쌓인 우리사회의 수많은 난제들은 모두 극소수 기득권과 재벌 같은 소수의 나쁜 놈들 때문에 생긴 것으로 단순히 치부한다.

이러한 86세대의 습성은 조선시대 절대주의적 세계관과 흡사한 면이 많다. 조선의 사대부들은 자기 관점에서 조금만 벗어나도 사문난적으로 규정해 정적을 제거해왔다. '상대편은 모두 적폐다'는 운동권식 관점과 똑같다. 마르크스의 프롤레타리아 독재 사상도 이와 유사하다. 공산주의 국가들의 전체주의 사상은 '나만 옳다'는 강력한 신념하에 아예 '독재'를 이론적으로 합리화 하고 반대의견을 무조건 반동으로 몰아 무수히 많은 인민을 학살했다.

내가 86세대에 묻고 싶은 것은 4·19나 5·18, 87년 6월항쟁 같은 민주화운동의 본실이 과연 무엇이겠는가? 라는 질문이다. 어떤 운동이나 사건은 한 가지 성격만 존재하는 것은 아니지만 어쨌든 우리는 큰 틀에서 이 운동들을 민주화운동의 성격으로 바라보고 있다. 그리고 내가 보기엔

이 민주화운동들의 본질적 성격은 "자유주의 운동"이었다. "권력으로부터 개인의 자유 즉 권력의 억압으로부터 개인의 양심의 자유, 정치활동의 자유, 표현의 자유, 국민이 스스로 정치권력을 선택할 자유를 달라는 운동이었다." 이런 역사적 운동들이 언제 사회주의 운동 혹은 진보를 가장한 종북 좌파 운동이 되었나? 이 운동들이 언제부터 자기들만의 민주화운동을 독점하며 역사에 대한 '나만의 정의'와 다른 해석을 금지하고 상대를 배척하는 전체주의 운동이 되었나? 탄식하지 않을 수 없다.

86세대는 틈만 나면 스스로 민주화의 주인공임을 강조하지만, 사실상 자유 민주주의의 가치에 대한 근본적인 이해가 결여되어있다. 권력에 저항하는 과정에서 스스로 전체주의적 속성을 체득한 그들에게 자유와 민주주의는 그저 장식에 불과했던 것이다.

민주주의는 상대를 존중하는데서 시작한다

현대 자유민주주의는 기본적으로 다원주의에 기초해 있다. 상대방을 인정하는 것이다. 이런 자유주의적 사상은 근대 계몽주의와 공화혁명 사상을 잇는 것이다. 이의 바탕에는 너도 옳고, 나도 옳다는 '상인 정신'이 깔려있다. 다시 말해 자유주의는 기본적으로 협상과 타협을 통해 상호 이익을 증진시키는 근대 부르주아지의 사상이다. '나만 옳다'는 전제 하에서는 유효한 계약을 성립 시킬 수 없다. 인간이라면 누구나 잘못할 수 있고, 완전하지 않다는 생각에 기초해 삼권 분립이라는 제도도 만들어진 게 아닌가?

역사에 길이 남는 링컨의 명연설에 담긴 '국민의, 국민에 의한, 국민을 위한 정치'라는 표현만큼 민주주의에 대한 최고의 규정은 없을 것이다. 그런데 일설에 의하면, 이 표현은 당시 노예제 폐지 운동에 앞장선 테오도르 파커 목사가 한 말에서 따왔다고 한다. 파커 목사가 남긴 더 중요한 말은 다음과 같다.

> 민주주의란 '나는 당신만큼 좋은 사람이다.'라고 말하는 것이 아니라, '당신은 나만큼 좋은 사람이다'라고 말하는 것이다

타도해야 할 적대적 상대방이 없으면 단 한순간 살아 갈 수 없을 것 같은 '86세대'가 새겨들어야 할 말이 아닐까!

아이러니하게도, 선(善)을 독점하는 자들이야말로 세상에서 가장 위선적으로 권력 중독에 빠지기 마련이다. 조선의 성리학자는 물론이요, 공산주의 체제도 그랬다. 타인의 올바름을 인정할 수 있는 타협의 정치가 아니라 '나만 옳다'를 전제로 하는 도덕과 명분의 정치는 결국 위선으로 이어질 수밖에 없다. 머리는 실현 불가능한 이상주의에 가득 차 있는데, 몸은 기득권의 자리에 안주하고 있다면 남는 것은 위선뿐이기 때문이다. 문재인 정부 집권이후 '내로남불(내가 하면 로맨스 남이 하면 불륜)'이 만연하는 이유도 여기서 찾을 수 있다.

민주당이 괜히 20년 장기집권론을 말하는 것이 아니나. 가만히 살펴보면 그들이 추구하는 정책적 목표도 뚜렷하지도 않고, 어떤 사회를 만들 것인지에 대한 상(象)도 분명하지 않다. 오로지 확실한 것은 상대방이 나

쁘니까 자신들이 집권해야 한다는 당위만이 있을 뿐이다. 이들에게 있어 정치적 가치란 사실 당의정(糖衣錠, 약의 쓴 맛을 피하기 위하여 표면에 당분을 입힌 정제)에 불과할 뿐이고, 권력 자체가 목적이자 수단이 되었을 뿐이다.

기득권 꼰대로 전락한 운동권

보다 더 심각한 86세대의 치명적인 문제는 그들이 점점 우리 사회의 기득권이 되고 있다는 점이다. 86세대는 아이러니하게도 그들이 강조하는 바로 그 문제, 즉 한국의 불평등에 가장 큰 책임이 있는 세대가 되고 말았다.

이철승 서강대 사회학과 교수는 논문 '민주화 세대의 집권과 불평등의 확대'를 통해 민주화 세대가 우리 정치, 경제 분야를 어떻게 독점해 갔는지를 분석했다.

> 중년의 같은 나이 대를 비교해보더라도 이들 민주화 세대의 소득은 월등하다. 민주화 세대의 소득상승 규모와 비율은 다른 세대의 2~3배에 달한다. 경제위기의 직격탄도 이들은 운 좋게 비켜갔다. 1997년 외환위기에서 윗세대는 정리해고를 당하고, 아랫세대에겐 취업문이 닫혔지만 86세대는 오히려 직장에서 오래 버틸 기회를 잡는다.[3]

이런 세대 불평등은 우리나라의 〈노동시장 이중구조〉와 긴밀히 연결되어 있다. 87년 민주화 이후 노동쟁의는 급속히 늘어났고 운동권들이 대거 노동, 기업 현장에 침투해서 노조 활동에 주도적인 역할을 했다. 이때 노동운동을 목적으로 대공장과 공공부문에 취업했던 86세대가 정규직의 울타리에 있으면서 조직화된 위력으로 정규직의 고임금을 관철시켰는데, 외환위기 이후 비정규직 제도가 생기자 이들을 방패삼아 정규직의 고임금은 더욱 가파르게 상승했다.

이는 기업의 이해관계와 맞아 떨어진 측면도 있다. 정규직의 고용유연성이 불가능해지자, 기업들은 정규직 노조들과 타협하여 비정규직을 늘임으로써 고용유연성을 외부화시켰다. 이로써 정규직의 무리한 임금인상과 고용안정 특혜가 비정규직이라는 쿠션을 통해 보호받는 현실이 되었다. 이 과정을 거치며 고임금의 정규직과 저임금의 비정규직, 하청노동자들의 이중화된 노동시장이 만들어진 것이다.

기득권 노동운동은 현재 대기업의 과도한 정규직 대우를 천년만년 사수하기 위해 비정규직이 남발될 수밖에 없는 현실을 외면한다. 그들은 대신 스스로 불가능하다는 것을 알면서도 오로지 비정규직 철폐라는 가공의 명분만을 전면에 내세운다. 결국 비정규직 철폐라는 실현 불가능한 구호의 실제효과는 정규직의 고용안정성과 진입장벽을 높여 정규직 철밥통 기득권을 그대로 유지하는 것으로 귀결된다.

외환위기 이후 20년 동안, 기존 정규직을 과잉보호하는 쪽으로 경제가 계속 흘러오나보니 상대적으로 비정규직 고용만 늘어났다. 다양하고 전문적인 비정규직 노동시장의 발전도 정체되었다. 이 바람에 노동시장의 이중화, 양극화가 고착되고 세계 최고 수준의 소득격차가 발생했다. 사정이 이러함에도 불구하고 이들은 대기업 노동운동은 자신의 기득권을 양보할 생각은 조금도 하지 않은 채, 오직 비정규직 철폐 타령만 하고 있다.

86세대는 산업화 세대였던 부모님 세대가 이룬 과실을 따먹으며 성장했다. 취업과 직장에서 치열한 경쟁을 했던 후세대 즉 IMF세대와 달리 고도성장기에 대학을 다닌 이들, 86세대는 학업이나 견문을 넓히지도 못했음에도 쉽게 대기업, 공기업에 취업하며 모든 분야에서 기득권을 누렸다. 심지어 그 기득권을 지키기 위해 집단행동과 정치투쟁도 마다하지 않으면서 후배들을 밀쳐내 왔다.

86세대는 정치, 경제 전반에 걸쳐 철의 기득권이 된 지 오래다. 86세대의 기득권은 과거 산업화세대와 달리 스스로 창조한 기득권이 아니라 선배들이 만든 생산물을 진입장벽을 만들어 독점한 결과 얻어진 기득권이다. 86세대는 이렇게 산업화세대의 과실을 독점하면서도 선배들을 인정하지 않고 비난하기만 했다.

이제 그만 〈86세대〉는 나라를 위해, 기득권을 내려놓아야 한다. 70년대, 부모님 세대가 피땀 흘려 이룩한 대한민국의 주력산업들이 그 수명을 다해 무너져가고 있는 지금, 산업화 세대를 꼰대라고 손가락질했던 그들이 후세대에 남겨준 것은 불평등과 불경기 외에 무엇이 있는가.

05 | 문재인 정권, 촛불 독재의 길로 가는가

    지금, 문재인 정권하의 대한민국은 독재국가이다. 내가 이렇게 문재인 정부를 규정하면 고개를 갸우뚱하는 사람들이 있을지도 모른다. 민주화 투쟁 시대를 거쳐 온 우리는 '독재'라는 말에 대해 엄청난 선입견과 공포감을 갖고 있기 때문이다. 야당이 문재인 대통령을 독재정권이라고 규정하는 것에 대해 전혀 공감하지 못하는 사람들도 있다. 그러나 독재의 사전적 정의에 비춰서 오늘의 정치 현실을 해석해 볼 때 문재인 정권은 새로운 형태의 독재임이 틀림없다.

    독재(dictatorship, 獨裁)란 한마디로 기존의 법률과 제도를 사실상 무력하게 만드는 자의적 권력행사를 의미한다. 여기서 자의적이라고 할 때, 자의의 주체가 누구인가에 따라서 독재는 일인 독재 혹은 1당 독재 혹은 계급이 행하는 계급독재(프롤레타리아 독재), 다수가 행하는 대중독재 등으로 구분된다.

    독재는 반드시 선거와 같은 대중의 지지과정을 거친다는 점에서 전제 (despotism, 專制) 정치와 구분된다. 전제 정치는 대중의 지지 없이 지배자가 국가의 모든 권력을 장악하여 아무런 제한 없이 마음대로 그 권력을 휘두른다. 반면 히틀러와 모택동, 김일성, 레닌 등은 무엇인가 대중의 지지를 획득하는 과정을 거쳐서 성립되었기 때문에 전제가 아닌 독재로 분류된다.

반대편의 입을 막으면 독재다

문재인 정권과 친위 세력은 우선 역사 해석을 독점하려한다. 독재의 큰 특징은 다른 의견을 용납하지 않는다는 점인데 문재인 정권은 자신들과 다른 얘기를 하면 입을 막아버리려는 습성이 있는 것이다. 대표적인 사건이 소위 말하는 〈5·18 역사왜곡 처벌법〉 제정 움직임이다. 이 법의 취지는 5·18이라는 성역에 대해 비난하는 행위 자체를 법으로 처벌하겠다는 것이다.

이인영 더불어민주당 원내대표는 "왜곡처벌법에 대한 제정 문제라든가... 이런 걸 통해서 다시는 5·18정신을 훼손하는 이런 일이 없도록 조치를 우선 취하려고 합니다."라고 발언했다.

그런데 어떤 역사적 사실에 대한 여러 가지 해석을 국가가 정죄하는 행위는 그 자체로 독재의 중요한 현상이다. 설사 민주화 운동의 역사를 비난한다고 해도 이를 정치적으로 반박하는 정도를 넘어 폭력적 방식으로 처벌하면 독재란 얘기다.

이진우 포스텍 인문사회학부 교수는 교수신문 기고문을 통해 '민주주의'란 곧 '자유'민주주의를 의미한다고 역설한다.

국가를 구성하는 개인들의 자유가 전제되지 않는다면 민주주의는 성립할 수 없다. 왜 개인인가? 모든 사람들이 똑같은 의견을 갖고 있다면 정치가 있을 필요가 없다. 하나의 이데올로기를 절대적 진리로 정당화하고 강요하는 사회에 민주주의가 있을 수 없다. 북한과 중국, 그리고 그 밖의 독재적 국가들이 민주주의를 주장한다고 하더라도 결코 민주적이라고 평가할 수 없는 것과 같은 이치이다. 이처럼 개인의 자유는 민주주의를 비로소 가능하게 만드는 가능 조건이다. 민주주의가 근본적으로 '자유'민주주의인 까닭이 여기에 있다.[4]

자유 민주주의의 핵심 포인트는 자유롭게 의견 표시를 할 수 있는 개인의 권리를 보장하는 데 있다. 그것이 어떤 역사이건 간에 다른 의견이나 다른 해석에 대해서는 반대의견이나 반대 해석으로 대응해야 한다. 국가가 물리적으로 이를 처벌해서는 안 된다는 것이 자유민주주의의 거대한 원칙이다. 이 원칙을 훼손하는 것은 분명히 독재의 길이고, 이 원칙을 모르면서 민주화운동의 역사를 보존하겠다는 것은 민주주의에 대한 '무지'를 드러내는 것일 뿐이다. 만약 집권세력의 견해와 생각이 다르다는 이유로 사람들이 징계되고 형사처벌 받는다면 그것은 사실상 파시즘으로 규정되어야 마땅하다. 다만, 자유민주주의를 해칠 정도의 자유까지 용인될 수는 없다.

문재인 정부 집권 이후, 표현의 자유는 익입빈고 있다. 내표적인 사례가 정치평론가로 활동하던 황태순 씨의 경우다. 그는 문재인 정부 이후 방송 일이 모두 끊겼다고 폭로했다. 그는 "박근혜 전 대통령이 탄핵당한 이후 여러 곳에서 '잠깐만 (방송을) 쉬어 달라'고 연락이 왔다."고 말했다. 명시적 강압은 없다 해도 간접적인 자기검열 분위기가 횡횡하는 것은 더 큰 문제다. 소신은 정부 정책과 다르지만 '큰일을 당하고 싶지 않다'며 칼럼 쓰기나 강연요청을 거절하는 지식인들을 나는 많이 보아왔다. 심지어 우파 유투버 채널과 계정들은 삭제되는 경우까지 있었다.

법보다 힘이 먼저면 독재다

법질서의 실제 집행과정에서 경찰력과 같은 국가의 공인된 물리력이 무력화되고 대신 정권과 연결된 민간폭력이 활개치고 다닌다면 이 또한 분명한 독재의 징표다.

문재인 정권출범 이후, 우리는 정권 수립에 공을 세운 것으로 보이는 일부 노동 단체들의 폭력적 만행을 심심치 않게 목격한다. 오늘날 대한민국의 현실은 노조의 폭력이 경찰보다 위에 있는 형국이다. 대한민국에서는 노조가 경영진에 대한 폭행을 일삼아도 경찰은 이를 막지 못한다. 노조는 걸핏하면 점거농성 등을 통해 물리적으로 경영진이나 기관활동을 방해한다. 폭력을 휘두른 노조원은 형식적으로 경찰에 잡혀간다고 해도 결국 솜방망이 처벌만 받고 다시 풀려나와 활개치고 다니는 일이 비일비재하게 벌어진다.

문재인 정부의 출범 이후 노동운동의 탈을 쓴 운동권 단체들은 심지어는 사법부의 권위까지 무시하는 무소불위의 권력이 되고 있다. 자신들의 이익을 위해서는 헌법도, 법률도, 국가시스템과 기초 질서도, 국민조차도 안중에 없는 대한민국 최고의 폭력집단이 되고 있는 것이다. 그들은 그들만의 "정의"를 내세우며 그것을 위해서는 헌법과 법률은 물론 오랜 기간 쌓인 사회의 관습도 모두 무시한다.

극성 문재인 지지층 역시 자신들에게 불리한 법원 판결이 나오면 판사 개인에 대한 신상털기에 즉각 돌입한다. 기자가 대통령에게 조금이라도 공격적 질문을 하면 예의가 없다며 역시 인신공격에 들어간다. 이것은 의심할 바 없이 사법부와 언론에 대한 길들이기다.

제도화된 국가기관이 아니라 배후에 권력의 힘을 업고 외곽에서 활동하는 비정부 민간조직이 불법 폭력과 각종 여론몰이를 활용해 반대의견을 치밀하고 교묘하게 차단해 나가는 것은 전형적인 독재현상이다.

법치 대신 인치가 지배하면 독재다

자유민주주의는 '법치'(法治)로 통치하지만 인민민주주의는 '인치'(人治)로 통치한다. 언뜻 들으면 '인치'도 괜찮은 말로 들린다. 문재인 정부가 자주 쓰는 표현을 동원하자면 '사람중심의 정치'라고 할 수도 있기 때문이다. 실제 역사적으로 철인(哲人)정치를 주장한 철학자들도 많았다. 그러나 법과 제도에 근거하지 않고 사람의 자의적인 지배, 통치에 의존하는 '인치'는 그 개념 자체가 독재를 의미한다.

이런 맥락에서 집권세력과 연결된 외부단체들에 의해 법질서가 무시되는 상황은 분명 독재다. 전교조는 법외노조임에도 불구하고 소위 진보교육감이 선출된 교육청들과 단체협약을 체결했다. 불법적 상황이지만 아무런 제재도 이뤄지지 않고 있다.

협약내용을 보면 학교나 교사뿐만 아니라 학부모, 학생들의 자율권까지 침해하는 내용이 있다. 예를 들어 각급학교의 면학실 폐지, 성적위주의 수준별반편성 금지, 등교시간 조정 등의 항목을 정해놓고 학생인권 및 학생생활규정이라는 명목으로 이를 점검하겠다는 것이다. 이는 분명히 학교 구성원들이 알아서 자율적으로 결정해야 할 일들을 간섭하는 대목이다. 이행사항 점검 후 미 이행에 대하여는 현장점검을 통해 지도한다고 한다는 내용까지 협약서에 명시해놓았기 때문에 혹시나 불이익을 받을까 걱정하는 교사들도 있다고 한다.

법외노조가 교육청과 협약을 맺고 법질서를 무력화시킨 이 상황은 분명 권력을 잡은 특정 세력이 법을 우회해서 자의적으로 자신들의 행동반경을 넓혀나가는 법질서 무력화 행위이다.

앞서 언급했듯이 탈핵정책은 원자력 진흥법을 무시하고 있고, 남북군사합의도 국회의 비준없이 넘어갔다. 판문점 선언은 비준을 압박받고 있다. 실정법이 '권력의 자의적 의지'를 통제하지 못하는 한 독재라는 개념에서 벗어날 수 없다.

독재자 없는 독재국가

　다시 독재에 대한 정의로 돌아가 보자. 앞서 언급했듯이 독재는 꼭 1인 독재만을 의미하지 않는다. 독재란 1당 독재, 계급독재, 대중독재 등의 개념을 포함한다. 즉, 독재자가 북한 김정은처럼 꼭 1인이 있어야 독재국가가 아니다. 권력의 친위세력이 완장을 차고 제 세상을 만난 듯 활개치고 다니며 법질서와 공권력을 무력화 시키면 그 자체가 '독재 현상'이다.

　특정 이데올로기를 추구하는 대중독재 혹은 계급적 이해관계로 결탁한 계급독재의 경우에도 1인독재와는 다소 궤도를 달리하지만 분명 독재다. 과거 공산당이 태동할 무렵, 자본과 노동의 갈등을 부추겨 독재권력을 형성하고 공산당의 1당지배를 형성한 것도 분명한 독재이다. 그들은 노동자를 해방시킨다고 했지만 그 실상은 당과 정치권력이 자기들만의 정의를 내세우며 모든 법치와 절차 타인의 기본권을 무시하고 군림했다. 이들은 스스로가 이를 독재라고 인정하고 아예 프롤레타리아 독재라는 개념을 제창했을 정도다. 하지만, 프롤레타리아 독재의 실체는 사회를 자기들 멋대로 운영하고 관리한 자의적 권력에 불과했다.

　독재는 꼭 거대 담론으로만 존재하는 것은 아니다. 우리의 일상에도 독재는 있다. 예를 들어 학교에 여러 규칙이 있는데 일부의 결탁한 학생들이 선서를 통해 반상을 상악한 다음, 학칙을 무시하고 자의적으로 학급을 운영하면서 우호적인 학생들과 무관심한 학생들을 배경삼아 소수학생들을 왕따 시킨다면? 이것도 전형적인 독재상황이다.

문재인 정권, 촛불 독재의 길로 가는가

특정세력이 자신들의 허수아비로 대통령과 집권당을 표면에 세워놓고, 권력의 뒤에 숨어 법과 제도를 넘어선 자의적 힘을 휘두른다면 대중독재의 새로운 형태로 규정이 가능하다. 선거로 선출된 집권세력이 언론과 사정기관을 장악하고, 지지층을 조직적으로 활용해 여론을 호도하며 한쪽에서 정권 창출의 공신 역할을 한 집단들이 공권력과 사법부의 통제까지 거부하고 무소불위의 폭력을 휘두르는 현상은 분명 독재인 것이다. 홍위병과도 같은 광적인 지지 세력과 정권 수립에 기여한 민간조직들의 물리적, 언어적 폭력으로 법과 질서가 무너지는 현실, 이것이 지금 우리를 위협하는 독재의 실상이다.

3장

재앙의 문,
사회주의로 가는 비탈길

재앙의 문, 사회주의로 가는 비탈길

01 │ 소득주도성장론은 '정부주도 양극화'다

'소득주도성장'이라는 궤변

소득주도성장론은 민생과 직접 연관되어 우리 경제에 중대한 영향을 미치는 문재인 정부의 핵심노선이다. 그런데 대부분의 경제학자들은 이 '소득주도성장'이라는 말 자체부터 성립되지 않는다고 지적하고 있다. 소득에는 개인의 소득만이 아니라 기업의 소득, 정부의 소득도 있다. 또 이자소득이나 임대소득 등 자산가들의 소득도 소득의 한 종류인 것은 마찬가지다. 다시 말해 소득증대 자체가 성장인 상황에서 소득으로 성장한다는 말은 '소득을 늘림으로써 소득을 증진시킨다'는 동어반복에 지나지 않는다는 얘기다.

소득주도성장론의 정직한 표현은 임금주도성장이라고 봐야 한다. 소득주도성장이라는 미명하에 추진된 정책 대부분은 최저임금 대폭 인상, 비정규직의 정규직화, 공공부문 일자리 창출 등을 내용으로 한다.

그런데 임금주도성장론 역시 논리적 허점투성이다. 그 이론의 요체는 이렇다. 임금을 높이면 소비가 늘고, 기업은 매출이 향상된다. 이렇게 되면 투자는 확대되어 생산성은 높아져서 이윤은 증가한다. 그 결과 경제는 성장하고 일자리는 늘어나게 되는 선순환의 사이클을 얻게 된다는 이론이다. 마치 무한동력 이론을 연상케 한다.

그러나 반대로 악순환의 사이클을 갖게 될 수도 있다. 임금은 소비자에게 소득의 원천인 동시에 기업에게는 노동비용이다. 그러므로 임금이 인상되면 물가는 상승하고 기업이윤은 감소하여 투자는 위축된다. 그것은 곧 노동수요 감소로 이어져 실업이 증가하고 경제는 퇴보하게 되는 악순환의 사슬이 만들어진다. 이처럼 임금 상승은 두 개의 얼굴을 갖고 있으며 어느 일방의 기대대로 움직이지 않는다. 그렇다면 어떤 조건에서 악순환에 진입하게 되는가? 두 가지 조건이다. 첫째로는 기업이 임금인상을 흡수할 여력이 낮을 경우이며, 둘째는 수출 의존도가 높아 글로벌 경쟁력의 악화를 초래할 경우다. 우리나라는 이 두 가지 조건을 모두 갖추고 있다. 우선 영세기업과 자영업자의 비중이 비대하여 급격한 임금인상을 감당할 여력이 없다. 임금인상 여력을 뒷받침할 수 있는 대기업은 전체 고용의 10%밖에 차지하지 못하고 있다. 또 우리는 수출로 먹고사는 나라다. 다른 나라 임금 수준이 그대로인데, 우리나라만 임금이 급격히 오르면 비용상승으로 인해 글로벌 경쟁력 약화로 기업의 매출은 떨어져 문 닫는 기업이 늘어난다. 결국 실업이 속출하는 경제적 재앙으로 귀결될 수밖에 없다.

경제가 성장하려면 소득이 '창출'되어야 하는데, 문재인 정부가 주도하는 소득주도성장 정책은 최저임금 규제를 통해 근로자의 임금을 억지로 높이는 것이다. 이것은 소득이 사업자에게서 근로자에게 이전될 뿐이므

소득주도성장론은 '정부주도 양극화'다

로 성장정책이 아니라 분배정책에 불과하다.

무엇보다 최저임금의 인위적 폭등은 국가권력이 개인의 경제적 자유, 영업의 자유와 근로의 자유를 심각하게 침해한 것으로 헌법을 위반하는 것이다. "네가 망하든지 말든지, 줄 형편이 되든지 말든지, 대통령이 공약했고 국가가 결정한 것이 무조건 지급하라"는 명령이다. 2년간 30% 가까이 무리한 급진적 인상은 일반적인 고용자가 감내할 범위를 뛰어넘는 것이다. 피고용인 입장에서도 마찬가지다. "네가 그보다 덜 받고 일해서도 안 돼, 차라리 일하지 마라"는 식인데, 국가적 폭력이 아니고 무엇인가. 도대체 누가 국가에게 이런 권력까지 줬는가. 이렇게까지 경직되게 운영할 필요가 있는가. 강제노역도 아니고 사용자-노동자가 합의해서 일하겠다는데, 국가가 뭐 길래 고용, 노동을 자유롭게 할 수 없게 만드는가? 이게 바로 반시장 국가사회주의다.

물론, 재분배 정책 시행 의도 자체는 나무랄 일이 아니다. 보수-진보를 막론하고 역대 어느 정부도 재분배 정책을 등한시 여긴 적은 없다. 분배의 왜곡과 격차의 심화는 성장에 미치는 영향도 좋지 않다. 여러 역사적 경험으로 실증되었다.

정작 중요한 문제는 정책의 실효성에 달려 있다. 선의만 있는 섣부른 정책이 가져온 재앙적 비극은 베네주엘라 등 남미국가의 실패가 잘 보여주고 있다. '지옥으로 가는 길은 선의로 가득 차 있다.'는 서양속담을 정치인이라면 누구나 가슴 속에 새겨둘 필요가 있다. 그러나 유감스럽게도 지금 문재인 정부는 소득주도성장이라는 지옥행 열차 티켓을 발매하고 있다.

저소득층 더 못살게 만드는 최저임금정책

문재인 정부가 들어선 지 2년 만에 최저임금은 무려 30% 가까이 폭등했다. 2017년도 16.4%에 이어, 2018년도에는 10.9%를 인상했다. 2019년 현재 최저임금은 8,350원이다. 전 세계적으로 단기간에 이렇게 폭등 수준으로 올린 전례가 거의 없다. 최저임금 인상 전에도 우리나라의 최저임금은 GDP 대비 낮은 수준이 아니었다. 그런데 문재인 대통령은 이렇게 올려놓고서도 성에 차지 않았는지, 최저임금 1만 원 공약을 지키지 못해 미안하다고까지 말했다.

나는 이 대목에서 큰 충격을 받았다. 사실 주휴수당[5]까지 포함한다면 최저임금은 이미 1만원을 넘어섰다. 이는 미국 연방기준 (7.25달러, 8,112원)과 일본 평균(874엔, 8,625원)의 최저임금보다 높은 수준이다. 미국의 1인당 GDP는 약 6만 달러로 3만 달러의 우리 두 배고, 일본은 4만 달러로서 우리보다 1만 달러가 높은 나라다. 게다가 한국의 시간당 노동생산성은 OECD 최저 수준이다.

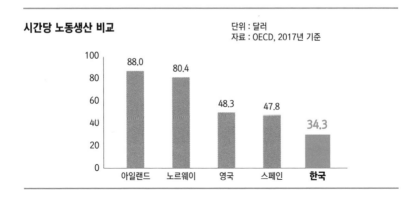

시간당 노동생산 비교

단위 : 달러
자료 : OECD, 2017년 기준

이처럼 시장원리를 무시하고 생산성과 무관하게 임금을 단기간에 높은 수준으로 강제로 올리면 그 결과는 명약관화다. 경제적 재앙이다. 그리고 그 피해는 경제적 약자에 집중될 수밖에 없다. 왜 그런가?

가격을 결정하는 수요-공급 원리는 중등교과서에 나오는 경제학의 기초개념이다. 가격을 올리면 공급이 늘고, 수요는 떨어진다. 노동시장도 마찬가지다. 노동 가격, 즉 임금을 급격히 높이면 고용이 줄어 실업이 증가된다. 임금이 매출에서 차지하는 비중이 높은 영세 사업장일수록 수익구조 악화로 도산, 폐업이 속출할 수밖에 없다. 게다가, 영세사업장은 주로 저 숙련 노동자가 밀집된 곳이 많다. 때문에 저임금노동자의 고용불안이 심화된다. 애초에 저소득근로자를 위한다는 취지는 온데간데없이, 경제적 취약계층에게 최저임금 폭등의 부작용의 피해가 고스란히 전가될 수밖에 없는 것이다. 이처럼 최저임금 폭등은 정부의 인위적 임금조작이나 다름없는 것이고, 소득 증대와 분배개선이라는 정책 목표와는 정반대의 효과만을 가져왔다.

자영업자 죽이는 소득주도 성장

자영업자 비율이 최고 수준인 우리나라 상황에서는 이 부작용이 더욱 악화될 수밖에 없다. 실제 현실을 보자. 최저임금 근로자의 약 70%는 9인 이하 사업장에 근무한다. 4인 이하 사업장은 대부분 도소매 자영업자다.[6] 9인 이하 사업자의 경우 섬유, 봉제, 기계 등 영세 제조업의 경우가 많고 대부분 저부가가치 분야에 종사하는 노동집약적 산업에 해당한다.

이 분야의 자영업자들은 사실상 근로자들과 별반 다를 바 없거나 오히려 사정이 나쁜 경우도 많다.

신한은행의 빅데이터 자료에 따르면, 서울지역 자영업자 월 소득의 중앙값은 172만 원으로 직장인 223만 원에 비해 무려 50만 원이 적다. 이런 와중에 가파른 최저임금인상은 그야말로 이들 자영업자에게 직격탄으로 작용했다.[7]

나는 2018년 7월 문재인 정부의 반시장주의에 맞서기 위해 '시장경제 살리기연대'(시장연대)를 여러 의원들과 함께 결성하고, 현장의 목소리를 듣는 기회를 여러 번 가졌다. 그 자리에서 들었던 중소상공인과 기업인들의 절규가 잊혀 지지 않는다.

어느 생활폐기물처리업체 대표는 "40년 동안 업체를 운영해왔는데, 요즘같이 힘든 적이 없다. 플라스틱 선별을 수작업으로 하다 보니 인원이 많이 필요한데, 최저임금 올라 수익 타산이 안 맞아 도저히 운영할 수 없는 수준"이라고 분통을 터트렸다. 2017년 자영업 폐업률은 87.9%로 역대 최고를 기록했다. 자영업 한 곳의 폐업은 거래처, 임대인, 금융기관 등에 연쇄적으로 영향을 미쳐 서민 경제의 주름을 깊게 한다.

기업이 문을 닫지 않는다고 하더라도 고용 축소는 불가피하고 이는 실업의 증가로 이어진다. 특히 최저임금은 경력이 짧은 청년층과 밀접한 관계가 있다. 기업은 고용을 줄일 때 우선 저숙련 노동자를 내보내거나 신규채용을 줄일 수밖에 없어 가뜩이나 높은 청년실업률을 더욱 악화시켰다. 2018년 9월 통계청 발표에 따르면 8월 청년층 실업률은 10%에 달했다. 외환위기 여파가 이어지던 외환위기 이후 최고치를 기록한 것이다.

체감실업률은 23%에 달해 역대 가장 높은 수준이었다고 한다.

한국은 지난 20년간 지속적으로 최저임금을 올려왔다. 생산성을 능가한 인상이다. 2000년 이후 지난해까지 18년 동안 중소기업 노동생산성은 1.8배 증가한 반면 최저임금은 4배 급증한 것이다.

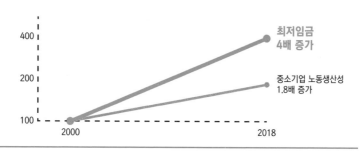

최저임금과 노동생산성의 증가 속도 비교 단위 : 2000년 노동생산성과 최저임금을 100으로 가정
자료 : 중소기업중앙회

그런데 이런 상황은 우리나라의 임금체계 하에서는 오히려 소득분배 악화를 더 심화 시킬 수 있다. 소득분포는 개인이 아니라 가구 단위로 파악해야 한다. 최저임금을 받는 근로자 개인만이 아니라 그가 속한 가계가 중요한 것이다. KDI의 연구에 따르면 최저임금을 받는 근로자들 가운데 70%가 중산층 가계에 속해 있다고 한다. 학생 알바생 등을 포함하면 최저임금 근로자의 2/3는 중산층 가구원이기 때문에 최저임금 인상은 최저소득가구가 아니라, 중산층 가구소득이 올라가는 현상이 발생한다. 뿐만 아니다. 최저임금이 인상되면 사원-주임-대리-과장 등 직급에 따른 임금에도 연쇄적으로 영향을 미쳐 고임금 근로자들의 기본급도 덩달아 오른다.

2018년 12월 대졸 신입사원의 연봉이 5천만 원 수준인 현대모비스가 일부 직원에 대해 최저임금 기준을 제대로 준수하지 않았다며 당국의 시정지시까지 받았다. 연봉 수준이 높은 대기업 정규직에게도 최저임금 인상 혜택이 돌아가게 된 것은 기본급에 각종 수당과 상여금이 붙는 우리나라의 임금체계 때문이다.

최저임금 인상이 정규직에게도 연쇄적으로 영향을 미치는 구조상 역설적으로 저소득근로자가 아니라 고소득근로자에게 더 높은 임금인상을 가져오게 되고 결국 소득분배는커녕 고용과 사업이 안정화된 대기업 근로자에게 임금인상 혜택이 더 집중되는 결과를 초래한 것이다.

오히려 심화된 양극화

아나나 다를까 문재인정부는 소득주도성장으로 양극화를 해소한다고 큰소리쳤지만, 오히려 양극화는 심화됐다. 통계청이 2018년 4분기 가계동향조사를 실시해 보니 부유층의 소득은 더 늘었고, 저소득층의 지갑은 더 얇아졌다는 통계가 나왔다. 소득 하위 20% 가구의 한 달 소득은 123만 8천 원으로 1년 전보다 17.7%나 쪼그라든 반면 소득 상위 20% 가구의 소득은 월 932만 원으로 10.4%나 늘어난 것이다. 하위 20% 소득은 감소폭, 상위 20%는 증가폭이 관련 통계를 집계한 2003년 이후 최대치라고 한다. 이에 따라 가처분 소득을 비교해보면, 상위 20%의 소득이 하위 20%의 5.47배가 되는데 이 역시 통계 작성 이후 가장 큰 격차다. 단 2년 만에 이렇게까지 벌어진 것이다.

정부가 진정 저소득층을 지원할 목적이라면 최저임금 외에도 부작용을 최소화할 수 있는 정책적 수단은 얼마든지 있었다. 저소득 계층을 겨냥한 주거, 교육지원과 근로장려세제(EITC) 확대 등이 대표적이다.

하지만 정부여당은 경제 파괴적인 처방만을 골라서 계속 남발했다. 최저임금 폭등으로 소상공인의 반발이 거세니까 임대료, 카드수수료 등을 인위적으로 낮춰보겠다고 했다. 임대료, 카드수수료 인하 정책 역시 그 수혜자는 영세사업자에게만 국한된 것이 아니다. 그 덕에 훨씬 형편이 좋은 사업자들까지 덩달아 혜택을 보게 된다. 포퓰리즘의 부작용을 또 다른 포퓰리즘으로 가리려다가 결국 경제파탄을 향해 달려가는 형국이다.

최악의 고용참사- 일자리 줄이는 일자리 대통령?

'소득주도성장'의 또 하나의 축은 일자리 정책이다. 문재인 대통령 공약 1호가 일자리 공약이다. 문 대통령은 일자리 문제를 얼마나 중시하는지를 보여주듯 본인이 직접 일자리위원회 위원장까지 맡았다. 청와대 집무실에 일자리상황판까지 걸어놓는 쇼도 잊지 않았다. 이렇게 일자리를 전면에 강조하면서 어마어마한 예산을 투입했지만 그 결과는 참담하다. 2017년도엔 일자리가 월 평균 31만 명씩 늘어났는데, 2018년도엔 증가치가 10만 명대로 줄어들었다. 구직 단념자도 54만 명을 넘어 역대 최고를 기록했다. 수십조 원을 쏟아 넣고도 일자리가 오히려 줄어든 것이다. 그나마 정부가 만들었다는 일자리 태반은 저임금 단기 일자리에 불과했다. 가짜 일자리 예산이다. 모래성 위에 세금을 퍼 부었다는 얘기다. 정부

정책은 뭔가 단단히 잘못되었다.

정부가 제시한 일자리 정책은 크게 세 가지로 구성되어 있다. 첫째, 공공부문 고용 확대, 둘째, 비정규직의 정규직화(공공부문의 선도적 정규직화), 셋째, 노동시간 단축을 통한 일자리 나누기다. 이것 역시 지옥으로 가는 선의로 가득 찬 내용이다. 왜 그런가?

우선 공공부문 고용 확대를 살펴보자. 문재인 정부는 우리나라 공공부문 종사자 수가 OECD 평균보다 훨씬 못 미친다며, 공무원 17만 명 포함해 공공 일자리 80만 개를 늘리겠다고 공언했다. 한국의 경우 전체 취업수 대비 공공부문 일자리는(2015년기준) 8.9%에 달하는데, OECD 국가들의 공공부문 고용률은 평균 21%로서 절반에 미치지 못하는 수준이라는 것이다.[8] 고용부문 고용 확대론은 바로 이 통계에 근거한다. 그런데 이 통계로 공공부문 고용 확충하는 게 적절한 일인가? 전혀 그렇지 않다. 먼저 비교한 통계부터 적절하지 않다. 다른 나라와 우리나라와 공공부문에 포함되는 분야가 제각각이기 때문이다. 정부에서 의료인이나, 사립학교 교원, 군인, 공공부문 비정규직, 비영리 공공단체 직원 등 민간에게 위탁한 부분의 경우 유럽은 공공부문으로 간주되지만 우리는 그렇지 않다. 우리의 경우 8.9%라는 통계에서 누락되어 있는 경우가 상당히 많다는 얘기다.[9]

공공부문 고용 관련해서 심각하게 봐야 할 문제는 우리나라 공무원 인건비가 너무 높다는 사실이나. 우리나라 공부원 인건비 비중은 일반정부 지출대비 21%로, OECD 평균 23%와 거의 같다. 정부의 고용비중이 OECD 평균보다 낮은데, 인건비 비중이 그와 비슷한 수준이라면 우리나라 공무원들 임금이 얼마나 높은지가 여실히 나타난다. 공공부문 정규직 1명에 소요되는 인건비는 대략 7,000만 원 가량이다. 1인당 GDP를 감안하면 OECD 평균의 2배 이상이다. 전체 임금근로자 대비 공공부문 고용비중은 7.4%인데, 전체피용자 보수 비중에서 대략 20%를 차지한다. 이처럼 공공부문의 높은 임금 수준을 생각하지 않고서 무턱대고 공공부문 일자리를 늘리면 경제적 재앙을 불러올 수밖에 없다.[10]

공무원은 한 번 임용하면, 본인이 그만둘 때까지 해고가 사실상 불가능하고 정년을 보장해줘야 한다. 또, 공무원의 임금은 호봉체계이기 때문에 임금상승은 시간이 갈수록 가파르다. 공무원연금까지를 계산하면, 공무원 한 명 채용하는데 국가가 부담하는 비용은 경상비 포함해 연간 1억 원 가까이 될 것이다. 그렇다면 공공부문 일자리 80만 개는 아무리 적게 잡아도 연평균 50조가 넘게 소요되고, 향후 수십년간 고용해야 한다는 걸 고려하면 거의 무한대로 재정에 부담되는 공약이다. 공공부문 정규직 일자리가 적을 수밖에 없는 이유가 바로 여기에 있다. 즉, 한 번 채용하면 정년 보장해야 하고, 연공급 임금체계로 퇴직 무렵에는 초임 대비 3배에 달하는 임금을 줘야 한다. 그리고 퇴직 후에는 10억에 가까운 연금도 죽을 때까지 부담해야 하니 필요한 만큼 늘리지 못하기 때문이다. 이러다보니 젊은이들이 생산적인 민간기업에 취업하기보다는 너도나도 공무원이 되려고 줄을 서고 공기업은 '신의 직장'으로 불린다.

더구나 공무원을 비롯한 공공부문 일자리는 투자와 생산의 연결고리가 없는 소모적 지출형 일자리가 많다. 일자리 창출은 일거리 창출, 즉 부가가치 창출을 통해 이루어지는 것이 정상이다. 공무원직 증가는 이런 일거리 창출이 아니다. 공무원 임금은 소득이 창출되는 것이 아니라 소득이 이전되는 것에 불과하다.

더욱이 공무원 일자리 증설은 중장기적으로 일자리 위축이라는 역효과를 유발할 가능성을 높인다. 정부의 주된 업무가 민간 규제와 관련된 일인데, 증대된 공무원 수만큼 규제는 늘어나게 될 공산이 크다. 그렇게 되면 결국 시장에 대한 규제와 반혁신으로 이어져 민간경제를 위축시키고 결국 민간일자리가 줄어드는 효과를 초래한다.

이런 이유로 나는 공무원 수를 총량으로 통제하도록 하는 '공무원총량제법'을 발의한 바 있다. 공무원 수를 늘렸으면, 상황과 여건에 따라 줄일수도 있어야 한다. 급여뿐만 아니라 각종 수당과 특활비 포인트 등 모든 인건비를 주권자인 국민들이 알 수 있도록 투명하게 공개하는 중이다. 우리 헌법이 정한 국민주권주의와 자유민주주의의 정신을 구현하기 위해서는 공무원의 인건비 내역 등을 투명하게 국민에게 공개하고, 공무원 총수와 인건비를 국민의 대의기관인 국회가 철저히 통제해야 한다.

국민 혈세나 공공요금으로 월급 줄 사람 늘리는 것이 일자리 정책이라면, 지구상에 일자리가 부족해질 나라가 어디 있겠는가? 정상적인 사고구조를 가진 사람이라면 도저히 상상할 수 없는 정책이다. 공공부문의 고비용구조와 경직된 고용형태를 개혁해도 시원찮을 판에 그리스처럼 전국민을 공공부문 종사자의 노예로 전락시키는 방안으로 경제를 살리겠다는 발상은 받아들이기 힘들다.

비정규직을 없애겠다는 황당함

비정규직을 정규직으로 만들어 소득을 늘리겠다는 생각도 마찬가지다. 문재인 정부는 우리 사회의 고질적 병폐인 정규직과 비정규직의 이중적 노동시장의 문제를 바라보는 시각이 참으로 운동권스럽다. 기업이 탐욕적으로 인건비를 줄이기 위해 비정규직을 무분별하게 증대시켜왔다고 한다. 선과 악, 정의와 불의라는 이분법적 시각에 사로잡힌 운동권 학생의 단순무식한 세계관 같은 유치한 도그마로 현실을 재단하고 단세포적인 처방을 남발한다. 이중적 노동시장 문제는 극심한 소득격차의 원인이며, 우리 사회가 시급히 해소해야 할 심각한 사안임은 분명하다. 그런데이 문제의 원인이 무엇인가?

우리나라 노동법은 사실상 정규직 보호법이다. 정규직으로 채용되면 거의 공무원과 다를 바 없이 평생고용이 보장되어 있다. 그래서 나는 국제적으로 통용되듯이 '정규직' 대신 '영구직(permanent worker)'이라고 표현해야 한다고 생각한다. regular worker 란 말은 없지 않은가. 그도 그럴 것이, 영구적으로 채용하는 근로자를 정상(regular)이라고 표현하는 건 아니다.

회사가 문을 닫지 않는 한, 성과나 경영상 필요에 따라 해고할 수가 없기 때문이다. 정리해고를 하더라도 퇴직금과는 별도로 거액의 위로금을 지급하는 관행이 있어 해고에 따른 비용도 엄청나다. 또 대기업과 공기업 노동조합의 조직된 힘이 너무 강하다. 그래서 정규직 고용비용은 전 세계 어느 나라보다 비정상적으로 높다.

얼마 전 한겨레에 보도된 실태를 보면 우리나라 500인 이상 고용 기업 정규직 임금수준이 미국, 일본, 프랑스 등 선진국의 1.5배에 달한다고 한다.[11] 바로 이들 대기업, 공기업, 공무원 정규직 등이 상위 10%에 속하는 계층이다. 그런데도 이들 상층 10%의 노동자들의 조직된 힘이 너무 세다보니 이들은 조직의 힘으로 우월적 지위를 유지하며, 생산성 이상의 지대를 추구하는 고임금을 받는다. 과거 10%대 고도성장을 하던 70~80년대에는 평생직장 개념이 가능했을지 모르겠다. 그러나 현재와 같이 저성장 시대에 중국과 인도 같은 글로벌 시장에서 치열하게 경쟁하는 환경에 직면해 있다면 이런 식의 고용시스템은 불가능하다. 고임금과 평생고용을 책임져야 할 인력이라면 기업은 고용을 늘릴 수가 없다. 그렇다보니 기업 실적이 아무리 좋은 상황이어도 본사 채용을 줄이고, 대신 아웃소싱이나, 생산공장을 해외로 이전시키는 방법으로 대응할 수밖에 없는 것이다.

현대자동차의 경우 1995년 광주의 기아차 공장 이후 국내에서 설립된 공장이 한 곳도 없다. 대신에 그 기간 동안 해외에서 15개 현지 공장이 설립되었다. 기업은 정규직으로 인한 고비용을 만회하기 위해 계약직과 아웃소싱, 하청업체 인력으로 정규직 일자리를 대체해왔다. 그 결과가 양질의 일자리 감소와 극심한 청년 실업난이다. 상층노동자들은 경쟁의 무풍지대에서 자신들만의 특권을 향유하는데 반해, 하층노동시장은 저임금에 시달리는 개미지옥 같은 현실은 이처럼 정규직을 과도하게 보호하는 노동법 때문에 일어난 일이다. 더구나 이중석 노동시장은 계층적 갈등에 국한된 사안이 아니다. 한국 경제의 경쟁력 약화와 직결된다. 이 문제를 그대로 둔다면 우리 모두 공멸의 길을 걸을 수밖에 없다.

그런데 문재인 정부는 이 문제의 원인에 대해서는 철저히 외면하고, 비정규직 상태만을 부각시키며 모두 정규직을 바꿔주면 된다는 식의 황당한 해법을 제시하고 있다. 현대자동차 생산직 정규직원의 평균연봉이 1억 원인데, 수만 명에 달하는 사내하청, 협력사 직원들 모두에게 그런 대우를 해준다면 생존할 기업이 있겠는가? 사회 전체로 넓혀 1,000만 명에 육박하는 비정규직, 중소기업 노동자들에게 그와 같은 근로조건을 제공할 수 있는가? 지구상에 그런 나라는 존재하지 않는다.

　이런 정책의 기저에는 철밥통 정규직을 정상으로 보고 나머지를 비정상으로 여기는 전도된 인식이 깔려있다. 이중적 노동시장 속에 정규직과 비정규직은 흡사 신분제를 방불케 한다. 조선이 왜 망했나? 근로하지 않는 양반이 사회를 지배하고, 평민계층이 양반으로 신분상승하려는 꿈만 꿨기 때문이다. 반상차별 없이, 모두가 맡은 바 일을 열심히 하고 노력과 성과에 따라 대접받는 사회가 되었다면 조선이 멸망하는 일은 없었을 것이다. 그러나 모두가 일하는 백성을 갈취하고 그들 위에 군림하는 양반과 벼슬아치 신분만을 탐했기 때문에 결국 구한말의 비극을 피할 수가 없었다.

　현 상황이 그와 유사하다. 과거급제하면 평생 먹고 살 걱정 없는 조선시대처럼 모두가 공무원이나 대기업 정규직이 되고자 할 뿐, 철밥통 정규직이라는 과보호 제도를 없앨 생각을 안 한다. 한 번 정규직이 되면 성과에 상관없이 평생이 보장되는 고용시스템에 들어가려고만 한다. 경직된 노동시장은 진입장벽을 만들어내고 그 안에 진입한 자(정규직)는 경쟁이 제한됨으로 인해 그 가치 즉, 노동생산성 수준보다 높은 임금과 대우를 받게 된다. 이것은 지대(rent)나 다름없고, 기업에게는 고비용 구조가 고착화되어 원가경쟁력은 지속적으로 떨어질 수밖에 없다. 치열한 글로벌 경쟁 환경 속에서 이런 구조가 지속 가능할 수는 없다. 선진국들처럼 계약직 체제 속에 성과와 노력에 따라 대우를 받고 고용도 연장되는 성과보상체계를 확립해야한다.

비정규직 문제는 철밥통 정규직의 기득권을 깨는 노동개혁으로 풀어야 함에도 문재인 정부는 철밥통 정규직의 숫자를 늘리겠다는 역주행 해법을 내놓고 있다. 마치 양반의 수를 늘려서 신분제를 타파하겠다는 발상과 무엇이 다르단 말인가?

국가가 일하지 못하게 할 자격이 있는가!

소득주도 성장의 또 다른 축은 근로시간 단축이다. 근로시간을 단축하면 일자리 나누기가 가능해져 일자리가 늘어날 것이라는 주장이다. 지나친 근로시간을 줄여 일과 생활을 균형을 추구하겠다는 것이 표면상의 정책 취지이다.

그러나 근로시간을 단축시켜 줄어든 근로시간만큼 신규 채용으로 연결된다는 문재인 정부의 구상은 한마디로 거대한 착각에 불과하다. 이는 인간의 근로를 기계의 그것처럼 붙였다 뗐다 할 수 있다는 오판에 기인한 것이다.

인간은 원래 하던 작업을 중단한다고 해서 다른 사람이 정확히 그 시간만큼의 노동을 대체하기도 힘들고 그에 따른 정확한 채용도 불가능하다.

예컨대 2시간의 작업을 메우기 위해서는 2시간만큼의 고용이 아니라 현실적으로 한 사람을 온전히 고용해야 한다. 특히, 우리나라의 경직된 노동시장에서는 이 상황이 더욱 꺼려진다.

따라서 기대와 달리 추가고용은 거의 일어나지 않는다. 근로시간이 줄어든 근로자의 잔업 수당 등 소득만 줄어들 뿐이다. 줄어든 노동시간만큼 생산성 향상이 이뤄지면 좋겠지만 이 역시 갑자기 이뤄질 성질의 일이 아니다.

하지만 문재인 정부는 일자리 나누기를 통해 고용을 확대하겠다며 노동시간 단축을 밀어붙였다. 이 조치는 우선 철밥통 정규직의 기득권이 온존한 상태에서는 공염불로 그칠 수밖에 없다. 한계가 곧바로 드러난다.

정규직이 노동시간 단축에 따른 임금감소를 받아들이지 않기 때문이다. 실제로 현대자동차는 2013년 3월부터 주야 10/10시간제를 8/9시간제로 바꾸면서 연간 총 노동시간을 479시간 줄였지만, 임금 수준은 떨어지지 않았다. 가뜩이나 좋은 일자리가 엄청 좋은 일자리로 바뀌었을 뿐이다. 현대기아차의 미국 공장의 경우와는 극명히 비교된다. 현대차의 알라바마 공장, 조지아 공장도 주야 10시간 2교대 근무를 8시간 3교대로 바꾸고 근로 시간을 줄이면서 임금은 25%로 줄었다. 그리고 그 감소한 시간만큼 신규고용을 각각 877명, 823명을 늘렸다.[12] 우리는 이것이 불가능하다. 더구나 노동시간 단축이 신규 일자리로 이어지려면 파트타임, 계약직 노동을 활용할 수 있어야 한다. 따라서 탄력근무제가 필수적이다. 그러나 더불어민주당은 탄력근무제 도입을 야당과 합의해놓고서도 이마저도 노동계의 반대에 부딪혀 불과 6개월 이내의 일자리로만 한

정시켜 버렸다.

결국 노동시간 강제단축은 '더 일해서 더 벌겠다'는 근로자의 의지를 국가가 억지로 꺾는 것에 지나지 않다. 근로자의 근로권은 물론 재산권까지 침해한 격이다.

2019년 5월 광역버스기사들의 파업 배경을 들어보니 정부의 강제적인 노동시간 단축으로 인해 정규직 기사는 월 50만 원, 비정규직인 고령기사는 월 30만 원의 수당이 줄어든 것이 원인이라고 한다. 결국 버스파업 문제를 해결하기 위해 버스요금도 올리고 줄어든 소득을 혈세로 충당해 주는 준공영제를 실시할 수밖에 없었다. 엉터리 정책으로 어이없게도 생산성을 도로 낮춘 것이다. 만만한게 국민 혈세다.

문 대통령은 ILO 보고서를 끝까지 읽지 않았다

'소득주도성장론'에 입각한 여러 가지 억지스런 경제정책들이 현실에서 부정되고, 논리적 비판이 쇄도하자 문재인정부는 은근슬쩍 '포용적 성장'이라는 말을 들고 나왔다. '포용적 성장'은 혁신경제, 임금주도성장 등을 포괄하는 개념으로서 OECD(경제협력기구), 국제노동기구(ILO)등 국제기구에서 권고하는 정책이라는 것이다. 문재인 대통령은 이를 근거로 "소득주도성장은 세계적으로 족보가 있는 이야기"라며 "ILO가 오래전부터 임금수도성장을 주창해 왔고 그 정책이 많은 나라에서 받아들여지고 있다"고 말했다. 문재인 정부의 경제에 대한 오도된 인식과 개념 왜곡을 우리는 여기서도 발견하게 된다. 뭐든 좋은 말인 것 같으면 일단 다 갖다

소득주도성장론은 '정부주도 양극화'다

붙이고 본다는 느낌이 든다.

　실제 10년 전부터 '포용적 성장'에 대한 국제적 논의가 본격화되었던 것은 사실이다. 2008년 금융위기로부터 그 논의가 촉발된 것이다. 세계은행은 2009년 '포용적 성장의 체계와 적용' 보고서를 발표하고, 국제통화기금(IMF)는 2011년 포용적 성장을 다룬 보고서를 냈다. 경제협력개발기구(OECD)도 관련보고서를 꾸준히 냈다.

　그런데 이들 국제기구에서 정의하는 포용적 성장의 개념은 문재인 정부가 추진하는 소득주도성장 정책들과 전혀 다른 맥락이다. 포용적 성장의 대원칙은 시장을 믿으며 가격 시스템을 건드리지 않는 데 있다.

　세계은행은 "소득재분배 정책은 단기적으로 활용할 수 있지만 장기적으로 답이 될 수 없다"고 단언하며 모든 사람이 경제활동에 참여해 경제성장이 창출해낸 부의 일부를 나누는 것을 '포용적 성장'의 핵심으로 보고 있다. 이런 관점에서 세계은행은 투자와 고용을 가로막는 규제를 개혁하고 저소득층을 위한 교육 기회를 확대하는 정책을 '포용적 성장'의 핵심수단으로 권고한다. IMF는 교육 기회 확대, 정규직과 비정규직 간 격차 해소, 여성 경제활동 참가율 제고 등을 포용적 성장의 수단으로 제시한다.

　2009년 발표된 세계은행의 〈무엇이 포용 성장인가?〉라는 보고서 역시 포용적 성장은 상대적 빈곤에 집착하는 것이 아니라 생산적 고용 확대를 지향해야 한다는 점을 분명히 하고 있다.

　그런데 문재인 정부의 소득주도성장론은 이러한 권고와는 정반대의 길을 걸어왔다. 노동시장 가격과 노동 투입량을 정부가 통제하고, 비정규직의 정규직화를 통해 노동시장의 진입 자체를 통제한다. 다시 말해 소득주도성장의 본류는 과거 전세계 노동자여 단결하라! 를 외치며 공산혁명을 추구하는 시대에나 나올 법한 얘기인 셈이다.

특히 ILO가 펴낸 임금주도성장 보고서는 개방 경제에서 국가가 임금을 인위적으로 높이면 원가 경쟁력이 떨어져 지속가능하지 않다는 점을 분명히 하고 있다.

아마도 문재인 대통령은 ILO 보고서를 띄엄띄엄 읽은 것 같다. 그렇지 않고서는 이렇듯 엉뚱한 결론을 낼 리가 없기 때문이다. 이와 관련 이병태 교수는 '소득주도 성장이 족보가 있는 이론'이라는 문재인 대통령의 주장을 비판하며 이렇게 언급했다.

정말 대통령과 이번 정부의 경제정책 브레인들은 소득주도성장론에 대한 세계적 족보를 읽어 본 적이 있을까? 2013년 그간의 이론을 집대성해서 ILO가 발간한 임금 주도 성장 보고서의 결론은 이렇다. 임금은 수요를 일으키는 소득이자 생산의 원가라는 이중적인 역할을 갖고 있다. 고로 개방 경제에서는 임금주도 성장이 성공할 수 없다. 수출의 감소가 내수 진작 효과를 압도하기 때문이다. 이 정책이 성공하려면 국제적 공조가 가능할 때만이 신자유주의 정책의 대안이 된다고 적고 있다. 즉, ILO의 주장은 마르크스가 주장한 전 세계적 공산혁명이 성공할 때만 가능하다는 얘기이다. 그런데 우리나라처럼 가장 개방적이고 경제성장의 수출 의존도가 가장 큰 나라가 ILO의 원조 족보에서 실패할 것이라고 결론 내고 있는 정책을 시행한 것이다. 1분기 한국 경제가 마이너스 성장을 한 뒤 정부는 대외 여건 탓이라고 했지만, 이 역시 사실과 다르다.

중국·일본·유럽 등 주요 경제는 모두 시장의 예상을 크게 웃도는 성장률을 발표했다. 미국은 1분기 3.2% 성장에 힘입어 9개월째 3% 이상 임금이 지속 상승하고 있다. 실업률은 1969년 이래 최저치를 기록했다. 감세와 규제 개혁 정책이 포용적 성장의 수단임을 웅변하고 있는 것이다. 중국마저도 감세와 금융 규제 개혁으로 경제를 끌어올리고 있다. 그 어떤 나라도 문재인 정부식 돌연변이 소득주도성장을 시행하는 나라는 없다. 그래서 묻게 되는 것이다. 정말 족보를 제대로 본 적이 있습니까?[13]

아이러니하게도 국제기구들이 권고하는 '포용적 성장'의 개념과 수단들 대부분은 대한민국의 현대사를 모델로 하고 있다. 대한민국의 성공적인 산업화 과정은 성장과 분배라는 두 마리 토끼를 잡은 경이적인 기적으로 평가받으며 국제적 모범이 되어 왔다. 불과 한두 세대 만에 전쟁의 폐허에서 신음하던 극빈국에서 선진 공업국가로 발돋움했을 뿐만 아니라, 90년대 중반에 이르면 세계에서 가장 두터운 중산층이 형성되었다. 한국경제의 기적적인 드라마는 바로 진짜 '사람중심경제'였기 때문에 가능했다. 국가예산 절반 이상을 미국원조에 의존했던 가난뱅이였음에도 사회지출의 절반을 복지가 아닌 교육에 투입했다. 마을마다 학교를 짓고, 의무교육을 시행하여 문맹률을 급감시키고, 중등교육과 직업교육 체제를 확대시켜 산업화가 요구하는 인력을 순차적으로 공급했다. 배를 곯아도 말릴 수 없는 교육열을 통해 인적자원이 고도화가 되면서 국민 대다수가 경제성장에 포용된 것이다. 바로 이러한 한국의 경제성장 과정이 서구의 눈에 기적으로 비춰졌고, 그들의 경제이론에 큰 영감을 던져주었다. 이를 바탕으로 1993년 세계은행은 한국을 비롯한 동아시국가들의 경제적 성공을 격찬한 '동아시아의 기적'이라는 보고서를 발간했다.

문재인 정부는 대한민국의 성공적 경험에 대해서는 철저히 무시하거나 '적폐'로 단죄하면서 기껏해야 남미식 포퓰리즘이나 사회주의 족보를 갖고 있는 퍼주기식 재분배 정책을 '포용적 성장'이라고 강변하고 있는 것이다. 지록위마(指鹿爲馬)의 극치가 아닐 수 없다. '한 번도 경험해 보지 못한 나라를 만들겠다'더니 결국 망국의 경험을 안기려는 것은 아닌지 공포가 밀려온다.

국민은 실험대상이 아니다

소득주도성장이란 미명하에 추진된 각종 엉터리정책으로 모든 원가가 올라 자본축적과 기술투자여력은 고갈되어 가고 있다. 자본주의의 지속가능발전을 위해 제기되었던 '경제민주화'는 이들에게 노동-자본의 이분법에 기인한 좌파경제론으로 변질되어 계급투쟁과 자본가 척살의 도구로 활용되어 버렸다. 기업가들을 옥죄며 탄압하고, 공무원을 잔뜩 뽑아 규제를 강화하며 처벌, 규제하는 억압적 분위기로 몰아가니 어느 누가 투자하고 채용하고 일을 만들고 싶겠는가? 우리 국민들이 그 잘난 사회주의 좌파경제이론을 실증하기 위한 '모르모트'인가? 얼마나 많은 사람이 도산하고, 폐입하고, 일자리 잃어야 살못을 인성할 것인가?

불과 2년 만에 지금 우리 경제는 경기침체와 물가상승이 겹치는 최악의 스태그플레이션으로 치닫고 있다. 한마디로 '소득주도성장'이 아니라

소득주도성장론은 '정부주도 양극화'다

'정부주도 스태그플레이션(government- led stagflation)', '정부주도 양극화'라는 웃지 못 할 상황이 연출되고 있다. 이런 정책을 지속한다면, 실물경제의 타격으로 외환위기 혹은 금융위기와는 비교가 되지 않을 정도의 위기를 맞게 될 것이다. 전근대적 규제와 철밥통 일자리로 우리 경제는 지금 질식 상태에 놓여 있다. 경제는 중국에 추월 직전에 있고, 앞서가는 선진국과의 기술격차는 갈수록 벌어지는 상황에서 우리 경제는 새로운 돌파구가 필요하다. 기술혁신을 통해 고부가가치 첨단기술산업을 발전시키고 다른 한편으론 금융 회계 법률 컨설팅 같은 고부가가치 서비스산업을 육성해야 한다. 즉, 산업을 선진국형으로 전환해야 한다. 그 전제 조건은 소득주도성장이 아니라 그 반대의 방향, 즉 공공개혁과 노동개혁이 되어야 한다. 그래야 실업과 질 낮은 일자리로 신음하는 청년들에게 희망을 줄 수 있다.

　문재인 정부는 소득주도성장의 주술에 빠져 대한민국이 가야 하는 길과 정반대방향으로 폭주하며 우리 경제를 자살로 몰아가고 있다. 나라 경제를 위해 마땅히 가야 할 방향으로 갈 게 아니라면 차라리 아무것도 하지 않는 것이 오히려 낫다.

02 | 베네주엘라로 가는 복지포퓰리즘 열차

보편복지가 절대선은 아니다

한국의 좌파 운동권 세력은 입만 열면 보편복지를 말한다. 그러나 보편복지와 선별복지는 무 자르듯이 나눌 수 있는 문제가 아니다. 세상에 어떤 나라도 보편복지나 선별복지가 일률적으로 선택되어 실시되지 않는다. 각 나라마다 처한 여건과 문화 속에서 보편복지와 선별복지가 믹스가 되어 있다. 보편복지 국가로 유명한 북유럽 국가들도 소득에 따라 보조금을 차별화해서 지급한다.

좌파운동권들은 우리나라를 복지후진국으로 매도하고 있지만 현 시점에서 그런 비난은 터무니 없다. 복지가 미흡했던 90년대 이전과 비교하면 지금 우리는 복지도 경제처럼 압축성장하여, 거의 OECD 평균에 근접해 있으며, 무상급식 등 특정 부분은 과도하다고 할 정도로 비대해진 측면도 있다. 국회입법조사처의 자료에 따르면 미국, 일본 스웨텐 등 OECD 주요 8개국의 사회복지지출 공급형태별로 볼 때, 우리나라의 빈곤완화와 사회서비스 지출비중은 결코 낮지 않은 수준이다.

기초생활보장이나 누리예산, 무상급식과 같은 사회서비스의 복지 지출 비율은 유럽복지국가에 비해서도 상대적으로 높은 편이다. 빈곤완화 지출 비율은 한국이 16.2%로 스웨덴(16.3%)과 같은 수준으로 8개국 중 2위다. 사회서비스지출 비중도 한국은 9.5%로서 스웨덴(19.3%), 일본 (10.4%)에 이어 3위에 올랐다.[14]

우리나라 중등교육과정은 오래전부터 사실상 보편복지가 실현된 나라였다. 70년대에 처음 박정희 대통령 때 의료보험이 도입된 이후 점차 확대되어 김대중 정부 때 전국민건강보험시대를 열었다. 고용보험과 국민연금도 이제 전 국민이 누리고 있다. 이처럼 기본적인 사회보장은 다 구현되었다. 박근혜 정부 때 노인 기초연금에 아동수당까지 도입하여 유럽 못지않은 보편복지가 상당히 실현되었다. 무엇보다 우리나라 건강보험의 비용 대비 효율성과 편의성은 많은 국가들이 부러워할 정도다. 다만, 수요자인 국민입장에서 혜택이 계속 늘어난 반면 보험료 인상이 따라가지 못했기 때문에 공급자인 의료계가 희생된 측면이 있다. 이는 이국종 교수가 지적하듯이 응급 환자를 돌볼수록 적자가 쌓이는 등 의료공급시장의 왜곡의 원인이 되고 있다.

아직까지 노인 빈곤율이 매우 높은 편이라서 노인 자살률이 세계 최고 수준에 이르고 있지만, 이는 다른 서구 선진국에 비해 연금제도 도입이 늦었고, 현 노인세대가 가족 부양에 많은 돈을 사용했기 때문이다. 그런 점에서 현 세대는 노인세대에게 많은 빚을 지고 있어 미안한 마음을 갖게 된다. 이제 국민 연금이 도입된 지, 20년이 넘어가고 있고 기초연금을 포함해 연금 받는 노인이 점차 늘어나게 됨에 따라 시간이 지날수록 노인빈곤율은 현재보다 완화될 전망이다.

공짜 점심은 없다!

그런데도 좌파운동권들은 OECD국가 평균(약20%) 대비 우리의 공공복지지출(약 10%)이 절반 밖에 안 된다는 이유로 무차별적인 복지 확대를 요구한다. 그러나 1인당 GDP(PPP), 노인인구수, 연금성숙도, 국민부담률 등 사회경제적 여건이 OECD의 평균치와 일치한다고 가정한다면 현재 우리 복지 지출은 수준은 20%~21%로서 OECD 평균을 상회한다.[15]

예컨대 이런 것이다. 우리나라 실업급여는 2019년 현재 대략 180만 원~198만 원 사이다. 최장 기간 받을 수 있는 기간은 8개월이다. 사회안전망이 잘 구축되어 있다는 덴마크의 경우 최고실수령액은 240만 원이고 최장 수령기간은 2년이다. 금액은 우리와 불과 80만 원 차이밖에 없다. 다만 실업급여 기간은 우리보다 1년 4개월 길다. 대신 고용보험료는 우리나라가 덴마크의 30% 수준에도 못 미친다. 연봉 3,000만 원을 기준으로 우리나라 근로자는 약 1만 5천 원의 보험료를 부담하지만, 덴마크는 7만 원 이상을 내야 한다. 우리나라 1인당 GDP는 이제 3만 달러지만, 덴마크는 5만 7천 달러다. 이런 요인들을 모두 무시한 채, 현재 우리나라의 복지 수준이 OECD에 미달한다고 강변 할 수 있을까?

OECD 국가들은 연금이 도입된 시기가 내락 100년 가까이 되었다. 사실상 국민연금 지출 부분만 빼면 현재의 복지 수준은 OECD국가들에 결코 뒤처지지 않는다. 게다가 우리나라의 복지지출 증가 속도는 너무 빠르다. 2000년에는 GDP 대비 4.7% 수준이었는데, 2013년에는 10.16%로 껑충 뛰었다. 13년 만에 두 배가 넘은 것이다. 이런 추세는 앞으로 더 가속화될 수밖에 없다. 우리나라 노인 인구의 증가세를 볼 때 불과 10년 후인 2030년에는 이미 20%에 도달한다. 2050년이면 복지지출이 30%가 넘는다. 지출을 더 이상 늘리지 않고 현재의 제도를 그대로 유지한다고 가정했을 때 그렇다.[16] 이런 현실에서 복지 지출을 무차별적으로 확대하자는 좌파운동권들의 주장은 정신 나간 짓이다. 지금 욕조에 물을 계속 받고 있는데 아직 절반밖에 차 있지 않다고 생수를 사와 물을 붓자는 것과 뭐가 다른가?

더욱이 좌파들은 국민부담률(세금+사회보험)이 OECD 최저 수준이라는 말은 잘 하지 않는다. 세금 부담이 OECD에서 가장 적다는 사실은 외면한 채, 오직 보편복지만을 부르짖는다. 2017년 기준으로 한국의 국민부담률은 26.9%로서 OECD 평균 34.2%와 10% 가까이 차이가 난다. 그들이 롤모델로 삼고 있는 북유럽 고복지 국가들은 대부분 45% 내외다.[17]

'공짜점심은 없다.' 경제학의 명구다. 고복지를 하려면 국민들이 고부

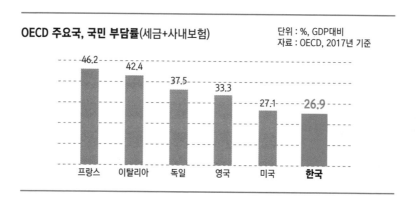

OECD 주요국, 국민 부담률(세금+사내보험)

단위 : %, GDP대비
자료 : OECD, 2017년 기준

프랑스	이탈리아	독일	영국	미국	한국
46.2	42.4	37.5	33.3	27.1	26.9

담을 해야 한다. 문제는 한국의 좌파들이 고복지는 줄기차게 요구하면서, 고부담은 부자에게만 전적으로 떠민다는 사실이다. 그러나 이미 한국은 부유층 담세율이 세계최고수준이다. 상속세율은 기본 50%에 최대 주주가 기업을 상속할 때는 무려 65%까지 치솟는다. 현재 전 세계에서 이런 고율의 세제를 유지하는 나라는 우리나라가 유일하다.

부자증세로 보편복지 가능한가?

스웨덴에서는 한 때 상속세율이 70%에 육박한 적이 있었지만, 기업들이 모두 다른 나라로 탈출러시가 일어나자, 상속세를 폐지하고 자본이득세로 대체했다. 주식이나 부동산을 팔 때 나온 수익에만 과세하는 것이다. 아시아 주변국들 중 중국, 싱가포르, 홍콩 등 기업투자가 활발한 나라들에서는 상속세가 없다.

보편과세 없이 지속가능한 보편복지는 불가능하다. 스웨덴을 비롯해 북유럽국가들의 국민부담률이 50%를 훌쩍 넘는 이유가 바로 여기에 있다. 북유럽 국가들의 부가가치세는 25%다. 소득세율은 최저 30%에서 최고 60% 사이에 걸쳐있다. 알바생도 에누리 없이 30% 세금을 내야 한다. 반면 우리나라는 임금근로자 절반이 면세점 아래다. 노르웨이는 북해유전으로 막대한 석유자원을 가진 나라임에도 불구하고 기름 값이 우리보다 훨씬 비싸다. 미래 세내에세 부남을 남기지 않기 위해 현 세대의 복지는 현 세대가 책임지는 시스템이다. 이게 정상이다.

그러나 우리의 경우 복지 혜택은 선진복지국가 만큼 누리고 싶지만, 부담은 단 한 푼도 늘릴 생각을 하지 않는 풍조가 역력하다. 막연히 '부자'에게 모든 부담을 떠민다. 결국 미래세대가 감당 못할 복지제도를 너나 할 것 없이 무책임하게 도입하고 있다.

박근혜 정부는 기초연금을 도입하면서 그 재원을 담뱃세 인상으로 메웠다. 문재인 정부는 한 술 더 뜬다. "20만 원 받고, 10만 원 더!"를 외친다. 2021년부터 금액은 30만 원으로 인상하고, 혜택범위도 더 늘린다. 그 재원은 법인세 인상으로 조달시켰다. 정부는 여기에 더해 40만 원으로 인상을 더 추진하겠다고 밝혔다. 이렇게 될 경우 사회보험이 아니라 순수 세금만 2030년 51조 9000억 원. 2040년에는 102조 1000억 원 증가한다.

문제는 우리 사회가 초고령사회일 뿐만 아니라 합계출산율이 1명 이하로 뚝 떨어져 세계에서 최고의 저출산 국가가 되어 있다는 사실이다. 이런 추세라면 부양해야 할 노인인구수는 기하급수적으로 폭발적으로 늘어 현 수준의 재정상태라면 우리 사회가 감당할 수준을 넘어선다. 그런데 어디서 그 재원을 조달할 것인가? 문재인 정부는 대답이 없다. 이처럼 대책 없이 복지를 늘리면 재정파탄은 불 보듯 하다.

문재인 정부의 복지 포퓰리즘은 여기서 그치지 않는다. 문 대통령은 포용국가를 주창하며 "국민의 삶을 전 생애 주기에 걸쳐 국가가 책임져야 한다."고 선언했다. 퍼주기 복지를 본격화한 것이다. 2019년만 하더라도 현금성 복지 예산을 33조 원 늘렸다. 2017년 22조 8500억 원에서 불과 2년 만에 10조 원 넘게 늘어났다.

비급여 항목을 급여항목으로 대폭 늘린 이른바 문재인케어도 대책 없기는 마찬가지다. MRI, 초음파, 특진비 등을 급여항목으로 보장하게 되면 2022년까지 30조 원이 추가로 든다.

프랑스 복지당국의 충고

한 번 늘린 복지는 정권 이양을 각오하지 않는 한, 다시 회수가 불가능할 정도로 어렵다. 몇 년 전 일이다. 프랑스 정부의 초대를 받아 그 나라의 각 부처와 의회를 방문해 설명을 듣고 토론을 한 적이 있었다. 당시 프랑스 정부 관료들과 의원들이 좌우를 불문하고 나에게 정말 진지하게 얘기해 준 내용이 바로 복지 문제였다. 한마디로, 자기들은 이미 엎질러진 물이라 주워 담는데 너무나 어려움을 겪고 있지만 이제 복지를 본격화하고 있는 한국은 제발 자기들과 같은 시행착오를 겪지 않길 바란다는 당부였다. 방만한 복지의 구조개혁이 당면과제이고 복지지출을 감당하느라 제세부담금이 너무 높아져 자산가들과 기업들이 해외로 이주하고 있다고 했다. 특히 "아동수당 등 이런저런 명목의 수당을 현금으로 지급하지만 막상 받는 국민들은 익숙해져서 그게 왜 들어오는지도 모르고 당연시하게 되어 오히려 자립능력을 떨어뜨린다. 복지서비스를 제공하더라도 최대한 효율적이고 생산적으로 직접 그 용도로 쓰게끔 직접 수혜자에게 지급해야 한다, 지금 좌우노선 막론하고 골머리를 앓고 있다."며 프랑스를 타산지석으로 삼아야 한다고 말했다. 그러면서 노동개혁과 공공개혁의 중요성을 강조했다.

그들의 진심어린 충고는 매우 충격적이었다. 내가 막연히 생각하던 유럽은 10~20년 전 잘 나갈 때 얘기였던 것이고, 그 당시 이미 실상은 매우 어려웠던 것이었다. 게다가 난민과 이민 문제로 파리 외곽 특히 북부 지역의 치안과 테러위협이 극대화되고 있어 그에 대한 속사정도 들을 수 있었다. 공공지출 대폭축소와 노동개혁을 내세운 마크롱 돌풍은 그때 이미 어느 정도 예견된 수순이었던 셈이다.

베네주엘라를 배우자던 한국 좌파들

최악의 경우를 우리는 베네주엘라에서 본다. 베네주엘라는 차베스 정권 때 고유가로 경제와 재정이 일시적으로 좋아지자 산업을 키우는 대신 선심성 복지를 남발해 결국 국가가 붕괴할 지경에 이르지 않았는가? 그 나라도 GDP 대비 정부지출 2000년 28%에서 무려 41%로 대폭 증가하게 되니, 재정이 어려워지고 이에 따라 화폐 발행을 남발해 물가가 무려 1,370,000% 뛰었다. 1950년대만 하더라도 베네주엘라는 1인당 GDP가 캐나다를 능가했을 만큼 중남미 지역의 부국이었다. 이런 나라가 세계의 빈국으로 전락하여 여성들이 모유를 팔고 난민들이 주변국가로 엑소더스 행렬을 이어가고 있다.

차베스 정권이 복지를 남발했던 이 당시 한국의 좌파 매체들은 너나할 것 없이 '베네주엘라에서 배워라!'하며 열심히 차베스를 찬양하기도 했다. 이런 자들이 반성은커녕 복지포퓰리즘을 여전히 선동하고 문재인 정부는 이에 장단을 맞추고 있다. 민주당은 무상급식으로 선거에서 한 번 재미 보더니 무상버스를 추진하질 않나, 청년수당에서 아동수당까지 복지 늘리기에 혈안이 되어 있다. 제정신이 아니다.

지금 재정상태가 다소 건전하다고 해도 저출산 고령화가 쓰나미처럼 밀려오고 있음을 감안하면, 문재인 복지포퓰리즘은 재정파탄으로 귀결될 것임은 너무나 분명하다. 지금 그 미래를 먼저 보여준 나라가 있다. 그리스다.

그리스는 어떻게 붕괴했는가?

그리스는 2011년 1차 구제금융 사태 겪으며, 디폴트 상태에 빠진지 벌써 9년이 다 되어가고 있다. 작년 구제금융 프로그램을 끝냈지만, 여전히 경기 불황의 끝은 가늠하기 어려울 정도로 경제는 나락으로 빠져들었다. 2011년까지 우리나라보다 GDP가 앞선 선진국이었지만, 지금은 우리와 1만 달러 이상 격차를 보이며 개발도상국 수준으로 전락했다. 그리스는 어쩌다 이 지경에 이르렀을까? 그 과정을 잘 묘사한 글이 있다.

1981년 사회당 집권과 함께 안드레아스 파판드레우가 총리가 되면서 그리스의 포퓰리즘이 시작됐다. 총리의 취임 일성(一聲)은 "국민이 원하는 것은 다 주라"였다. 이에 따라 평균임금과 최저임금을 대폭 인상했고, 의료보험을 전 계층으로 확대했다. 주요 기업들을 국유화하고, 무상교육, 무상의료를 추진해 나갔다.

포퓰리즘은 이른바 '연금천국'을 만들었다. 그리스 국민은 퇴직하면 자신이 받았던 최고연봉의 95%를 연금으로 받는다. 근로자는 연금의 16%만을 부담하고 고용주가 28%, 정부가 나머지 56%를 담당한다. 그리스 전체 인구의 23%인 260만 명이 연금으로 생활하고 있고, 국내총생산의 12%를 연금지불을 위해 사용한다.

관광 이외에 변변한 산업기반이 없는데다가 경직된 노동시장으로 민간의 투자가 위축되고 일자리가 늘지 않자, 정부는 정부재정으로 공공부문의 일자리를 늘렸다. 그 결과 전체 인구 1,100만 명에 공무원이 98만 명이나 되었다. 공공부문의 일자리는 전체의 25%가 과잉인력으로 분류될 정도로 나태와 모럴해저드가 심각한 상태. 일례로 그리스는 이미 30년 전에 말라버린 코파이스 호수의 물을 관리하기 위해 관청이 설립됐고, 거기에 속한 공무원 30명에게 여전히 임금을 지급한다. 그리스 국립철도는 매년 1억 유로의 수입을 올리는 데 직원 임금으로 4억 유로를 지출한다. 정부 지출의 약 75%가 공공부문의 임금과 복지지출로 나간다.[18]

문재인 포퓰리즘의 미래:
잘되면 그리스, 최악은 베네주엘라

이 글을 보며 나는 나라를 거덜 내고 있는 문재인 정부에 대한 위기감을 느꼈다. 그리스에서 포퓰리즘의 문을 연 사회당 안드레아스 파판드레우 총리가 흡사 문재인 대통령으로 환생한 것이 아닌지 생각이 들 정도로 현재 벌어지고 있는 우리 정부의 포퓰리즘 정책은 그리스를 그대로 빼 닮았다. 최악의 경우 베네주엘라가 되는 것이다.

그러나 문재인 정부는 이런 경고를 아랑곳하지 않고 복지 늘리기에 혈안이 되어 있을 뿐만 아니라, 공공부문 81만 개 일자리 확충과 정규직화를 내걸고 포퓰리즘의 극치를 달리고 있다. 국회예산정책처는 정부 공약대로 5년간 공무원 17만 명을 늘릴 경우 이들에게 30년간 지급될 급여가 327조로 추정했다. 고용에 드는 간접비용까지 계산에 넣은 시민단체 추산은 무려 427조다. 여기에 그치지 않는다. 이들이 퇴직 후 받아갈 연금은 92조다. 이렇게 포퓰리즘이 대책없이 확산될 경우 나라곳간은 거덜 나고, 나라 전체가 베네주엘라행 특급 열차를 타는 것은 시간문제다.

03 | 비과학적 낭만주의의 극치, 탈원전

　문재인 대통령은 집권 한 달여 만인 2017년 6월 19일 〈고리1호기 영구정지 선포식〉 기념사에서 "2011년 후쿠시마 원전 사고로 2016년 3월 현재 총 1,368명이 사망했다"고 주장했다. 하지만 일본 외무성은 이에 대해 "올바른 이해에 기초하지 않아 매우 유감"이라고 주일 한국대사관에 항의했다. 실제 UN보고서에 따르면 후쿠시마 원전사고에 의한 직접 사망자는 한 명도 없다. 그 직후 청와대에서는 사과성명을 냈지만 국민들은 1,300명 사망했다는 연설을 기억하고 있다. 새빨간 거짓말이었다.

　문재인 대통령은 집권 전인 2016년 재난영화 〈판도라〉를 관람한 이후, 끊임없이 원자력 발전에 대한 과도한 공포를 조장해왔다. 탈원전은 바로 이 연장선에서 시도된 정책이다. 그러나 결과적으로 문재인 정부의 탈원전은 재난에 가까운 국가적 손실을 가져오고 있을 뿐이다.

　에너지는 국가안보와 직결되어 있는 산업경쟁력의 기초이자 국민 생활의 혈류다. 문재인 정부는 이런 중차대한 국가에너지 정책 전환을 집권한 지 단 두 달 만에 속성으로 뒤집어버렸다. 국가백년지대계인 에너지 정책을 이처럼 군사작전 하듯 속전속결로 바꿔도 되는 걸까? 2년이 지난 지금의 시점에서 평가해 보건대, 문재인 정권의 탈원전 정책은 그 내용 파악에 있어서 무지했고, 추진과정에 있어서 무도했으며, 그 결과에 있어서 무책임했다.

탈원전이 대세인가?

2011년 일본 후쿠시마 원전 사고가 터졌을 때 세계는 제2의 체르노빌 사건으로 여기며 모두 충격에 빠졌다. 다행히 사고 규모에 비해 희생자는 거의 없었지만 방사능 누출로 인한 공포는 엄청났다. 이때의 영향으로 전 세계적으로 반원전 여론이 크게 높아짐에 따라 각국은 잇달아 탈원전을 선언했다. 독일이 앞장섰고, 원전 강국 프랑스도 원전 줄이기에 나섰다. 사고 당사국인 일본도 원전 제로 정책을 수립했다. 심지어 중국도 원전 계획을 백지화하겠다고 선언했었다. 그러나 그로부터 8년이 지난 오늘 독일을 제외한 모든 나라들이 탈원전을 없던 얘기로 하고 있다.

중국은 원전굴기를 외치며 현재 38기인 자국 내 원전 수를 2030년까지 110기로 늘리기로 했다. 원전 비중이 71%로서 세계에서 가장 높은 프랑스의 경우 마크롱 대통령은 그 비중을 50%로 단계적으로 낮추겠다고 공약했으나 신중히 결정하겠다고 돌아섰다. 20여 년간 원전 건설을 중단했던 영국은 신규원전 건설에 다시 나서면서, 원전 비중을 현행 22%에서 35%까지 높이기로 했다. 미국도 원전 8기의 수명을 최대 80년까지 연장하겠다는 안을 검토하고 있다. 무엇보다 피해당사국인 일본도 원전제로 정책에서 현행 유지로 입장을 변경했다. 대만의 경우 정부의 탈원전 방침이 국민투표로 철회되었다.

　이처럼 탈원전을 선언했던 나라들 대부분이 원전 유지, 확대로 방향을 튼 것은 원자력에너지만한 대안이 없기 때문이다. 석탄이나 가스 같은 화석에너지로 발전소를 운영하는 것은 온난화 기후협약에 따른 탄소배출 규제로 인해 대안이 될 수 없다. 가격도 비싸다. 따라서 탈원전을 한다면 태양광이나 풍력 같은 재생에너지에 의존할 수밖에 없다. 친환경적이며 안전하다는 이유로 환경운동가들에게 이상적인 에너지로 각광받고 있지만, 실상은 그렇지 않다. 재생에너지가 이상적이라면 왜 탈원전을 선언했던 나라들이 다시 원전으로 속속 복귀하겠는가? 1980년부터 탈원전을 선언했던 스웨덴도 계획대로라면 이미 원전 운전을 끝내야했지만 지금도 원전비중이 33%로 유럽에서도 상위권이고 우리보다 더 높다. 신재생에너지는 경제성은 너무 낮고, 환경적인 측면에서도 생각만큼 이상적이지가 않기 때문이다.

　그런데도 문재인 정권은 원전에 대한 위험을 괴담 수준으로 과장하며 군사작전을 방불케 할 정도로 신속하게 탈원전과 재생에너지 확대정책을 밀어붙였다. 2017년 12월에 정부가 발표한 8차전력수급기본계획에 따르면, 2017년 현재 30%의 원전 발전량은 2030년까지 23.9%로 줄이고, 6.2% 달하는 신재생 에너지는 20%로 끌어올리겠다는 것이다. 노후원전 10기는 수명이 완료되면 폐쇄하고, 신규원전 6기는 백지화했다. 그러나 이러한 계획은 가능하지도 않고 바람직하지 않다. 탈원전이 전제된 재생에너지 확대 정책은 재앙을 가져올 뿐이다.

신재생에너지의 문제점

우리나라의 경우 기후조건과 지리적 상황 때문에 재생에너지의 경제성은 매우 낮다. 예컨대 태양광발전의 경우 4계절이 뚜렷한 우리나라는 일사량의 차이가 커 태양광 발전은 효율성이 극도로 떨어진다. 풍력 역시 마찬가지다. 평균적으로 신재생에너지 이용률은 설비대비 20%에도 미치지 못한다. 90%를 상회하는 화력, 원자력에너지와 비교가 되지 않는다. 2017년 기준으로 1kwh당 원자력은 약 60원에 불과하지만 태양발전은 200원이 넘어 세 배 가까이 든다.[19] 게다가 kW당 건설단위면적당 건설비용은 풍력 터빈의 경우 보통 250만 원~ 500만 원으로 1GW급 풍력단지를 조성할 경우 5조 원 가량 필요한데, 이는 석탄발전소의 세 배에 가까운 비용이다. 설비 수명도 짧다. 태양광 패널은 최대 25년, 풍력 터빈은 15년에 불과해 60년 넘게 가동할 수 있는 원전에 비해 비용은 크게 높을 수밖에 없다.

우리나라 국토는 작고 산지가 많아 풍력 잠재량은 130TW로 독일의 4%에 불과하다. 때문에 정부는 해상풍력을 주장하지만, 해상풍력은 그 자체의 설치비용도 막대하거니와, 그 먼 거리에서 전기를 끌어오려면 엄청난 송배선 선로가 추가로 건설되어야 한다. 그리고 이에 대한 기술도 우리는 없다. 모두 수입해야 한다. 정부가 발표한 8차전력계획에 따르면 2030년까지 태양광발전을 34GW, 풍력은 18GW로 확대한다고 하는데, 여기에 따른 비용은 대략 100조 원에 달한다. 비용 문제는 여기에 그치지 않는다.

신재생 전력을 늘릴수록 필요한 부지면적은 기하급수적으로 늘어난다. 정부가 목표로 둔 발전량을 위해선 태양광 패널 설치에 필요한 토지면적만 서울시 면적의 60%에 육박한다. 이것도 양지만을 계산한 것이기 때문에 그늘을 고려한다면 서울시 면적을 뛰어넘을지 모른다. 풍력발전의 경우라면 사정은 더 나쁘다. 무려 제주도의 1.6배에 달한다. 여기에 들어가는 토지보상비는 어쩔 것이며, 주민 민원은 또 어쩔 것인가? 이미 2016년 6월, 여수에 처음 가동한 풍력발전소가 주변 4개 마을에 심각한 소음공해 피해를 일으켜서 주민 민원은 빗발쳤다. 소경도에 지어질 예정이었던 풍력발전소는 행정소송이 진행 중이다. 부산 기장에 예정되어 있던 해상 풍력 발전소도 주민 반발에 결국 중단됐다. 이런 반발을 무릅쓰고 부지를 확보한다고 해도, 산림을 파괴하지 않는다면 결국 농지를 확보할 수밖에 없을 텐데 그에 따른 보상 규모는 얼마나 될지 가늠할 수도 없을 지경이다.

친환경에너지 이미지와는 달리, 환경파괴도 심각하다. 깊은 산을 깎아내고 바다에 구멍을 뚫고 대형시설물을 설치하면서 자연 환경이 훼손된 곳도 벌써부터 여러 곳이다. 현재 풍력발전의 설비가 설치된 곳도 백두대간 곳곳이 파헤치고 건설되어, 산림파괴 면적이 2660만㎡에 달한다는 보고도 있다.

전력의 안정성과 효율성 측면에서 보면 신재생에너지는 더욱 답이 나오지 않는다. 재생에너지 중 태양광은 직류로 생산되기 때문에 송전을 하려면 교류로 변환되어야 한다. 그 변환과정에서 손실되는 전력도 적지 않다. 기상 상황에 따라 전력 생산도 들쭉날쭉 한다. 제주도에 설치된 풍력

발전기들이 바람이 없어 멈춰있는 날이 대부분이다. 강풍이 불어도 과부하 때문에 가동을 중단해야 할 때도 있다. 날씨가 적당한 날에는 발전량 급증으로 전력망을 제어하기 어려울 때가 많다. 과출력된 전기를 보관할 수 없기 때문에 어디론가 보내야 하기 때문이다. 잉여전력이 발생하더라도 배터리로 저장하는 건 현재의 기술상 불가능하고 앞으로도 해결할 길이 요원하다. 배터리 전기는 kWh당 200~500센트로 발전소 전기에 비해 무려 5천배 이상이다. 도저히 경제성을 맞출 수가 없다. 또 블랙아웃을 커버할 정도의 규모로 전기를 보관하려면 전 세계의 배터리를 다 쓸어 모아도 부족할 정도다. 이처럼 신재생에너지는 전력생산이 없어도 문제, 많아도 문제다. 화력이나 원자력처럼 인위적인 통제를 할 수가 없어 변동 폭이 크기 때문에 백업발전이 항상 대기하고 있어야 한다. 예컨대 신재생에너지 설비를 대대적으로 확충해 전력수요 100을 이론적으로 맞추었다고 해도, 그 만큼의 다른 에너지자원으로 백업을 해줘야 한다는 얘기다. 실제로 신재생에너지 비중이 전 세계에서 가장 높은 독일에서 화석연료에너지 비중이 거의 감소되지 않는 이유도 여기에 있다. 사정이 이렇다면 이것은 재생에너지로의 '에너지 전환'이 아니라 사실상 '에너지 이중화'에 불과하다. 이 얼마나 엄청난 낭비인가? 수백 조 원이라는 천문학적인 금액과 사회적 자원을 투입하고서도, 환경개선 효과는 거의 없다. 오늘날 독일이 이런 현실을 보여주고 있다.

독일은 롤모델이 아니라 반면교사다

독일은 전 세계에서 탈원전을 가장 급진적으로 추진하여 재생에너지 비중을 가장 많이 높인 나라다. 이에 따라 문재인 정부는 마치 독일을 롤모델처럼 제시한 바 있다. 하지만, 독일의 에너지 실상은 우리의 롤모델이 아니라 절대 따라 가서는 안 될 반면교사의 모습을 보여준다.

후쿠시마 원전사고가 있었던 2011년, 독일은 서둘러 탈원전을 선언하고, 11년 안에 원전 17곳을 폐쇄하기로 결정했다. 원전비중은 2010년 22.2%에서 2015년 14.1%까지 떨어졌다. 대신 재생에너지 비중은 같은 기간 16.5%에서 30.1%로 배 가까이 늘었다.[20]

문제는 이렇듯 '에너지 전환'이 이루어지는 동안, 전기료는 두 배 이상 폭등했다는 점이다. 유럽에서 전기요금이 가장 쌌던 독일은 현재 가정용 전기요금이 OECD 평균의 두 배 수준이며, 우리나라보다는 3배 이상 비싸다.

그러다보니 에너지 빈곤층은 80만 가구에 이르러 사회문제가 될 정도다. 재생에너지 발전 원가가 원전의 4~5배에 달하는 현실에서 불가피한 일이다. 국민혈세로 마련된 재생에너지 지원금 종류만 5,000가지나 되고, 너무 복잡해 컨설팅해주는 업체마저 난립하고 있다. 2017년 한 해 지급된 보조금 규모는 30조 원에 달하는데, 기초생활수급자에게 지급된 복지예산보다 많다고 한다.

이로 인해 재생에너지 기득권층이 생겼다. 현금성 지원금이 20년 동안 지속되니, 효율성과 무관하게 태양광 패널 같은 시설들이 마구잡이로 늘어났다. 재생에너지 설비를 들여놓은 가구는 상대적으로 재력가인 임대인이나 토지소유자들이기 때문에 전기료에 포함된 재생에너지 부담금은 상대적으로 부유한 이들에게 흘러가게 된 셈이다.[21]

과도한 국가 보조금은 오히려 신재생에너지 산업을 정체 시켰다. 신재생에너지 전력생산설비들을 무려 20년 동안 보장해주는 제도 때문에 기술개발 동기가 사라졌고, 그에 따라 독일 태양광업계의 기술투자는 정체되었다. 시설이 낡고 효율이 떨어질수록 지원액이 많아지는 기형적 구조가 된 것이다. 이 때문에 오히려 많은 업체가 사라졌다. 2000년까지만 해도 세계 최고의 기술력을 자랑하던 독일 태양광업계는 중국에 밀려났고 이제는 중국제 태양광 패널을 수입하는 신세로 전락했다. 독일 정부의 태양광 지원금이 중국의 태양광산업을 먹여 살리는 구조가 되어버렸다.[22]

한때 세계에서 가장 안전하고 앞선 기술로 평가받았던 독일 원전산업도 탈원전 정책 10년 만에 붕괴되고 말았다. 기술도 인재도 대부분 사라졌다. 반면, 신재생에너지 일자리의 70%는 보조금 관련 일자리라고 한다. 한마디로 세금이 만든 일자리라는 얘기다.

이런 막대한 자원을 쏟아 붓고도 환경 개선 효과는 거의 없었다. 탄소 배출량 감소는 겨우 0.00008%에 불과하다고 한다.[23] 독일은 오히려 유럽에서 기후변화 정책에 가장 역행하는 국가로 낙인찍히고 있을 정도다.

다만, 독일이 신재생에너지 정책을 지탱하는 데에는 나름의 산업정책이 숨어 있다는 것을 알아야 한다. 독일은 풍력, 태양광 등 신재생에너지 발전 설비의 원천기술을 갖고 있는 나라다. 특히 전 세계 태양광 발전의 1/3을 차지하는 세계 최대의 태양에너지 산업 국가인 독일은 경쟁력을

비과학적 낭만주의의 극치, 탈원전

갖춘 업체들이 상당수를 차지할 뿐만 아니라, 이를 전략산업으로 키워나가고 있다. 유럽 강국들은 이처럼 단순히 이상적 어젠다처럼 보이는 것도 실은 철저히 자국 이익과 경제패권 전략으로 삼고 있다.

독일 같은 기술 강국도 아닌 우리가 상대적으로 월등한 기술경쟁력을 갖고 있는 원자력을 폐기하고, 독일의 하청 수준으로 전락할 산업으로 제 발로 걸어가는 것이야말로 얼마나 어리석은 일인가.

탈원전은 경제적 재앙

문재인 정부가 공언한대로 탈원전과 신재생에너지 증대를 현실화시킬 경우 국민이 감당해야 할 경제적 부담은 그야말로 재앙적 수준에 이를 수밖에 없다. 정부가 2017년 12월에 발표한 '제8차 전력수급기본계획'은 2030년까지 원전 비중을 현재의 30%에서 23%로 줄이고 신재생에너지 비중을 현재의 6.2%에서 20%까지 올리겠다는 것이 핵심이다.

우선 현실적으로 우리나라 환경에서 재생에너지 비중을 저렇게 급격하게 올리는 것은 가능하지도 않을 뿐만 아니라, 실제로 진행시킬 경우 전기요금 폭등이 불가피하다. 정범진 경희대 원자력공학과 교수의 발표에 따르면, 정부 계획대로 신재생에너지 발전비중을 20%까지 달성하려면 앞으로 88GW의 태양광과 풍력발전 그리고 예비발전기 설비가 추가적으로 필요한데 이를 위해 설치비만 370조원이 넘게 든다고 한다. 거의 우리나라 1년 예산과 맞먹는 돈이다. 원전을 현행대로 운영한다면 38조 원으로 충분하다. 태양광 풍력의 비용이 원전 대비 무려 10배 이상

인 셈이다.[24]

 이에 따라 전기요금 급등은 불가피하다. 국회입법조사처가 발표한 조사에는 탈원전 정책을 그대로 추진한다면 전력요금 단가는 현 정부 임기가 끝난 후인 2024년부터 (2016년 대비) 20% 이상 인상된다. 입법처는 "여기엔 탈원전 계획에 따른 송배전 비용 변화는 포함되지 않아 요금이 더 오를 가능성이 높다."고 설명했다.[25] 그러나 앞서 말한 추가 설비비용까지 산입한다면 20% 인상은 사실 매우 보수적인 전망이다. 독일의 사례를 비추어 본다면 2배가 넘는 요금 인상이 발생할 가능성도 매우 높다.

 그런데도 산업부는 전기요금 인상은 크지 않다고 호언한다. 4인 가족 기준으로 약 720원 오르는 수준일 것이라고 한다. 거짓말이다. 어쩌면 이렇게 독일의 사례와 똑같이 진행되고 있을까. 독일이 2000년도 탈원전 에너지전환정책을 도입할 때, 녹색당 환경장관인 트리턴은 전기요금 인상은 가구당 월 1유로에 불과할 것이라고 했다. 그러나 불과 17년 만에 가정용 전기요금은 무려 109% 인상되었다. 국제적으로 가장 낮은 수준이었던 독일의 전기요금이 EU 국가들 중에서 단연 톱 수준이 된 것이다.[26]

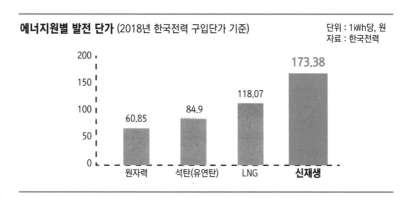

에너지원별 발전 단가 (2018년 한국전력 구입단가 기준)

단위 : 1kWh당, 원
자료 : 한국전력

원자력	석탄(유연탄)	LNG	신재생
60.85	84.9	118.07	173.38

한국전력의 적자도 문제다. 문재인정부가 집권하자마자 추진했던 탈원전 정책으로 한전은 2017년 4분기부터 적자로 돌아섰다. 2016년만 하더라도 12조 원의 영업이익을 기록했던 한전이 2018년에는 무려 1조 1745억 원의 적자가 났다. 2019년 1분기에만 적자가 6299억 원이다. 문재인 정부는 지난 40여 년간, 단 한 번의 중대사고도 없던 원전을 느닷없이 멈춰 92%에 달했던 원전 이용률을 60% 아래로 떨어뜨렸기 때문이다.

원전을 멈춰 세우니, 그 공백은 LNG로 채워야 했다. LNG 수입액은 급증했다. 2016년 122억 달러에서 2018년 228억 달러로 약 두 배 가까이 늘었다. 피 같은 외화마저 탕진한 꼴이다.

이렇게 원전을 강제로 멈춰놓고서 전기료는 그대로 두었으니 불어나는 것은 한전의 적자일 수밖에 없다. 이런 몰상식한 탈원전 정책을 지속할 경우 선택지는 두 가지밖에 없다. 한전 파산과 전기료 대폭 인상이다. 그 어떤 것도 우리의 선택지가 될 수 없음은 자명하다.

탈원전은 에너지 안보에도 큰 구멍을 뚫었다. 한국은 부존자원이 부족해 석탄과 석유, 가스를 수입하고 있으며, 태양과 풍력도 풍부하지 않다. 그런데 가스와 석유 등은 국제정세의 영향을 많이 받는 에너지원으로, 이에 대한 의존도가 높을 경우 에너지 안보는 취약해진다. 하지만 원자력 원료인 우라늄은 비교적 전 세계에 골고루 분포해 특정 국가가 공급을 좌지우지하는 경우는 없다.

원자력의 장점은 기술집약적인 에너지라는 것이다. 자원이 아무리 부족해도 기술만 있으면 생산이 가능하다. 우리나라는 1950년대부터 피 땀 흘려가며 원전기술을 익혀왔고, 이제 원자력분야에서 세계 최고의 기술력을 자랑하고 있다.

원자력 발전은 우리 경제를 지탱해주는 고마운 버팀목이기도 했다. 1982년부터 26년간 소비자물가가 178%나 올랐지만, 전기요금은 고작 5.4%밖에 오르지 않았다. 한국의 모든 가정뿐 아니라 모든 기업이 크게 도움을 받은 것은 전력생산의 40%를 차지하는 원자력 덕분이었다고 해도 과언이 아니다. 이는 우리 기업의 가격경쟁력을 높여 지난 시절의 경제 성장에 크게 기여했다. 원자력을 푸대접한 후과는 경제적 재앙으로 돌아 올 것이다.

원전이 친환경이다

탈원전은 환경에도 해롭다. 기후온난화 문제가 심각해질수록 원전은 오히려 친환경 에너지원으로 각광 받고 있다. 제임스 핸슨 미국 컬럼비아대 기후과학 연구소장 등 세계적으로 저명한 기후학자들은 지구 온난화 방지를 위해서는 원자력을 확대해야 한다고 촉구한 바 있다. 미국 타임지가 '환경 영웅'으로 선정했던 미국 청정에너지 연구단체인 환경발전의 마이클 쉐거 대표는 문대통령 앞으로 "탈원전을 재고해 달라"는 서한을 보냈다. 이들은 태양광과 풍력은 원전을 대체할 수 없다고 주장하며, 원전 학대를 요청했다.

과학자들과 기후전문가들이 이처럼 탈원전에 우려를 표명하는 이유는 원자력에너지가 기후변화의 주범인 탄소를 거의 배출하지 않기 때문이다. 화력과 수력, 재생 에너지는 모두 환경문제를 야기하지만 원전은 이 모든 문제로부터 자유롭다.

반면, 탈원전은 도입명분과 달리 오히려 화석연료에 대한 의존도를 더 높이는 결과를 초래한다. 앞서 설명했듯이 재생에너지는 반드시 백업 전력을 필요로 하는데 이 백업전력을 석유나 석탄 혹은 LNG같은 화석연료에서 충당하고 있기 때문이다.

마크롱 프랑스 대통령은 독일의 에너지 정책을 비판하며 이렇게 말했다. "독일은 원전을 폐쇄하고 무엇을 했나? 이산화탄소 배출량은 오히려 많아졌다." 포브스 역시 "프랑스는 원자력 덕분에 세계의 청정에너지 선도국이지만, 독일은 (에너지 전환 과정에서) 가장 더러운 갈탄을 포함한 화석연료 의존을 유지하고 있다."고 했다.[27]

이러한 탈원전의 모순이 문재인 정부에서도 그래도 나타나고 있다. 문 대통령은 LNG 가스를 늘려 백업 발전을 대체하겠다고 공표한 바 있다. 문대통령은 고리1호기 영구정지 선포식에서 "신재생에너지와 LNG 발전을 비롯한 깨끗하고 안전한 청정에너지 산업을 적극 육성하겠다"며, LNG를 청정에너지 반열에 올려놓았다.

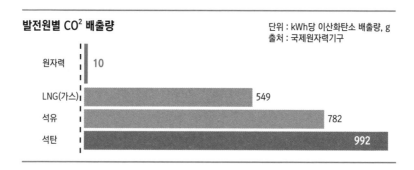

발전원별 CO^2 배출량　　　　　　단위 : kWh당 이산화탄소 배출량, g
출처 : 국제원자력기구

원자력　10
LNG(가스)　549
석유　782
석탄　992

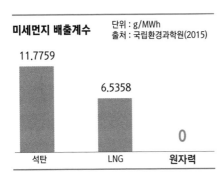

미세먼지 배출계수 단위 : g/MWh
출처 : 국립환경과학원(2015)

11.7759

6.5358

0

석탄   LNG   원자력

그러나 과연 LNG가스가 깨끗한 에너지일까? 자료를 보면 LNG의 이산화탄소 발생계수는 석탄에 비하면 절반 수준이지만 이는 원자력의 50배 수준이다. 더구나 이는 가스를 태울 때 발생하는 일반적인 CO_2 수준일 때의 수치다. 가스를 캐고 운반하면서 누출되는 메탄가스를 포함하면 LNG가스가 배출하는 온실가스는 석유와 석탄을 가뿐히 뛰어넘는다.

문제는 여기서 그치지 않는다. LNG는 재생에너지의 보조발전원으로 사용될 경우 효율성이 극도로 떨어져서 기존의 일반적인 가스발전에 비해 두 배 이상의 이산화탄소를 배출한다. 자동차가 가다-서다를 반복하면 연비가 떨어지듯, 발전소가 가동과 중지를 반복하면 그만큼 에너지효율이 확 떨어지는 원리다.

탈원전이 초래한 심각한 환경문제는 미세먼지다. 신재생에너지 비중을 높이기 위해 LNG 가스 발전 비중을 함께 높인다면 국내 미세먼지 상황은 더 악화될 것은 자명하다. 석탄 발전의 비중도 애초 계획대로 감축할 수 없다. LNG 발전은 석탄발전보다 인구가 많은 도심에 위치한 경우가 많아 미세먼지의 영향은 훨씬 더 높다. 게다가 가스에서 발생하는 먼지는 일반 필터에서는 걸리지지 않는 초미세먼지가 내부분이나.

미세먼지는 조용한 살인자다. 경기개발연구원은 보고서를 통해 수도권 미세먼지로 조기 사망자는 연간 약 2만 명, 폐질환 발생자는 80만 명에 이르고 이를 사회적 비용으로 환산하면 12조 3천억 원에 달한다고 발표한 바 있다.[28] 중국은 대기오염으로 110만 명이 조기 사망한다고 한다.

결국 탈원전을 추진한 명분은 친환경과 안전이지만 결과는 정반대의 상황을 초래하게 된다. 원자력을 사용했을 경우 훨씬 맑은 공기를 마실 수 있음에도 불구하고 탈원전이라는 이데올로기 때문에 오히려 LNG에 대한 의존도가 높아지고 이산화탄소와 미세 먼지 배출 문제가 심각해지는 것이다.

탈원전의 폭력성과 위헌(違憲)성

문재인 정부의 탈원전 추진과정은 그야말로 모두를 경악케 할 정도로 무모했다. 국무회의에서 고작 20여 분 간의 회의를 마친 뒤, 신고리 원전 5, 6호기의 공사를 일시 중단하기로 의결했다. 새로 건설하던 원전 6기 가운데 공정률 낮은 4기는 이미 용역절차가 중단됐다. 공정률 30%에 가까운 신고리 5, 6호기는 전문성과 대표성도 없는 시민 배심원들에게 그 운명을 맡긴다고 했다. 에너지 백년대계를 이런 식으로 날치기하듯 처리하는 것을 보고, 나는 분노를 금치 못했다. 탈원전을 선언했던 영국은 20년에 걸쳐 국민들의 이해를 구하는 과정을 거쳤다. 그러고도 다시 현실 문제로 원전으로 회귀했다. 독일의 경우 반원전에 대한 국민정서가 압도적이었기에 탈원전 정책 추진이 가능했다.

하지만 우리는 소통과 민주적 절차를 입버릇처럼 달고 다니던 민주당 정권이 이해관계자들과 단 한마디의 상의도 없이 공사중단을 밀어 붙였다. 이 공사와 관련해 여러 계약을 맺은 수많은 협력 업체와 근로자 들을 장기판의 졸로 여기지 않았다면 상상할 수 없는 일이다. 이는 명백히 국민의 기본권 침해다. 더구나 여기에 투입된 공사 예산은 조 단위가 넘어가는 초대형 공사인데, 이렇게 막무가내로 파기한다면 업체 손해는 이루 말할 수 없을 것이다. 그 또한 정부가 책임져야 할 손실이다. 당장 3개월 공사 중단으로 1,000억 원에 손실이 발생했다. 30년 사용으로 폐쇄된 월성1호기의 계속운전에 투자했던 7000억 원의 비용과 앞으로의 전력생산에 얻을 수입까지 계산에 넣는다면 손실 비용은 1조 5천억 원에 육박한다.[29]

대통령 한 명이 잘못된 신념에 빠져 졸속으로 결정한 탈원전 정책이 불러온 파장은 공사 업체와 인력에만 국한되지 않는다. 주민들은 날벼락을 맞았다. 천지 원전 부지로 예정되었던 지역 토지소유자들은 정부가 곧 매입할 걸로 믿고 땅을 담보로 대출을 받아 쓴 사람도 있다고 한다. 이미 주민의 20%가 매입이 끝났고, 80%는 매입을 기다리던 상태에서 사업을 취소하겠다고 하자 그로 인해 땅값은 폭락하여, 대출 받은 일부 주민은 대책 없이 애꿎게 빚더미에 올라탄 경우까지 생겼다고 한다. 신뢰보호 차원뿐만 아니라, 사유재산권의 중대한 침해로서 정부가 책임져야 할 것 아닌가?

이것은 단순한 정책 사안을 넘어 헌법정신의 침해로 보아야 한다. 국민이 기본권, 사유재산권이 침해될 때엔 적어도 법률석 근거가 있어야 한다. 이는 헌법 37조 2항에 나오는 내용으로서, 흔히 법률유보원칙, '과잉금지의 원칙'이라고 불린다. 내용은 다음과 같다.

비과학적 낭만주의의 극치, 탈원전

국민의 모든 자유와 권리는 국가안전보장·질서유지 또는 공공복리를 위하여 필요한 경우에 한하여 법률로써 제한할 수 있으며, 제한하는 경우에도 자유와 권리의 본질적인 내용을 침해할 수 없다.

최소한 국민투표나 입법으로 진행했어야 했다

나는 이미 문재인 정부가 자유와 권리의 본질적인 내용을 사실상 침해하고 있다고 생각한다. 국민의 재산권, 경제적 자유 등을 침해할 우려가 있는 내용이라면 당연히 법률로 정해야 할 사안이었다. 우리에겐 이미 원자력진흥법이 있다. 원자력진흥법은 그 1조에서 "원자력의 연구·개발·생산·이용에 관한 상황을 규정하여 학술의 진보와 산업의 진흥을 촉진함으로써 국민생활의 향상과 복지증진에 이바지함을 목적으로 설립되었음"을 밝히고 있다. 9조에는 "과학기술정보통신부장관은 원자력이용을 위하여 5년마다 원자력진흥종합계획을 수립하여야 한다."고 규정한다.

즉, 대한민국의 원자력정책은 그 자체로 법률적 사안이다. 탈원전정책이 법에 어긋나지 않으려면 일단 원자력진흥법 자체를 폐기해야 한다. 하지만 이 정부는 국회에서 통과되지 않을 사안은 국회를 경유하지 않고 추진하는 편법의 병에 걸려 있다.

한수원 이사회의 결정은 원전의 안전성을 문제 삼은 것이 아니고 경제성을 문제 삼았다. 원전의 안전성은 문제가 없다는 것이 한수원의 공식 입장이었다.

문재인 정부는 탈원전 과정에서 헌법 정신도 어겼고 헌법 절차도 어겼다. 헌법을 논할 자격도 없는 정권이다. 지난 박근혜 전 대통령 탄핵 국면에서 많은 사람이 헌법을 논했지만 지금 시점에서 문재인 정부가 헌법 37조 2항을 무시하는 작태에 대해 지적하는 사람은 아무도 없다. 탈핵정책 추진 과정에서 전문가 그룹의 의견은 수용된 적이 없다. 에너지정책을 만든다면서 에너지 전문가 그룹과 논의 한 번 해본 적이 없는 것이다. 모든 것이 문재인 정부의 머릿속에서 결정되어 있었고, 환경운동가들의 말만 들었을 뿐이다. 원전 안전성에 대한 과도한 우려는 앞서 살펴봤듯이 사실상 음모론 내지는 괴담의 수준이다. 그런 주장을 전적으로 수용한 채로 전문가 그룹의 자문 한 번 없이 탈원전정책을 진행하기 위해 공론화위라는 법에도 없는 해괴한 조직을 만들었다. 하지만 음모론과 괴담을 신봉하는 환경운동가 그룹은 전문가들을 철저히 배제한 그 공론화위에서조차 시민들에게 신고리 5, 6호기 공사 중단을 설득하는 데 실패하고 말았다. 거짓 선동은 진실 앞에서 태양 앞의 얼음처럼 무력했다.

탈원전하면서 4차산업혁명을 하겠다고?

정부는 4차산업혁명을 주도적으로 대비하겠다고 선언하고 있다. 그러나 탈원전을 추진하면서 4차산업혁명을 준비한다는 것은 거짓말이다. 4차산업혁명의 대중화는 반드시 수많은 종류의 가정용, 기업용 전자 장비에 의존하게 되고 결국 전기수요를 늘릴 수밖에 없다. 그러나 탈원전은 앞서 말했듯이 전기 생산단가를 올려서 필연적인 전기요금인상을 초래한다. 탈원전으로 인해 첨단 기술의 생태계가 붕괴되는 것도 큰 문제다.

지금 대한민국은 원전생태계가 파괴되면서 세계최고 수준이던 원전기술도 파괴되고 있다. 카이스트에는 벌써부터 원자력공학 전공을 지원한 학생이 단 한 명도 없다고 한다. 원전 기술 인력이 사라지면 산업 생태계는 회복이 힘들 정도로 무너질 것은 자명한 이치이다.

정부의 계획대로 향후 15년 내 원전 10기를 폐쇄하고 신규원전을 짓지 않는다면 1만 개의 일자리가 사라지고, 60년간 육성한 원전 산업 인프라도 허물어진다. 원전은 그 자체의 기술도 경쟁력이지만, 기계, 설비, 부품 분야의 산업과도 밀접한 관련이 있다. 긴급하게 인공지능을 비롯하여 4차산업혁명 전반의 산업전환을 요구받고 시점에서 핵심적 역할을 해야 할 원전 산업을 스스로 폐기하는 자멸적 행위를 버젓이 자행하고 있는 것이다.

이미 원전산업 붕괴가 서서히 현실화되고 있다. 원전공기업 한국수자력원자력(한수원)을 비롯해 한전 KPS, 한전기술 등 에너지 관련 공기업 직원들이 짐을 싸고 있다. 세 기업의 원전 부문 자발적 퇴직자는 2015~2016년 170명에서 2017~2018년 264명으로 늘었다. 55.3% 급증한 것이다. 민간기업 분야는 더 심각하다. 원전 핵심부품과 기자재를 생산하는 두산중공업에서만 2017~2018년 사이 80여 명의 원전 핵심인력이 이탈하여, 프랑스와 UAE 등의 국가로 이직했다. 공기업 기술자들도 해외 원전기업으로 떠났다. 모두 한국의 경쟁사다.

대한민국 건국 이래, 정치지도자들과 사업가, 노동자들이 피땀을 흘려 세계적 수준으로 올려놓은 원자력발전 기술이 이렇게 허물어지고 원전 생태계가 붕괴되어가고 있는 것이다. 산업경쟁력의 원천이자 성장동력이며 국가백년대계(國家百年大計)와도 같은 에너지 정책을 5년 단임정부가 이렇게 맘대로 유린할 수는 없다.

지난 해 11월 27일 대만은 탈원전 정책을 도입한 지 2년 만에 국민투표로 폐기시켰다. 우리는 대만을 보면서 부끄러워해야 한다. 그들은 적어도 이것이 국민투표까지 실시해야 하는 중대한 문제라는 것을 알고 있었기 때문이다. 문재인 정부가 민주주의에 대한 신념이 조금이라도 남아 있다면 대만처럼 국민의 뜻을 물어야 한다. 그래야 형식적 법치주의라도 유지할 수 있다. 5년짜리 단임 정부가 국가의 100년 대계를 좌우해서는 안 된다.

비과학적 낭만주의의 극치, 탈원전

04 | 대한민국을 파국으로 이끌 재앙적 외교안보 정책

누구를 위한 대북정책인가?

2017년 9월 6일 북한이 6차 핵실험 도발을 강행한 직후 한반도는 전운이 감돌 정도로 정세가 위중했다. 북한의 김정은-트럼프 간 강대강 설전이 오고갔을 뿐 아니라, 미국은 고강도의 대북제재안을 마련했다.

당시 김정은의 이미지는 미치광이 폭군을 연상케 할 정도였다. 그는 권력을 장악한 직후 후견인으로 불리던 고모부 장성택을 고사포로 죽이고, 그와 관련된 주변 인물들을 모조리 숙청했다. 심지어 자신의 이복형 김정남마저 암살하는 잔혹함을 보여주기도 했다. 권력에 오른 지 불과 6년 만에 국제 제재에도 불구하고 네 차례의 핵실험을 감행할 정도로 호전적인 면도 보여줬다. 이런 김정은과 미국 대통령 역사상 가장 예측불가한 인물로 평가 받는 도널드 트럼프 대통령 간의 강대강 대립으로 인해 한반도는 이전과는 다른 긴장감이 흘렀다.

그러나 6차 핵도발 이후 불과 3개월여 만에 김정은의 태도는 돌변했다. 그는 1월 1일 신년사를 통해 평창 동계 올림픽에 북한 선수단을 파견할 용의가 있다고 밝히며 대화의 손길을 내밀었다. 이를 계기로 남북 관계가 새국면을 맞게 되었고 남북정상회담은 물론 미북정상회담까지도 성사되었다. 북한 정부가 수립된 이래 처음으로 이루어진 미국과 북한의 정상 간 만남은 그 자체만으로도 세기적 사건으로 불릴만한 일이었다. 초유의 사건으로 북한비핵화의 새로운 전기를 마련할 것이라는 기대까지 품게 했다. 하지만 싱가포르와 베트남 하노이에서 열린 역사적 미북회담은 북한이 비핵화 의지가 없음을 확인하는 것 외에는 어떤 소득도 없이 끝났고 여전히 협상은 해결의 실마리를 찾지 못한 채 구체적 성과를 내지 못하고 있다.

북한은 한 번도 약속을 지키지 않았다

북한의 핵개발 의지는 1960년대 김일성 정권 시기 때부터 피력되었다. 김일성은 1965년 10월 노동당 집회에서 "불원간 핵을 보유할 수 있다"며 호언하기도 했으며, 1970년 당시 북한 부총리였던 박성철은 북한을 방문한 일본 사회과학 대표단에게 "1972년까지 원폭 제조에 노력하겠다"고 말하기도 했다. 북한 내부적으로 핵무장을 준비하면서도, 그들 자신들이 핵을 보유하기 전까지 대외적으로는 '반핵'을 표방하며 1974년 국제원자력기구(IAEA)에 가입했고, 1985년 12월에는 핵확산금지조약(NPT)에 서명했다. NPT 가입국은 18개월 이내에 핵사찰을 받아야할 의무가 있는데, 북한은 핵안전협정을 체결하지 않으며 버텼다. 결국 미국은 북한을 A급 감시지역으로 설정하고 정찰위성을 증강하였고, 영변지역의

대한민국을 파국으로 이끌 재앙적 외교안보 정책

핵무기 제조시설을 밝혀냈다. 미국은 북한핵시설 폭격 계획까지 세웠지만, 1994년 제네바합의를 통해 북한핵시설을 동결시키는 대신, 그 반대급부로 북한에 경수로를 지어주고 그 공사기간 동안 중유를 제공하기로 했다. 경수로 완공 이후 영변 핵시설 폐기 등 비핵화 절차에 들어가기로 한 것이다. 하지만, 북한이 핵폭탄 원료인 고농축우라늄을 개발하고 있다는 것을 미국이 확인하자, 북한이 이를 인정함으로서 8년 만에 제네바합의는 파기 되었다. 2003년 미국과 북한을 비롯해 한·일·중·러 주변 4개국이 참여하는 6자 회담에서 북한의 모든 핵무기와 핵무기 개발 포기 약속의 내용이 담긴 9·19 공동성명을 냈으나, 불과 3년 만에 북한은 1차 핵실험을 강행했다. 이후 6자 회담이 재가동되었지만, 북한은 핵신고서를 검증하는 문제를 두고 끝내 합의를 거부한 채, 5개월 후인 2009년 5월 2차 핵실험을 실시했다. 김정은 체제가 들어선 2012년에도 사정은 마찬가지였다. 북한은 핵실험과 미사일 발사를 중단하는 조건으로 대북지원을 받기로 오바마 행정부와 2·29 합의를 했지만, 그 해 4월 북한은 장거리 미사일 광명성 3호를 발사함으로서 이 합의는 결국 무산되었다.

여기서 우리가 확인할 수 있는 것은 북한의 핵폐기 약속은 결코 믿을 수 없다는 것이다. 또 확실한 검증 과정과 그 이행이 담보되지 않는다면, 그들과의 합의문은 언제든 휴지 조각으로 변할 수 있다는 사실이다. 그런 점에서 2019년 2월 28일 하노이 미·북 정상회담에서 북한의 기만적 전술에 넘어가지 않고 단호히 결렬시킨 트럼프 미 대통령의 용단은 높이 평가할 수 있다.

하노이 회담에서 북한은 영변핵시설 전면폐기를 대가로 전면적인 대북제제 해제를 요구했다. 이는 그동안 북한이 보여준 기만적 협상 전술의 전형이다. 영변 핵시설 중 5Mw 원자로와 플루토늄 재처리시설은 25년이 넘은 노후시설로서 고철 수준에 불과하다. 그 보다 처리용량이 훨씬 큰 우라늄 농축시설은 2000년대 초 이래 계속 가동되고 있다. 그 이유는 이를 흥정대상으로 내세우고 나머지 농축시설은 비밀리에 은닉하고 있기 때문이다. 진짜 핵 생산 기지는 별도의 비밀기지에 있다. 이런 사기 각본을 짜고 회담에 임한 북한에 미국은 넘어가지 않았다. 미국이 영변이 아닌 다른 곳의 핵시설을 지적하고 폐쇄를 요구하자 북한 측이 당황했다고 한다. 그들의 사기극이 백일하에 드러난 대목이다. 북한의 핵폐기 협상은 그것으로 종료되었다.

북한의 이런 기만극은 처음이 아니다. 2008년 6월 냉각탑을 폭파시키는 쇼를 연출하였고, 부시 대통령은 이에 대한 대가로 북한을 테러지원국 명단에서 해제했다. 그러나 북한은 냉각탑이 없어도 강물을 연결해 냉각하는 시설을 이미 갖고 있었기 때문에 냉각탑 폭파쇼를 한 것이었다. 김정은은 "비핵화는 선대의 유훈", "비핵화 의지가 없었다면 하노이에 오지 않았을 것"이라고 했지만 협상 시작 후 불과 하루도 지나지 않아 그 말이 새빨간 거짓말이었음이 드러났다.

북한이 진정 비핵화에 대한 의지가 있다면, 북이 보유한 핵시설 리스트와 우라늄 농축시설 전반을 밝히고 이를 전면적으로 검증받아야 한다. 그리고 불가역적으로 폐기해야 한다. 이런 조치가 선행되지 않는 '비핵화'는 무엇으로 이름을 붙이든 모두 사기극에 불과하다.

북한 핵개발이 방어용이라는 헛소리

  북한이 이처럼 핵무기를 집착하는 이유는 무엇일까? 주변을 둘러싼 한·미·일의 막강한 동맹에 대한 대응이라는 시각이 있다. 전 세계 군사력을 합친 것보다 더 세다는 미군과 동맹을 맺고 있는 한국은 북한을 압도하는 경제력으로 재래식 전력마저 절대적 우위를 갖고 있다. 때문에 북한은 이런 전력 불균형을 일거에 만회할 핵무기에 집착할 수밖에 없다는 것이다. 그러나 과연 그럴까? 이에 대해 북핵전문가인 이용준 전 북핵담당대사는 그렇지 않다고 말한다.

> 북한이 그토록 오랜 세월 동안 핵무장을 집요하게 추진해온 배경과 관련하여, 뜻밖에도 많은 사람들이 이를 수세적, 방어적 목적으로 이해하는 경향이 있다. 냉전 체제가 붕괴되고 소련이 해체되는 불리한 국제적 상황 하에서 북한이 생존과 자위를 위해 핵무장을 추진해왔다는 것이다. 그러나 북한이 당초 핵무장을 추진했던 이유는 사실 그 정반대였다. 북한의 핵무장 움직임이 시작된 1970년대 후반의 국제 정치 상황을 보면, 북한이 수세에 처하기는커녕 국제정치적으로 공산진영과 북한의 위세가 역사상 최고조에 이른 시기였고, 따라서 북한이 안보 위협을 느낄 만한 이유는 전혀 없었다..(중략)..북한이 핵무기 개발을 추구했던 정책적 선택은 대단히 공세적인 대남전략과 대외 전략의 소산이었으며 최소한 북한의 생존이나 체제 유지를 위한 방어적 목적은 아니었다.[30]

사실 북한이 핵개발에 박차를 가하기 시작했던 70년대는 오히려 한국이 수세적 입장에 처해 있었다. 70년대 말, 박정희 대통령이 미국의 이휘소 박사에게 간곡하게 핵무기 개발 도움을 요청했을 정도로 당시 미 카터행정부는 한국에서 미군 철수를 가시화시키고 있었다. 일본과는 과거사와 국민감정 때문에 군사동맹을 맺을 수도 없을 뿐만 아니라 일본 역시 평화헌법으로 군사적 혈맹을 맺을 입장도 아니었다. 그런 점에서 당시 박정희 대통령은 그 어느 때보다 자주국방을 강조하며, 핵무기 개발에 매달렸을 정도였다. 미소냉전이 종식된 1991년에는 한국전쟁 이후, 중국과 소련을 견제할 목적으로 배치되었던 미군기지 내 전술핵무기도 철수했다. 1991년 12월 남북한은 한반도 비핵화 선언을 하고 한반도 내 핵무기의 제조, 배치, 시험, 사용 등을 금지하는 내용을 담고 있었다. 그러나 바로 그로부터 불과 2년이 지나지 않은 1993년 3월, 북한은 NPT 탈퇴를 선언하며 핵개발에 박차를 가했다.

　북한은 한국전쟁 이래 단 한 번도 대남도발의 야욕을 숨긴 적이 없다. 정부가 수립된 지 불과 2년 만에 미군철수가 현실화되자 6.25 남침을 일으켰던 북한은 휴전 이후 지난 60여 년 간 정전협정 위반사례만 40만 건이 넘는다. 간첩침투, 암살, 납치, 테러 등 주요한 대남도발 사건은 3천 건에 육박한다. 국가 원수를 시해하는 테러도 두 차례나 있었다. 미군을 도끼로 살해한 판문점 만행, KAL기 폭파, 천안함 폭침 등 그들의 무력도발 목록은 끝이 없다. 이처럼 호전적이고 위협적인 북한이 핵무기마저 사실상 보유하고 있다는 것은 우리에게 치명적인 안보 위기가 만성화된다는 것을 의미한다. 뿐만 아니라 북한의 핵보유는 세계 평화에 강력한 위협 요인으로 작용한다. 북한은 핵확산방지금지조약(NPT)에 가입된 나라 중 임의로 탈퇴한 유일한 나라다. 북한이 핵무기 개발에 성공함으로써 NPT 체제는 '핵확산 방지'라는 국제레짐에 큰 구멍이 생긴 것이다. 이는 전후 70여 년간 유지되어온 국제정치질서가 무너지는 것을 의미한다. 당장 일본의 핵무장으로 이어지는 핵도미노 현상을 불러일으킬 수밖에 없다. 더구나 북한은 이란과 군사협력 관계를 유지하고 있는데, 특히 핵미사일 관련하여 밀거래 의혹까지 받고 있다. 이는 세계의 화약고 중동 지역의 긴장을 격발시키는 요인이 될 공산이 크다. 그런 점에서 북한의 핵 보유는 우리의 생존 차원은 물론 국제 평화질서 차원에서 볼 때도 결코 용납해서는 안 된다.

스톡홀롬 증후군에 걸린 좌파 정부

북한이 핵무기를 보유함으로써 노리는 1차적 목적은 무엇보다 김씨 일가 정권의 안위다. 북한에서 급격한 정변이나 변고가 발생했을 시, 미국이나 중국 등 주변 국가의 개입을 억제하겠다는 목적이다. 예컨대 수십만 명의 북한 주민이 소요사태로 학살당하더라도 주변국의 개입을 원천봉쇄할 무기로 작용시키겠다는 의도가 다분하다.

또 한 가지 차원은 오래된 대남전략의 일환이다. 장거리 미사일 ICBM으로 미국을 타격할 능력을 보유하는 이유는 한국과 미국 사이의 이반을 노리는 것이다. 요컨대 미국이 단거리 미사일에 관심을 두지 않게 하려는 전술의 일환이다. 그렇게 될 경우 북은 핵전력 우위로 대남 전략을 더욱 활발하게 전개하여 한국 경제의 안정성까지 해칠 가능성까지 농후하다. 이미 현재 친북 운동권들이 정치권을 비롯해 우리 사회의 각 부문을 장악한 현실을 미루어 볼 때, 그들의 대남 전략은 상당 부분 현실화될 가능성이 너무나 큰 상황이다.

이와 같은 전략적 의도를 품고 있는 북한에게 경제적 지원이라는 당근을 내세워 핵 포기의 유인책으로 삼을 수 있는 가능성은 지극히 낮다. 북이 핵에 집착할수록 그에 상응하는 엄청난 대가를 치를 것이라는 점을 지속적으로 확인시켜주는 것 이외에는 다른 방법을 찾을 수 없는 것이다.

하지만 이런 상황에서조차 친북 좌파 운동권들은 북한이 강변하는 핵보유 논리를 그대로 수용하며 북의 입장을 대변하는 데 앞장서고 있다. 심지어 북의 핵미사일을 방어하는 사드미사일 배치까지 극력 저지한다. 집권 여당의 국회의원들은 사드 전자파 괴담까지 만들어 퍼트리는 데 동조하고 반대 시위에 동참하기도 했다. 도대체 이들에게 안보라는 개념이 있는지조차 의심스러울 때가 많다.

주사파 운동권 출신들이 주도하는 문재인 정부의 대북 편향은 위험수위를 분명 넘고 있다. '북한 비핵화'라는 명분을 수용하는 척하지만, 그 내용은 북한이 요구하는 대로 다 따라주고 퍼주자는 것밖에는 없다. 이것이 문재인 정부의 대북정책 요체다.

스톡홀름 증후군이라는 말이 있다. 인질로 잡힌 사람이 범인에게 동조하고 감화되는 비이성적인 심리현상을 일컫는 말이다. 인질이 이런 심리를 갖게 되는 이유로는 '저 인질범이 날 죽이지 않을 것'이라고 믿고 싶은 상태에서 믿고 싶은 것만 믿는 '인지부조화' 현상이 지목되기도 한다. 청와대에서 외교 안보 정책을 주도하는 참모들 중에는 과거 학생운동권 시절 반미운동을 벌였던 사람들도 있다. 이들은 북한에 대한 스톡홀름 증후군을 겪을 가능성이 높다. 운동권 출신 참모들 중에 자신들이 직접 실천해왔던 '우리민족끼리', '주체사상', '위대한 수령님' 같은 환상이 거짓임을 믿지 않고 싶은 심리가 작동할 수 있는 것이다.

문재인 대통령은 언제나 "김정은, 비핵화 약속을 반드시 지킬 것"이라며 북핵이 금방이라도 폐기될 것처럼 선동하고 다녔다. 하노이 회담이 노딜로 끝나면서 북한 김정은의 비핵화 약속이 거짓으로 판명 났음에도 불구하고 회담 결렬 직후 문재인대통령은 2019년 3·1절 100주년 기념사에서 "개성공단, 금강산 관광 재개를 미국과 협의하겠다."고 했다. 이 말에 워싱턴의 외교 소식통은 "귀를 의심했다."고까지 말할 정도였다.

이렇게 대북 편향 정책을 일관되게 수행했던 정부였지만, 문재인 대통령은 김정은에게 '오지랖 떨지 말라'는 멸시적인 언사를 들었다. 트럼프 설득에 실패한 것에 대한 북한의 불만이 담긴 말이다. 제1야당 원내대표가 문대통령을 두고 발언한 '북한 수석대변인'이라는 표현에 대해서는 벌떼같이 달려들어 비난하던 정부 여당 당국자들이 그보다 더 모욕적인 북한의 말에 대해서는 단 한마디 대응도 못하고 있다. 심지어 북한이 불만을 표시한 '중재자'라는 표현까지 삼간다. 더욱이 2019년 5월, 북한이 중단거리 탄도미사일 시험을 하며 또 한 번 도발하였음에도, 미사일이라는 말조차 꺼리며 '발사체'로 명명하기까지 했다.

민생 대신 북한에 올인한 정부 – 누구를 위한 정부 인가?

남북정상회담으로 남북관계의 극적인 반전이 이루어져 지지율이 급격히 치솟다보니, 북한에 대한 판단이 흐려진 것인지, 문재인 정부의 편향된 인식은 위험수위를 넘고 있다. 우리는 북핵 위협에 직면해 있는 당사자다. 북한 비핵화에 전혀 진전이 없음에도 불구하고, 문재인 정부는 2018년 4월 판문점 선언과 9월 평양 공동 선언을 통해 무장 해제에 가까운 군사적 양보와 천문학적 규모의 북한 퍼주기 약속을 했다.

2018년 4월 27일 남북정상은 판문점에서 회담을 가졌다. 11년 만에 대화가 재개된 것은 그 자체만으로 분명 평가받을 만한 일이다. 그러나 회담 끝에 나온 선언문은 과거 10·4 회담의 재탕 수준이었다. 북한의 비핵화에 대한 실질적 논의는 진전 없이 남북경협만이 강조되었다. 판문점선언에서 언급한 경제협력과 교류에 들어가는 돈은 14조 3000억 원 정도 소요될 것으로 통일부는 추산하고 있다. 그러나 북한의 낙후된 인프라를 감안한다면 어림잡아 100조 원이 넘는다는 전망이 나올 정도다. 국민에게 막대한 부담을 안기는 규모다.

사정이 이런데도 민주당 이해찬 대표는 서둘러 판문점 선언의 국회 비준동의를 촉구하고 나섰다. 단 한 발자국의 비핵화도 진전이 없는 상태에서 막대한 규모의 자금이 들어가는 혈세를 북에 퍼주겠다는 약속을 하는 이 정부가 과연 어느 나라 정부인지 의심이 안 갈 수가 없다.

많은 국민들이 비싼 집값으로 매일 지독한 출퇴근전쟁을 치르고 있는 상황에서조차 지하철과 도로 건설에도 꼼꼼하게 예비타당성 조사를 벌

대한민국을 파국으로 이끌 재앙적 외교안보 정책

이는 실정이다. 그런데 사실상 회수 불가능이 될 가능성이 높고, 수익성이 0에 가까우며, 거의 천문학적 자금이 투입될 북한관련 경제 사업들에 대해 백지수표를 발행하자는 주장이 어떻게 나올 수 있는지? 과연 이 정부가 누구를 위한 정부인지? 묻지 않을 수 없다.

문재인 정부의 북한 지원에 대한 의지는 집요할 정도다. 통일부를 비롯해 기획재정부, 산업통상자원부 등 18개 부처에서 2019년 남북협력 관련 예산을 편성해 국회에 제출했다. 모두 합하면 1조 원이 넘는 규모다. 경협기반 산업의 명목으로 청구하는 예산인데, 자세한 용처도 제시되어 있지 않은 예산도 2천억 원에 달한다. 무엇보다 요즘 나라경제가 파탄지경에 이르고 있는데, 우리 국민들 혈세를 북에 퍼주지 못해 안달이다. 그것도 대북제재 국제공조를 강고히 해야 하는 상황에서 말이다.

경제제재는 북한 비핵화를 위한 유일한 수단이다. 그런데 문재인 정부는 어찌된 일인지 자꾸 그 유일한 지렛대를 없애려고 있다. 그 정체성(identity)이 무엇인지 매우 의심스럽다. 이게 바로 국민의 불안이 가시지 않는 이유다.

대북제재를 위한 국제공조 허무는 정부

2018년 10월 16일 문대통령은 마크롱 프랑스 대통령과의 정상회담에서 "적어도 북한의 비핵화가 되돌릴 수 없는 단계에 왔다는 판단이 선다면 UN 제재의 완화를 통해 북한의 비핵화를 더욱 촉진해야 한다."고 말했다. 비록 되돌릴 수 없다는 수식어를 썼지만 방점은 제재완화에 있었다. 2018년 지난 9월 한미정상회담 때는 "이제 북한의 핵 포기는 되돌릴 수 없을 만큼 공식화됐다."라는 표현까지 썼다. 문 대통령의 주문에 마크롱 대통령은 제재완화는 꺼내지 않고, 더욱 강경하게 완전한 비핵화를 세 번이나 강조하며 문대통령의 주문을 단칼에 거절했다. 다음날 마크롱은 일본 아베총리와의 정상회담에서 "UN대북제재 조치의 완벽한 이행이 필요하며 북한의 제재우회 방지에 전력을 다 하겠다."고 대놓고 못 박았다. 심지어 이틀 후에 독일 메르켈 총리와의 회담에서도 같은 소리를 했다가 거절당했다. 독일 국영방송에서는 "남한 대통령, 평양을 위한 로비를 유럽에서 시도했으나 실패하다."라는 제목의 기사를 낼 정도였다. 블룸버그 통신 역시 "문재인 대통령이 유엔에서 김정은의 수석대변인이 됐다."는 제목으로 기사를 냈다.

이 보도를 보는 순간 나는 내 눈을 의심했다. 완전한 비핵화를 누가 더 절박하게 요구해야 하는 입장인가! 북한 핵위협에 직접 노출되어 있는 한국 대통령이 대륙 건너 유럽의 대통령보다 북핵에 더 너그럽다는 사실이 정말 믿겨지지 않을 정도였다.

이런 좌절감과 상실감은 나만의 느낌은 아니었다. 오바마 정부에서 대북제재안 마련에 참여했던 북한 전문가 조슈아 스탠턴 변호사는 남북이 유엔 제재를 무시하고 경제 협력을 강행한다면 "한미동맹을 소멸시키는 수준이 될 것"이라고 경고했다. 또 "미국이 피와 돈으로 지킨 나라의 이해할 수 없는 배신"이라는 말까지 했다. 일렉산더 버시바우 전 주한 미대사는 "한국은 비핵화에 대한 구체적 조치 없이 제재가 완화될 수 있다는 잘못된 신호를 북한에 보내기 전에 다시 한 번 생각해봐야 한다."면서 "

솔직히 문 대통령의 실수라고 생각한다."고 말했다. 급기야 폼페이오 국무장관이 "남북관계가 비핵화보다 앞서가면 안 된다"고 경고하는가 하면, 영국 파이낸셜 타임스는 "양국의 70년 동맹 관계가 위험에 빠지고 있다"고 보도했다.

블룸버그 통신이 북한의 '수석대변인'이라 칭할 정도로 문재인 대통령의 북한 눈치 보기는 위험수위를 넘어섰다. 한미 동맹 관계는 파탄지경에 이르고 있다. 한미 연합훈련인 키리졸브 연습과 독수리훈련을 2019년부터 실시하지 않기로 했다. 국방부가 군 장병에게 시행하는 정신교육 교재에서는 '한미동맹의 역사와 미래'라는 챕터가 통째로 사라졌다. '주적'이 누구인지도 밝히지도 않는다. 미국의 핵심 외교 당국자들은 동맹국이자, 북핵의 피해 당사국인 한국에 대북제제의 앞장서기는커녕 오히려 국제 공조를 깨려는 것에 대해 분개하고 있다는 소식도 들린다. 미 폼페이오 국무장관이 북한의 비핵화 의지를 강조했던 정의용 청와대 국가안보실장을 두고 거짓말쟁이라고 분통을 터트렸다는 보도가 나오기도 했다. 미 의회조사국은 한미 관계 보고서를 통해 "한미 양국 정부의 입장이 점점 더 불일치하는 모습을 보이고 있다."고 지적하며, 하노이 회담 결렬은 문 대통령의 정책에 큰 일격을 가한 셈이라고 평가했다. 동맹국에 대한 이러한 불신은 사실상 한미관계의 파탄을 증명한 셈이다. 이런 형국이니 우리 외교 당국은 하노이 회담 결렬 직전까지도 분위기를 전혀 짐작하지 못한 채, 곧 대북제제 해제가 될 것처럼 여기고 남북경협의 구체적 계획까지 세웠다. 코리아 패싱 현장이 아니고 무엇인가.

안보를 포기한 남북군사합의

 안보적 측면에서 보자면, 판문점 선언과 평양 선언의 문제는 더 심각하다. 북이 핵을 포기하겠다는 실질적인 조치가 전무한 채, 정전협정에서 평화협정으로 전환한다는 선언을 했다. 이 내용은 유엔사의 존속, 주한미군의 지위, 한미동맹의 성격 등 우리의 안보를 지탱해온 구조가 일거에 뒤바뀌는 사안들이다. 더욱이 그 부속합의의 성격을 지니는 군사부문의 합의서는 우리 군의 감시능력을 무력화하고 우리 해군이 목숨을 걸고 지켜온 NLL을 포기할 수 있는 내용도 담겨 있다. 한마디로 대한민국 안보와 경제 여건상 도저히 받아들일 수 없는 합의 사항을 국회로 가져와 비준해달라는 것이 정부 여당의 요구였다.

 2018년 9월 전격적으로 이뤄진 남북 군사합의는 지상, 해상, 공중 적대행위 중지, 감시초소 철수, JSA 비무장화, 공동유해발굴 등 총 7개 분야에서 이루어졌다. 군사충돌 방지를 위한 노력은 분명 환영할 만한 일이지만, 그러기 전에 우선 상호 도발을 하지 않는다는 신뢰구축이 전제되어야 한다. 그러나 북한의 연평도 폭격부터 시작해, 천안함 사건 등 그동안 자행되었던 군사도발에 대해 아무런 사과나, 재발방지 약속조차 없었다. 이런 가운데 문재인 정부는 군사 협정에 덜컥 합의를 함으로써, 우리의 최전방 방어선을 스스로 무너트리는 패착을 범했다.

 먼저 해상 적대 행위 중지가 문제나. 남한은 북한에 비해 넓은 바다를 제공하는데, 백령도 등 서해 5도 방어가 제한되었다. 북한에 의한 NLL 훼손이 우려되는 대목이다. 특히 한강하구 공동 이용은 북한군의 민간 위

장 침투가 가능하다는 문제점이 있다. 가장 심각한 항목은 정찰비행금지
다. 남북은 동부지역 MDL 기준으로 15Km, 서부지역은 10Km 안쪽 공
역에 무인기를 띄우지 않기로 했다. 그런데 전방에서 우리 군은 무인기로
북한군의 동태를 살핀다. 북한군이 전방에 배치한 장사정포에 대응하기
위해 수 조원을 들여 구축한 다연장포와 진설지대지 미사일등 대화력전
체계도 무용지물이 된다는 것이다. 이에 대해 신원식 전합참차장은 이번
합의가 신체 포기 각서를 쓴 꼴이라며 격렬히 비판했다.

북한은 우리보다 2~3배 많은 재래식 군사력을 보유하고 있다. 북한군의 70%
가까운 전력이 우리 수도권을 향해 전개돼 있고, 수도권을 위협하는 방사포
수백 문도 전방의 터널 속에 배치돼 있다. 북한군의 이 같은 양적 우위를 우리
군의 정보 감시와 정밀타격 능력 등 질적으로 우수한 핵심 수단으로 상쇄해왔
다. 그런데 이번 군사합의로 우리의 핵심 전략자산이 상당 부분 무력화할 위
기에 처했다. 군사분계선에서 20~40km를 비행금지구역으로 설정하면 북이
전방에 전개한 장사정포 등 북한군 주력의 동향을 효과적으로 감시할 수 없고
근접 정밀타격도 사실상 불가능해진다…군비통제는 상호 신뢰가 기본이다.
이를 위해 공격용 무기를 줄이는 대신 감시정찰 무기는 늘린다. 약속대로 공
격용 무기를 줄였는지, 공격 의사가 없는지 수시로 확인할 수 있도록 해야 신
뢰가 생긴다. 냉전이 해체된 이후 미국과 소련(현 러시아)이 그렇게 했다. 아
버지 부시 대통령 시절 미국, 캐나다 등 북미 국가와 서유럽 국가, 그리고 러시
아와 동유럽 국가들까지 34개국이 오픈 스카이 조약에 합의했다. 창공을 열
어 서로 통보만 하면 언제든 수시로 감시할 수 있도록 한 것이다. 그런데 우리

는 어떻게 했나. 남북이 군사 대치를 끝내겠다면서 오히려 광범위한 비행금지 구역을 설정했다. 이번 군사합의로 북한군에는 감시가 없는 안전한 성역을 보장한 대신 수도권은 북한의 기습에 취약하게 됐다.[31]

이 같은 어처구니없는 합의에 대해 미국 내 전문가들도 비행금지구역 설정도 너무 많이 양보했다며, 남북 군사합의 과정에 미국과 조율이 부족했다고 비판했다. 최근 있었던 북한 미사일 도발에서 우리 정부는 사전에 도발징후를 포착하지 못한 것으로 보인다. 이 때문에 미사일 도발 당시 발사체라는 용어에 혼선이 있었던 것이다. 만일 실전상황이었다면 어떻게 되었을까? 생각만해도 숨이 막힌다. 결국 비행금지구역 설정이 우리를 장님으로 만든 꼴이다.

나는 우리 안보에 치명적인 공백을 가져올 이 합의는 결코 받아들일 수 없다고 생각한다. 혹자는 남북 상호간에 군축이 이루어진 것이라고 강변할지 모른다. 그러나 언제 우리가 북한을 침략한 적이 있었는가. 분단 이후 북의 도발은 끊임없이 자행되어 왔고 우리는 방어를 하는 입장이었다. 적의 도발을 사전에 감지해야 하는 우리에게 정찰 비행금지는 치명적인 안보적 공백으로 남을 수밖에 없는 것이다. 육식동물과 초식동물 사이의 울타리를 없애면 누가 더 위험할까?

문 대통령은 이런 굴욕적인 군사합의서를 국회 동의 없이 국무회의에서 전격적으로 비준했다. 언제는 판문점선언이 중대한 재정적 부남을 지우는 거라 국회 동의가 필요하다더니 그와 대동소이한 평양선언은 그런 절차 없이 스스로 비준했다. 국회동의가 어려울 듯하니 아예 무시하기로 했는지, 공론화 과정에서 국민들에게 알리기가 부담스러웠는지 모른다.

국가안보에 관한 중요한 사항으로 군사합의서야말로 멋대로 비준할 사안이 아니다. 군사전략상 주요부분을 포기한 것이다. 아무리 대통령이라 해도 우리 영토문제인 NLL까지 포기하고 비행금지구역에 동의해서 스스로 정찰능력까지 무력화시키는 일까지 맘대로 할 수 있는 권한이 있는 것은 아니다.

나는 어쩌면 이 모든 일들이 북한에 대해 일단 온정적이고 우호적인 입장에서 바라보려는 시각에서 비롯된 것이 아닌지 의심하고 있다. 문재인 대통령은 BBC 인터뷰에서 김정은을 이렇게 평가했다.

김위원장은 젊지만 아주 솔직 담백한 인물이고, 비핵화에 확고한 의지를 가지고 있는 것 같다. 가난한 나라를 발전시켜야한다는 분명한 비전을 가지고 있다.

김정은을 어떻게 신뢰하는가? 라는 질문에 대한 답변이다. 고모부 장성택을 고사포로 죽이고 친형을 암살하는 등 수백 명을 처형했으며, 미국인 웜비어를 식물인간으로 만들었다는 사실 그리고 10만 명이 넘는 정치범이 수용소에서 신음하고 있고 아직도 500명이 넘는 한국인 납북억류자들이 고통 받고 있는 현실 등은 문재인 대통령의 안중에 전혀 없어 보인다. 이처럼 잔혹하고 비정한 독재자 김정은에게 대한민국의 대통령이 애정 어린 시선을 보내다 보니, 광화문 광장에 김정은 팬클럽까지 생긴 것이다.

김정은의 서울방문을 환영하기 위해 결성된 '위인맞이 환영단'이라는 단체가 광화문 네거리에서 기자회견을 열고 김정은의 열렬한 팬을 자처했다. 심지어 일부 종북단체들은 공중파 TV에 등장해서까지 김정은을 칭송하고 미국 대사관 앞에서 '미국은 남북관계 방해 말라' 등의 구호를 외치며 성조기를 찢기도 했다. 일부대학생 단체는 태영호(전 주영 북한대사, 2016 대한민국 망명)에 대한 체포결사대를 만들기도 했다. 상황이 이와 같음에도 공권력은 꼼짝 못하는 현실이다.

허물어지는 한미동맹

경제가 국민의 '먹고 사는 문제'라면, 외교안보는 우리 국민이 '죽고 사는 문제'다. 그러므로 그 어떤 사안보다 현실적으로 접근하고, 신중하게 결정해야 한다. 그러나 문재인 정부의 외교안보 정책은 주사파들의 민족자주, 평화 통일이라는 좌파민족주의의 담론에 기초하여, 우리의 전통적 외교 안보 정책의 근간을 뒤흔들고 있다. 반미운동권의 정서 속에 중국과 북한에 경도된 외교안보 논리는 한미동맹의 틀을 비틀며, 동북아 안보구조에 심각한 균열을 가하고 있다.

현재와 같은 추세가 지속된다면, 우리의 외교 입지는 극히 좁아지고 핵을 가진 북한과의 전력 불균형을 심화시켜 우리의 국가 안보는 풍전등화의 상태로 나아길 것이나. 국민의 녹숨이 달려 있는 문제를 두고 실험실 실습하듯 관념적 이상주의를 좇는 것은 있을 수 없는 일이다. 안보는 백번 잘해도 한 번 잘못하면 끝이다. 세컨드 찬스가 없는 것이다.

그런데 문재인 정부는 또 하나의 확인되지 않은 실험을 하고 있다. 노무현 대통령이 내세웠던 이른바 '동북아 균형자'론에 입각해, 미국과 북한에 대해서는 '중재자'로, 미국과 중국의 관계에 대해서는 균형, 중립 외교로 나아가고 있는 것이다. 이미 노무현 정부 시절 '균형자론'은 미국의 반발과 국제사회의 냉대 속에 사라진 바 있다. 죽은 유령을 들고 나와 국제정치현실을 무시하는 '우물 안 개구리' 모습을 또다시 재현하고 있는 것이다. "내가 옳았다"를 증명하는 것이 과연 국민의 생명과 안전보다 더 중요한 문제일까?

운동권 좌파들이 표방하는 '동북아 균형자론'은 현실적으로는 실현가능성이 전무할 뿐만 아니라, 내용적으로는 반서방 외교노선의 연장선상에 있다는 점에 문제의 심각성이 있다.

우선 '균형자'의 개념부터 생각해보자. 동북아시아는 미·일·중·러 4대 강국이 접경하고 있거나, 이해관계에 사활을 걸고 있는 지역이다. 한국전쟁 이후 현재까지 근 70년 가까이 한반도에 평화가 유지되어 온 것도 이 4대 강국 간의 세력 균형이 이루어진 덕택이다. 다시 말해 한국은 자유민주진영인 한미일 삼각체제의 동맹으로 비교적 안정적인 안보 환경 속에서 경제 성장에 돌입했기에 오늘날의 번영을 이룩했던 것이다. 그렇다면 이런 세력 균형을 가져온 기본 축은 어디에서 비롯되었는가? 바로 미국이다. 국제정치는 단일한 정부가 없기 때문에, 힘이 지배하는 세계다. 미국처럼 강대한 힘이 없으면 '균형자'가 될 수 없다. 문재인 정부가 말하는 중립외교, 균형 외교는 몽상과도 같은 얘기다.

중립국은 스스로 존재할 수가 없고 외부에 의해 보장받는 것이며, 그 보장 역시 외부의 힘에 의해 유지된다. 그만큼 외부적 요인에 의해 얼마든지 흔들릴 수 있는 불안한 지위에 놓여 있는 것이다. 중립국은 우리가 자의적으로 선택할 수 있는 것도 아닐 뿐만 아니라, 주변국들로부터 그 필요성을 인정받아야 하는데 지금 주변 강국들의 상황이 과연 그런가? 지금까지 미국과의 동맹 일원으로서 한반도의 세력균형의 한 축을 담당해왔던 우리가 중립국을 자처하는 것 자체가 어불성설이다.

더구나 세력 균형은 개념 정의상 현상유지를 전제로 하는데, 한국의 중립국, 혹은 균형자로서의 전환은 곧 전통의 한미동맹을 이탈을 의미하며 결국 현상변경을 수용하는 것과 다를 바 없다. 그렇다면 이러한 현상변경을 시도하는 것은 누구이며, 반대하는 것은 누구인가? 중국과 미국이다. 중국은 지금까지 축적한 경제력을 바탕으로 남중국해를 비롯해 해양으로의 진출을 적극 추진하고 있으나, 이는 곧 미국의 전략적 이익과 전면 배치된다. 이미 오바마 정부 때 부터 추진된 미국의 '아시아 회귀' 정책은 중국의 해상 패권 추구를 용납하지 않겠다는 선언과 다를 바 없다.

미국은 동맹국들에게 현상유지 불변 정책에 대한 동참을 요구하고 있다. 한국은 이런 미국의 요구에 어떻게 대응할 것인가? 내가 필요할 때는 동맹, 곤란할 때는 중립국이라는 미꾸라지 전략으로 응대한다면 과연 한국이 설 자리가 있을까? 실리외교란 균형외교니, 등거리 외교니 하는 말에 현혹되는 줄타기 외교가 아니다. 누울 곳을 보고 다리를 뻗는 것이 진정한 실리요, 실용이다.

과연 세력균형이 정말로 동북아에서 깨질 수 있는지, 또 중국의 현상변경 시도가 성공할 수 있는지에 대한 정확한 판단과 현실인식을 해야 한다.[32] 지난 20여 년 간 고도성장을 통해 급부상한 중국이 과연 미국과 어깨를 견줄만한 패권국으로 발돋움할 수 있는지? 현실적인 판단이 필요한 것이다.

중국식 패권주의의 위험성

과거 냉전체제 속에서 세계는 자유진영과 공산권 두 진영으로 양분되었으며, 각 진영의 리더는 미국과 소련으로 대표되었다. 이런 양극체제는 소련의 붕괴로 미국의 단극 체제로 전환되어 현재까지 이어지고 있다. 그러나 중국은 그동안 축적해온 경제력을 바탕으로 미국의 이런 단극체제에 도전장을 시나브로 내밀더니, 시진핑 체제가 들어서면서 그 야심을 본격적으로 드러냈다. 일대일로 정책과 남중국해의 해상 진출을 통해 중국은 아시아에서 미국에 맞설 준비를 하고 있다.

10여 년 전만 하더라도, 중국의 경제성장의 추세가 매년 약 10% 가까이 맹렬한 성장세를 보이고, 천문학적인 인구수와 영토를 기반으로 하고 있어 중국이 세계의 패권 대열에 들어서리라는 것을 의심하는 사람이 거의 없었다. 중국은 GDP 규모에서 영국과 프랑스를 제쳤으며, 2008년에는 독일을, 그리고 마침내 2010년에는 일본마저 넘어섰다. 이런 추세 속에 세계 1위 미국을 따라잡을 것이라는 시각은 일반적이었다. 10년 전 IMF, 이코노미스트, JP모건, 골드만삭스 등 상당수 전문기관들은 중국이 전체 GDP에서 미국을 추월하는 시점을 빠르면 2016년, 늦어도 2027년으로 내다봤다. 하지만 최근 들어 중국의 미국 추월론을 꺼내는 사람은 점차 사라지고 있다. 많은 전문가들의 예상과는 달리, 미국 GDP의 규모는 여전히 중국보다 60% 앞서 있다. 10년 내에 따라 잡힐 수준이 아니다. 무엇보다 중국의 성장률이 예년과 달리 확연히 둔화되고 있고, 그 미래도 결코 밝지 않다. 2017년 중국의 경제성장률은 6.9%로서 3년 연속 7% 이하로 떨어졌다. 하지만 이마저도 중국의 통계 조작이 너무 만연한 것을 감안한다면 실제 성장률은 이미 4%로 주저앉았을 가능성도 크다고 보는 전문가들이 많다. 2019년 전망은 더 어둡다. 5% 이하로 추락할 것이라는 전망이 지배적이다.

현재 중국이 처해있는 내외부적 상황은 중국이 과거와 같은 고도성장을 회복하리라는 기대를 더욱 불가능하게 만든다. 현재 미국이 주도하는 무역전쟁으로 중국의 대미 무역은 직격탄을 맞고 있다. 중국 증시는 4개월가량 27%가 떨어졌으며, 고정자산 투자는 2018년 7월 기준으로 5.5%에 그쳐 사상 최저 수준을 기록하고 있다. 가뜩이나 성장세가 둔화되고 있는 상황에서 무역 갈등으로 인해 중국 내 파산기업은 2018년 상반기에만 504만 개에 달했다. 연평균 18%씩 증가한 수출은 3%의 추가 경제성장률 증가를 이끌었다. 그런데 앞으로 수출증가율 하락은 불가피하다. 10% 이하로 하락하면 수출의 경제성장률 기여도는 1.5% 이하로 떨어질 것이다. 게다가 관세를 통한 무역전쟁만이 중국 경제에 위협이 되는 것은 아니다. 미국은 이미 통화전쟁을 개시했다. 중국의 가격경쟁력은 해마다 낮아지고 있고, 더 이상 제조공장으로서의 매력도 상실해가고 있다.

중국의 내부 사정은 더 암울하다. 2005년부터 지속된 부동산거품은 그야말로 천문학적 규모로 진행되어 중국의 지방정부는 사실상 파산직전에 내몰려 있다. 지방에서는 팔리지 않는 집의 숫자가 22개월 동안 건축한 집의 총량과 맞먹는다. 부동산 시장 상위 1위부터 20위까지의 업체들의 부채 총계가 110조가 넘는다. 중국 경제를 움직이는 중산층 자본의 약 70%가 부동산에 묶여 있다. 중국 중소도시들이 짓고 있는 아파트를 모아보면 수용가능인구가 34억 명이나 된다는 얘기도 있다. 그런데도 중국 베이징과 상하이 등 대도시의 아파트 수요는 여전히 높아 아파트 가격은 투기수요까지 겹쳐 천정부지로 솟구친다. 베이징은 2021년까지 신규주택 150만 채를 공급한다고 한다. 이런 징후는 1990년대 일본의 부동산 거품과 빼 닮았다. 일본은 부동산 거품 붕괴 후 20년이 넘도록 침체되었고, 그 긴 그늘이 아직도 완전히 걷히지 않았다. 도시화는 중국의 경제성장률을 높이는 데 크게 기여하는 요소다. 중국은 도시화율이 1% 늘어나면 1.2조 위안의 고정자산 투자가 일어나고, 농촌 인구의 도시 유입률도 높아져 경제성장률에 크게 기여한다. 최근 30년 동안의 연평균 9.7%의 성장 중에서 3~4%는 도시화 효과에 의해서 발생했는데, 이런 부동산거품을 더 이상 형성시키지 못한다면 그 만큼의 성장률은 꺾이고 말 것이다.[33]

무엇보다 저출산 고령화가 급격하게 진행되고 있다는 사실이 중국의 미래를 어둡게 하고 있다. 2030년에 이르면 중국 인구 중 65세 이상인 사람들이 2억 4천만에 이르고, 노동 가능 인력의 평균 연령도 지속적으로 높아져 2030년경에는 42세에 이를 것으로 보인다. 고령화는 많은 선진국이 겪고 있는 문제지만, 중국에게 특히 심각하다. 선진국은 이미 부자가 된 이후에 고령화가 진행되었는데 반해 중국은 이 문제가 너무 이른 시기에 닥치게 되는 것이다. 일본은 노인들이 보유한 자산이 대략 평균 5억 원인데도 노인을 위한 재정 지출 비중이 너무 높아 허덕인다.[34] 하물며 1인당 GDP가 일본의 4분의 1 수준인 중국은 이를 감당하기엔 벅찰 수밖에 없다.

이밖에 2억 농민공과 세계 최고수준의 빈부격차, 늘어난 경제규모에 맞지 않는 공산당 독재체제의 비효율성, 고질적인 부정부패 등 산적한 중국의 구조적인 문제는 미래 전망을 더욱 불투명하게 만든다. 중국의 성장세가 L자형으로 변해감에 따라 중진국의 함정에 빠져들었다는 진단이 전문가들 사이에서 중론을 형성하고 있는 중이다.

지난 30년간 중국은 연평균 9%가 넘는 성장률을 기록해왔다. 그러나 앞으로 30년간 이런 고도성장의 시대는 오기 힘들 것이다. 지구상의 어떤 나라도 이토록 높은 성장률을 60년간 지속시켰던 적은 없다. 현재와 같은 추세라면, 2030년은커녕 금세기 내에 중국의 국력이 미국을 추월하는 것조차 가능할지에 대해 회의적인 시선이 지배적이다.

반면, 미국은 최근 들어 셰일 가스혁명을 통해 에너지 자립을 달성했고, 트럼프 정부가 지속해온 강력한 기업유턴 드라이브를 통해 실물경제가 다시 살아나고 있다. 달러를 중심으로 한 국제금융결제시장의 흐름을 고려할 때 여전히 미국의 우위는 당분간 계속될 전망이다.

이렇게 되면, 미국과 중국의 패권 경쟁은 사실상 대등한 수준까지 나아갈 수 없을 뿐만 아니라, 세계 주도권 다툼은 일어날 수 없다고 보는 것이 현실적이다. 다만, 아시아 지역에 국한하여 본다면, 중국은 지역 내 압도적인 경제력과 군사력으로 패권을 추구할 가능성은 높으며 그것은 이

대한민국을 파국으로 이끌 재앙적 외교안보 정책

미 현실화되고 있다.

특히 중국은 경제 성장세가 꺾일수록 내부의 불만을 외부화하기 위해 대외적 팽창 노선을 지속할 가능성이 높다. 2010년대에 들어서면서 중국은 동지나해와 남지나해에 이르는 수역에서 중국은 영토분쟁을 일으켰으며, 센카쿠 섬을 둘러싸고 일본과 마찰을 일으켰다. 뿐만 아니라 필리핀, 베트남, 말레이시아 등 접경지역 대부분에서 영유권 분쟁을 벌이고 있다. 우리나라도 예외는 아니다. 이어도 관련 영토 시비를 걸어온 전력이 있다. 중국은 이제 대륙을 넘어 해양세력으로서 패권을 추구하는 야욕을 감추고 있지 않다.

중국이 주변국가에 대해 거의 깡패처럼 구는 일은 드물지 않다. 베트남 석유탐사선 케일을 끊는가 하면 인도네시아 어선의 출입을 금지하기도 하고, 필리핀 등과 영유권을 다투는 지역에서 일방적으로 인공섬을 조성하기도 했다.[35] 한국에 대해서는 사드배치에 대해 심각한 형태로 간섭한 바 있다.

문재인 정부, 친중편향으로 가는가?

가까운 나라와 대립할 경우 먼 나라와 친교 해야 한다는 의미의 원교근공(遠交近攻) 전략은 외교 정책의 기본법칙이나 다를 바 없다. 이웃한 국가와는 영토분쟁과 마찰이 자주 일어날 수밖에 없고 강한 이웃을 견제하기 위해선 먼 나라의 강대국과 화친을 맺어야 한다. 일본은 미국의 핵폭탄을 맞은 나라였지만 곧바로 외교관계를 맺고 우방관계가 되었다. 중국과 같은 공산국가 체제인 베트남조차도 자신들과 전쟁을 벌였던 미국을 끌어 들여 중국을 견제하고 있다. 반면 한국은 70년 전통의 맹방인 미국과 냉랭한 관계를 감수하면서까지 중국에 경도되어가고 있다. 문제는 박근혜 정부 때부터 친중 편향의 기조가 완연했다는 것이다. 미국의 만류에도 불구하고, 동맹국 중 유일하게 중국 열병식에 참석하여 미국과의 관계가 한 때 냉랭해지기까지 했다.

물론 정부 입장은 중국과의 관계 개선으로 중국의 대북한 압박을 강화시키겠다는 취지였지만, 북한 핵문제에 대해 중국에 의존하겠다는 생각이 얼마나 순진했는지는 불과 1년 만에 판명 났다. 2016년 북한이 4차 핵실험을 했을 때도 중국은 별다른 조치를 취하지 않았다. 심지어 중국은 규탄 성명에 동참하지도 않았으며, 한국 대통령과 국방장관의 핫라인 전화조차도 받지 않았다.[36]

문재인 정부 들어서는 사태가 더 심각해졌다. 북한의 6차 핵실험으로 핵무기 보유가 기정사실화된 가운데 자위권 차원에서 들여놓은 사드배치에 대해 중국이 경제보복으로 대응하자, 우리 정부는 3불 정책(미국의 미사일방어 MD체계 불가, 사드 추가배치 불가, 한미일 군사동맹 불가)을 약속했다. 군사주권 수호 의지는 물론 자국 방어의 의지마저 의심케 하는 대목이다.

중국에 대한 무역의존도가 높다는 것이 대중국 굴욕외교를 감수할 이유가 되지는 않는다. 중국과 훨씬 더 대립적 위치에 있는 일본도 중국과의 무역규모가 우리와 비슷하다. 더구나 중국이 우리에게 의존하는 수입품목은 대개 대외 수출제품에 들어가는 중간재가 압도적이다. 한국의 수입

대한민국을 파국으로 이끌 재앙적 외교안보 정책

물품을 제한하면 중국도 수출에 큰 지장을 받는다.

이런 상호의존적인 관계를 간과한 채 마치 조공무역 하듯 중국 앞에서 한없이 작아지는 친중파들의 모습은 옆에서 보기에 애처로울 정도다. 무엇보다 '민족자주'를 입버릇처럼 떠들던 정부 내 운동권좌파들의 태도가 황당하다. 이들은 중국의 안하무인적인 태도에 단 한마디도 못하고 오히려 앞장서서 굴욕적인 태도를 보이며 사대주의의 극치를 달리고 있다. 김영호 성신여대 정치학교수는 미중 패권주의의 차이를 다음과 같이 설명했다.

> 패권이라는 개념은 일본에서 영어 hegemony를 번역한 것이다. 번역과정에서 그 뉘앙스가 변했다. 동양의 고전 '맹자'에는 정치를 '왕도정치'와 '패도정치'로 구분 짓고 있다. 왕도 정치는 지도자가 유교 원리에 따라 덕치를 베푸는 것을 말하고, 패도 정치는 물리력을 동원하여 강압적으로 다스리는 것을 말한다. 원래 그리스어에 그 어원을 갖는 헤게모니는 아테네와 같은 강한 국가가 주변 페르시아의 침략에 대항하여 그리스 도시국가와 헬레니즘 문화를 지키기 위해 희생하고 지도력을 발휘하고 오늘날 표현으로 공공재를 제공하는 외교정책을 지칭했다. 그리스어 헤게모니 개념은 원래 '패도'보다는 '왕도'에 가까운 뉘앙스를 갖고 있다는 사실을 알 수 있다…(중략)…(그런 점에서) 임오군란 때 대원군을 납치해간 중국은 '패도적 패권국가'의 모습을 적나라하게 보여준다. 이들과 달리 제2차 세계대전 이후 미국은 자유무역을 통해서 공동의 번영을 추구하고 동맹국들과의 타협과 합의를 중시하는 '왕도적 패권국가'를 대표하고 있다.

한마디로 중국은 불량배식 패권이고, 미국은 신사적 패권이라는 얘기다. 그리고 이 사실은 우리가 역사적으로 또 현실적으로 체감하고 있는 바다. 불량배들은 약해 보이면 한없이 괴롭히고 약탈하는 습성이 있다. 자신들의 조폭질서에 순응하라는 얘기다. 현재 한국 정부는 스스로 굴욕적인 태도를 감수하며 중국의 강압에 순응하고 있다. 이 모습을 보면서 분통이 치미는 것은 비단 나뿐만 아닐 것이다.

박근혜 정부 때부터 중국에 대해 우리는 '전략적 동반자'라는 표현을 써 왔다. 그러나 한국과 중국은 전략적 동반자가 될 수 없다. 지정학적으로 그런 관계가 될 수 없다. 부국강병과 자유민주국가 중심의 통일이라는 한국의 대전략과 중국의 이익이 일치하겠는가? 더구나 가치의 측면에서 일당독재 전체주의 국가인 중국과 자유민주진영의 한국은 전략적 관계는 가당치 않다. '실리적 협력관계' 정도가 적당할 것으로 보인다. 중국의 부상과 패권국가로의 도약은 한국에게 기회라기보다는 위기의 측면이 더 강하다. 불량배들에게는 만만하게 보이는 것이 아니라, 강하게 보이는 것이 올바른 대응법이다.

우리 정부는 신사적 패권국가이자 오랜 동맹국가인 미국과의 관계를 등한시하는 어리석은 행태를 벌이고 있다. 특히 균형자, 등거리 외교라는 간사한 수사에 현혹되고 있는 것은 큰 문제다. 국제정치학자 이춘근 박사는 이런 현실에 대해 다음과 같이 설명한다.

한국은 현재 미국과 동맹국인네, 동맹국인 미국이 승국과 갈등을 벌일 경우 한국이 균형자 역할을 하려면 우선 미국과의 동맹관계를 종료시켜야 한다. 우리의 동맹국이 싸우는데 어떻게 우리가 중립을 지킬 수 있겠는가? 역으로 우리가 중국과 갈등을 벌일 때 동맹국인 미국이 균형자가 되겠다고 말한다면 우리는 미국을 어떻게 볼 것인가? 우리가 미국과 동맹관계를 유지한 채 미중갈등에서 균형자가 되겠다고 말한다면 중국은 우리를 어떻게 볼까? 비겁한 사기꾼으로 보지 않을까? 둘째는 적정한 힘이 있어야 하는데, 우리는 과연 미국과 중국이 갈등을 벌일 경우 힘의 균형추를 바꾸어 놓을 만한 국력을 보유하고 있는가? 안타깝지만 아직 우리 국력은 그럴 수준이 되지 못한다. 중국이 부상하는 상황에서 한국이 명확한 입장을 견지하지 못하고 우왕좌왕한다면 한국은 중국으로부터도, 미국으로부터도 신뢰를 얻지 못하는 최악의 상황에 직면할 수도 있다.

'역사를 잊지 말자'는 말의 진정한 의미

국제관계는 옳고 그름의 문제가 아니라 힘의 문제이자 현실의 문제다. 우리가 국제정치에서 영악해져야 하는 이유는 바로 대한민국 국민의 생명과 안전, 우리 아이들의 미래가 달려있기 때문이다.

2019년 5월 일본을 방문한 트럼프 대통령은 아베 총리의 극진한 대접에 감동했다. 아베는 골프 라운딩을 하며 직접 카트를 몰았다. 사흘 내내 트럼프를 감동시키기 위해 총리와 정치권, 국민들이 하나가 되어 온갖 이벤트를 벌였다.

나는 그 모습을 보며 새삼 일본의 무서움을 다시 한 번 실감했다. 입장을 바꿔놓고 생각해 보자. 만약 우리라면 우리 땅에 원자 폭탄을 두 번이나 투하하고 아직도 그 원폭 피해자들이 고통 받고 있고 우리를 전쟁에서 굴복시킨 나라에게 저렇게까지 할 수 있을까? 모르긴 몰라도 "트럼프 물러가라!"는 데모가 넘쳐나고 괜히 체면 세우느라 실익도 없는 주장을 내세워 국민들을 선동하는 모습이 먼저 나왔을 것이다. 그러나 일본은 철저히 실리적 입장을 갖고 미국 대통령을 맞았다. 이것이 진정으로 역사를 기억하는 태도이자 전략일 것이다.

최근 한일 관계가 악화일로에 있어서 매우 걱정스럽다. 우리가 '역사를 잊지 말자'고 하는 것은 힘을 키워 과거의 역사적 잘못을 반복하지 말라는 의미일 것이다.

조선이 군국주의 일본의 지배를 받게 된 것은 세계 근대화의 물결 속에서 시대적 변화에 뒤떨어진 무능한 왕실과 위정척사 사상에 젖은 어리석은 위정자들이 부국강병보다 쇄국으로 일관했기 때문이다. 또한 치열한 열강의 각축 속에서 국제정세의 흐름을 따라잡지 못한 채 외교적으로 고립되었기 때문이다. 이런 잘못을 반복하지 말아야 하지 않겠나?

중국과 미국 사이에서 우리의 선택은 분명하다. 미국이다. 북핵 위기에 더해, 중국이 지역 내 패권으로 발돋움하기 위해 각종 외교적 전횡을 일삼으며 안보적 긴장을 높이고 있는 상황에서는 더욱 그렇다. 자유민주진영으로 엮인 한미일 동맹 속에서 집단 안보체제를 더욱 강화하는 것이 우리의 전략임은 말할 것도 없다.

4장

사회주의를 탄핵한다

사회주의를 탄핵한다

01 │ 사회주의는
왜 망국의 길인가

사회주의란 이름의 전체주의

사회주의라는 단어만큼 여러 가지 뜻으로 쓰이는 개념도 흔치 않을 것 같다. 무려 100여 가지 이상의 뜻으로 쓰였다는 주장도 있다. 아주 넓게는 개인주의와 반대되는 의미로 쓰이기도 하고, 막연히 공산주의의 보다 낮은 단계를 의미하기도 한다. 심지어 어떤 사회주의자들은 "사회주의는 자유다"라고 말하기도 한다. 어색함을 넘어 황당할 정도의 이상한 정의이지만, 이런 개념규정도 있을 정도이니 사회주의란 말이 얼마나 제멋대로 쓰이고 있는지 알 수 있다.

그러나 통상적으로 사회주의는 생산수단의 국가 소유와 계획경제를 의미하는 정도로 받아들여진다. 거대국가에 의해 통제되는 자유와 시장을 의미하는 것이다. 소유와 조절을 국가가 철저히 장악하는 가장 극단적인 형태는 '전체주의'다. 실제로 전체주의는 사회주의의 대 전제다. 세계 2차대전의 주범인 히틀러를 사회주의자라고 지목하는 경우는 많지 않지만 나는 히틀러도 레닌이나 스탈린에 버금가는 '사회주의자'의 중요한 사

례라고 생각한다.[37]

사회주의의 본질을 '전체주의' 혹은 '사적소유에 대한 부정과 계획경제'라고 보면 그 의미가 실감나게 다가오지 않을 수도 있다. 특히 요즘 세대들에게는 딴 세상얘기로 들릴 수도 있다. 하지만 이를 〈민간 경제에 대한 정부개입〉이라는 말로 바꿔보면 현실적으로 느낌이 달라진다. 정부가 경제, 정치, 사회의 모든 면을 통제하고 관리하고자 하는 의지와 유혹은 분명히 사회주의의 정신적 본질이다. 이러한 사회주의적 요소는 형식상 자본주의 국가 안에서도 집권세력의 정치 성향 등에 따라서 충분히 확산 가능한 문제이다.

구소련이 몰락하고, 중국이 개혁개방을 통해 자본주의 세계경제에 급속히 편입되어왔지만, 지금도 여전히 사회주의가 경계의 대상일 수밖에 없는 이유는 여기에 있다. 전체주의나 혹은 사회주의를 표방한 국가가 아니라 해도 자유 시장체제에 대한 '정부개입'은 오늘날, 현존하는 많은 나라들에서 나타나는 문제이기 때문이다. 공식적으로는 자유민주주의를 표방하고 있다 하더라도 좌파세력의 집권 등을 통해 사회주의적 통치 요소들이 국가 운영의 각 측면에서 독버섯처럼 자라날 수 있다. 심지어는 자본주의 세계질서의 정점에 있는 미국에서도 〈사회주의 논쟁〉이 불붙고 있다. 미국 민주당에서 부유세와 고소득자에 대한 증세 정책을 내놓자 트럼프 대통령은 2019년 신년 국정연설에서 이렇게 직격탄을 날렸다.

사회주의는 이미 용도 폐기된 슬픈 이데올로기이다. 사회주의가 관심을 가지는 것은 오직 한 가지, 지배계급을 위한 권력뿐이다. 그들은 권력을 손에 쥘수록 더 많은 권력을 탐한다. 그들은 의료서비스를 운영하고 싶어 하고, 교통과 금융을 주무르고 싶어 하며, 에너지 교육을 비롯한 모든 것을 가지려 한다. 사회주의는 진보라는 깃발을 흔들지만 그것이 결국 가져다주는 것은 부정과 부패와 착취일 뿐이다. 사회주의를 요구하는 미국 내 세력들에게 우리는 다시 한 번 힘주어 말한다. 미국은 결코 사회주의 국가가 되지 않을 것이다.

연설이 끝나자 공화당 지지자들은 일제히 기립박수를 치며 "USA! USA!"를 연호했다. 이에 대해 민주당 측은 물러서기는커녕 "사회주의적 정책들을 더 밀어붙일 것"이라고 정면대응했다. 갑자기 사회주의 논쟁이 불꽃을 튀기 시작한 것이다. 이런 분위기 속에서 미국 언론은 2020년 대선에서 〈사회주의 논쟁〉이 가장 큰 이슈로 떠오를 것으로 예상하기도 했다.

우리는 위장된 사회주의와 싸워야 한다

미국 발 사회주의 논쟁이 확산되는 현상에서 볼 수 있듯이 '사회주의'의 뿌리는 매우 깊고 사회주의와의 투쟁은 아직 현재진행형이다. 앞서 말했듯이 사회주의라는 개념은 정형화 되지 않은 채, 그때그때 다양한 외면과 형식을 띠며 해당 조건에 적용해 나간다. 마치 카멜레온의 보호색처럼, 처한 환경에 따라 다양한 포장지를 뒤집어쓰고 가장 최적의 형태로 사회주의적 본성을 발휘하는 것이다. 로렌스 리드[38]는 〈왜 결정은 국가가 하는데 가난은 나의 몫인가〉 라는 책을 통해 이렇게 말한다.

어떤 사회주의자가'사회주의의 ABC'를 알려주겠다고 한다면, 그는 분명 ABC 까지만 말하고 싶을 것이다. 가슴 따뜻한 이야기, 모호한 약속들, 좋아 보이는 정치 프로그램들, 아마도 분노와 시기심이 가득하여 부자들에 대한 비난을 장황하게 늘어놓겠지만, 사회주의의 끝이 결국 어떠할지에 대해서는 별말이 없다.… 사회주의를 겉으로 보이는 부드러운 벨벳 장갑으로만 판단하고 그 안에 숨겨진 강철 주먹을 간과하는 어리석음을 범하지 말자. 사회주의의 ABC에서 멈추지 말고 끝까지, XYZ까지 가보라.

우리는 그럴듯한 포장지의 이면에 담긴 사회주의의 본성에 대해 경계할 필요가 있다. 사회주의를 표방한 국가의 공식 정책들만 사회주의가 아니다. 오늘날 우리가 더 주목해야 할 부분은 현대 자본주의 체제 내부에 뿌리내린 사회주의적 경향성이다. 로렌스 리드는 뭐든지 국가가 나서서 법으로 해결해야 한다는 국가주의와 입법만능주의. 그리고 복지혜택과 각종 보조금 등으로 펑펑 새어나가는 눈먼 나랏돈 등을 현대 사회주의의 얼굴로 꼽는다. 이미 구소련과 동구가 몰락하고 중국이 세계 자본주의질서에 편입된 현재 상황에서 '전통적 개념의 사회주의' 보다는 자본주의 내부의 사회주의적 경향성이 더 중요한 경계대상이 된 것이다. 이와 관련해 하이에크(Hayek)[39]의 다음과 같은 언급은 주목할 만하다.

자본주의를 표방하는 국가에서도 사회주의 정책들이 넘쳐난다. 사회주의에 대한 문제는 사회주의 국가만의 문제가 아니다. 사회주의가 번성하고 시장질서가 파괴되면 오늘날 우리가 쌓아올린 문명이 파괴될 수밖에 없다. 수백만 사람들이 굶어 죽는 것을 진정으로 원하지 않는다면, 개인의 자유 및 재산권과 같은 인류 문명의 기본원리를 파괴하려는 사회주의에 저항해야 한다. 그것이 지식인의 의무다.[40]

우리는 미국 공화당이 왜 새삼스레 사회주의와의 투쟁을 선언했는지, 로렌스 리드는 왜 사회주의에 대해 경고하고 나섰는지 관심을 기울일 필요가 있다. 이제 자본주의 국경선 밖의 사회주의가 아니라 실체를 숨긴 채 자본주의 내부에 뿌리내린 사회주의 즉 자본주의 안에 위장된 사회주의, 형식을 갖추고 눈에 보이는 사회주의가 아니라 '무형의 사회주의적 경향성'과 투쟁해야 하는 단계에 들어선 것이다. 내가 이 시점에 대한민국에서 사회주의를 탄핵해야겠다고 결심한 것은 바로 이런 맥락이었다.

계획경제의 폭력성

어느덧 현대 자본주의 체제 내부에 굳건히 자리 잡은 사회주의적 경향성을 해명하기 전에 우리는 일단 전통적 사회주의 이론의 본질적 한계를 우선 살펴 볼 필요가 있다.

사회주의의 핵심 문제는 〈계획경제의 폭력성〉에 있다. 사람들은 흔히 마르크스가 자본주의의 파멸을 예언한 가장 큰 배경이 '불평등 문제' 때문일 것으로 생각한다. 하지만 이론적으로 엄밀히 따지자면, 마르크스가 찾아낸 자본주의 체제의 핵심문제는 '불평등'이 아니라 '생산의 무정부성'에 있다.

사회주의자들은 자본주의의 최대 문제가 생산과 소비의 무정부성이라고 생각한다. 다시 말해 생산수단의 소유권이 각 개인에게 흩어져 있고 그 결과 기업들이 저마다 알아서 생산하는 생산의 무정부성이 자본주의의 본질이라는 얘기다. 이는 필연적으로 생산과 소비의 모순을 일으켜 '과잉생산'을 발생시키게 되고, 결국 자본주의는 공황과 만성적인 실업에 시달리게 된다.

따라서 이를 해결하기 위한 대안으로 제시된 것이 바로 사회주의적 계획생산이다. 국가가 직접 통제하는 계획경제를 통해 생산과 소비의 무정부성을 제거하고 공황과 실업을 근본적으로 없앨 수 있다는 것이다.

하지만 실제 역사는 다르게 나타났다. '생산의 무정부성'이 지배하는 자본주의는 몰락은커녕 계속 성장을 반복한 반면, 오히려 〈생산의 계획성〉을 추구해온 사회주의체제가 붕괴되고 말았다. 어째서 이런 일이 벌어졌을까? 나는 〈생산의 계획성〉이 결국 〈계획경제의 폭력성〉으로 발전했기 때문에 사회주의가 몰락했다고 생각한다. 계획경제의 폭력성은 어떻게 사회주의를 파괴했을까?

'계획경제'를 통해 생산과 소비의 모순을 극복할 수 있다는 발상은 조금만 깊이 있게 고민해 보면 얼마나 허무맹랑하고 한심한 이데올로기인지 금방 알 수 있다.

정부가 대중의 소비의지를 정확하게 판단해서 품목별로 생산계획을 정확하게 세우려면 각 생산물 별로 그리고, 한 종류의 생산물 안에서도 수많은 세부 모델 별로, 대중의 수요가 어느 정도인지 정확하게 알아야 한다. 이는 거의 불가능한 일이다.

이와 관련해 일찍이 하이에크(Hayek)는 "인간의 지식은 주관적이고 분산되어 있으며 한 나라의 경제균형 체계의 규모는 매우 방대한 규모이기 때문에 중앙계획기구가 요구하는 객관적 데이터는 수집 불가능하고 계획경제의 합리적 가격결정은 불가능하다"고 주장한 바 있다.

물론 쌀이나 옷 같은 단순한 생활필수품의 필요량 정도는 쉽게 계산할 수 있을지 모른다. 그러나 문제는 대중의 소비의식이 그렇게 간단하지 않다는 점이다. 그때그때 유행이나 사회적 흐름에 따라 대중의 생산물에 대한 수요는 끊임없이 변화한다.

요즘 우리 사회에서는 '취향 저격'이란 말이 유행이다. 자본주의의 부지런한 기업가들은 소비자의 변화무쌍한 소비 트렌드를 수시로 포착해 정확하게 저격하려고 부단히 노력한다. 이 과정에서 엄청난 경쟁과 생산성 향상이 동반된다.

그런데 사회주의는 처음부터 소비자의 복잡하고 다양한 수요 의식이나 소비 취향에는 아예 관심이 없다. 소비자의 취향저격이 불가능한 정부 공급 체제라는 것이다. 따라서 사회주의 생산물에 대한 대중의 만족도는 극히 떨어진다.

설사 국가가 대중의 소비에 관심을 갖는다 해도 중앙계획 기구가 그때그때 변화하는 각 개인의 취향과 기분을 다 파악 할 수는 없다. 소비의지를 실시간으로 반영해 생산계획을 끊임없이 수정하는 것은 불가능하다. 설사 가능하다해도 수많은 인력과 시간과 노력을 투입해야 하는 거대한 비효율이 발생할 수밖에 없다.

결국 사회주의적 생산은 소비자의 감수성과 문화를 절대적으로 고려하지 못한다. 자본주의는 가전, 자동차, 컴퓨터, 가상기술, 통신기술, 의학 기술 등에서 수많은 창의적인 제품들을 대거 생산해냈지만 사회주의는 대중의 욕구를 충족하기 위한 상품, 특히 문화 상품의 생산에서 절대적 인 빈곤을 드러냈다.

인공위성은 잘 만들어도, 비누는 못 만드는 나라

소비자의 취향저격에 아무 관심도 없다보니 사회주의 체제는 국가의 생 산역량을 일단 중공업과 군수산업에 집중하는 경향을 띠기도 했다. 국가 적 차원의 상징적 이념적 생산목표에만 주로 집중하게 되는 셈이다. 그 결과 소비적 생산은 더 위축된다. 공산권 국가들은 중공업과 군수산업 은 발전했지만 소비재 생산 부문은 전혀 발전하지 않았고, 창의적인 제 품도 없었다.

중국 공산당은 대약진 운동시절, 경제력의 95%를 군수산업과 중공업에 투자하고 경공업과 생필품 제작에는 겨우 5%를 투입했다는 통계가 있을 정도로 사회주의는 개인의 삶이 아니라 국가적 목표를 우선시하는 경향 이 있다. 오늘날 북한에서도 국민들은 식량이 부족해 굶주리는 판에 국가 는 핵개발에 엄청난 자원을 투입하고 있다.

구소련을 방문했던 사람들의 방문기를 읽어보면 하다못해 호텔에서 쓰 는 비누소차 허섭하기 이를 데 없었다고 한다. 그래서 사람들은 "어떻게 비누도 못 만드는 나라에서 인공위성을 만들고 미국과 우주경쟁을 할 수 있지?" 라고 의심했다고 한다. 그 배경에는 이렇게 국민의 삶에 관한 요구가 아니라 국가의 이데올로기적 요구를 먼저 생산에 반영하는 사회주의 체제의 핵심적인 문제가 도사리고 있었다.

물론 시장체제-가격기구라고 해서 신의 손처럼 완벽한 것은 아니다. 시시각각 변하는 소비자의 변덕을 실시간으로 100% 반영하는 정도의 능력이 있다고는 할 수 없다. 하지만 가격기구는 지속적인 시장 신호를 생산해 소비자의 취향과 생산 사이의 끊임없는 '동기화'를 추구한다. 시장 신호는 불완전하고 게으르고 일관성 없는 인간들처럼, 오락가락하고 계속 이리 저리 쏠리지만, 역설적으로 그래서 '정상'이다.

하지만 사회주의는 이러한 '정상'을 '비정상'이라고 매도하면서 극히 이념적이고 허상에 찬 대안을 제시했다. '생산을 계획한다.'는 명분하에 생산과 소비의 모순을 더 심화시켰던 것이다.

자본주의는 호황과 불황을 주기적으로 반복하지만 이 과정을 통해 생산-소비는 서로를 파악하고 서로에게 맞춰가는 '동기화'를 구현한다. 반면, 사회주의를 표방하며 국가에 의한 각종 통제와 직접 개입을 추진했던 사회들은 스스로 과학과 기술, 문화 발전을 가로막는 커다란 장벽을 만들어냈다. 그 결과 국민의 생활수준은 한없이 뒤떨어졌고 체제는 오래 못가 붕괴의 결말을 맞았다. 자본주의사회에서라면 호황과 불황이라는 경기 순환을 통해 충분히 조절되었을 문제가 사회주의국가에서는 모순의 축적을 수 십 년간 거듭하다가 결국 최종적인 체제 붕괴로 까지 이어진 것이다.

사회주의는 '가격'을 형성하지 못 한다

자본주의는 (전시戰時같은 특수 상황이 아니라면) 국가 기관이 재화와 용역의 가격을 정하지 않는다. 가격은 수요와 공급법칙에 따라 자동으로 형성된다. 그러나 계획경제는 바로 이 대목에서 중요한 차이를 보인다. 소련에서는 국가계획위원회 라는 국가 기관을 통해 생산계획을 통제했다. 국가계획위원회는 Gosudarstvenny planovy komitet라는 전체 명칭에서 일부 글자를 뜯어내 흔히 고스플란(Gosplan)이라고 불렸다. 고스플란은 사회주의 체제의 핵심 기관으로 쿠바나 북한 등 비슷한 기관이 존재한다. 소련은 이 기관에 수 천 명의 관료를 고용해서 모든 생산물의 수요와 공급을 일일이 예측하고 이를 5개년 계획에 반영했다. (이 기구는 1921년 설립되어 1991년 해체된다)

그런데 계획경제를 실제 운영하다 보니 생각지도 못한 치명적인 문제가 떠올랐다. 그것은 공무원의 행정력으로 생산과 소비를 일일이 통제, 규정하는 문제가 아니었다. 아무도 예상치 못한 그 문제는 생산물의 '가격'이 형성되지 않는다는 사실이었다.

1953년부터 1964년까지 소비에트 연방의 국가원수 겸 공산당 서기장이었던 흐루쇼프는 "전 세계가 사회주의를 실행할 때, 스위스는 자본주의 국가로 남아있어야 한다. 그래야 우리가 가격을 알 수 있다."는 말을 했다고 한다. 반쯤 농담처럼 들리기도 하지만, 흐루쇼프의 이 말에는 중요한 진리가 한 가지 내포되어있었다. 바로 '가격'의 문제다.

사회주의자들은 자본주의의 거의 모든 것을 부정하려고 했지만, 끝까지 없앨 수 없었던 한가지문제가 바로 '가격'이었다. 사회주의 나라에서도 가치의 척도는 상품의 화폐적 표현, 즉 가격일 수밖에 없었던 것이다.

자본주의의 폐지를 추구하던 이들은 가격이 아닌 '노동시간' 같은 추상적인 가치로 계획경제를 운영하려고 했다. (주지하듯이 마르크스주의 이론은 노동가치론이라는 선의(善意)로 포장되어있다) 마르크스는 오로지 인간의 노동만이 모든 가치를 창출하며 이윤의 유일한 원천이라고 주장했기 때문이다. 이에 입각하여 생산물에 투입된 '사회적 필요노동시간'을 근거로 가치와 가격을 일치시키자는 것이 사회주의자들의 발상이다.

그러나 많은 구상과 시도에도 불구하고 결과적으로 경제계산 단위인 가격을 없앨 수는 없었다. 무엇인가 수치화된 화폐적 표현을 제출하지 않고서는 소비한 만큼 구매력을 회수할 방법이 없었던 것이다.

문제는 가격이 형성되는 과정과 방식이다. 사회주의의 가격은 시장에서 결정되는 것이 아니라 앞서 말했듯이 국가의 의지에 따라 인위적으로 결정된다. 그런데 국가계획기관의 이러한 인위적 결정은 질적으로 서로 다른 노동들을 어떻게 측정하고 가격으로 전환할 수 있는가? 하는 문제를 발생시킨다.

이 같은 사회주의식 가격결정의 문제점은 사실 사회주의의 출범 단계에서 제기된 문제이기도 하다. 오스트리아학파의 대표주자인 미제스 (Mises)[41]는 1917년 러시아 혁명 이후 여러 나라들에서 사회주의 체제가 들어서자 '생산수단의 사적소유가 없는 사회주의에서는 생산수단의 시장이 형성될 수 없기 때문에 합리적 가격이 결정될 수 없고 그 결과 경제계산이 불가능하다.'고 주장했다. 그는 이렇게 언급했다.

자유시장이 존재하지 않는 곳에서는 어떤 가격형성 메커니즘도 존재하지 않는다. 가격형성 메커니즘 없이는 어떠한 경제 계산도 존재하지 않는다. 생산재에 자유롭게 성립되는 화폐가격의 개념을 포기하자마자 합리적 생산은 불가능하다. 우리로부터 생산수단의 사적 소유와 화폐의 활용을 빼앗는 모든 조치는 우리에게서 합리적 경제(학) 또한 빼앗는 것이다.[42]

자본주의경제는 가격의 변동을 통해 수요에 관한 정보를 생산자들이 알 수 있다. 그러나 사회주의경제에서는 정부가 수요에 관한 정보를 정확히 수집할 방법이 없고 행정기관의 보고서나 주먹구구식 과거 통계에 의존할 수밖에 없다. 한마디로 사회주의는 진정한 의미에서의 '가격기구'를 형성할 수 없는 것이다.

가격이 없어진 세상은 생각보다 암울한 세상이다. 결과적으로 필요 없는 물건들이 과다 생산되고, 정작 필요한 물건은 과소 생산되는 일을 반복하던 그 우울한 체제는 오래가지 못하고 끝내 붕괴하고 말았다.

사회주의는 반드시 독재로 흐른다

사회주의는 필연적으로 독재와 연결된다. 사회주의는 자유의 공기가 사라진 암울한 세상, 꽉 찬 미세먼지 때문에 숨조차 쉴 수 없는 답답한 세상이다. 사회주의는 자유민주주의와 양립이 불가능하기 때문이다.

사회주의가 필연적으로 독재를 일으키는 이유는 계획경제 때문이다. 사적 소유와 개인 기업이라는 거대한 경제적 기반이 폐지되어 모든 생산이 정부의 통제와 지시를 받게 되면 중앙계획 경제는 필수적이 된다. 논리구조상 누군가는 어떤 물건을 누가 언제 어디서 생산할지를 결정해야 한다.

그런데 계획 경제란 본질적으로 '명령경제'를 의미한다. 명령경제에서 중앙계획당국은 생산수단뿐만이 아니라 노동력까지 관리 통제할 수밖에 없다. 이 때문에 사회주의는 '사람'에 대한 통제와 관리가 필연적으로 제기되고 이를 실행하기 위한 권력의 집중이 불가피해진다. 분산된 개인의 사고와 욕망을 국가가 장악하려면, 정부의 권한이 강력해야하기 때문이다.

사회주의경제는 직업과 직장 선택의 자유가 본질적으로 존재하지 않는다. 생산과 분배가 모두 중앙정부의 계획과 지시에 의하여 이루어지기 때문이다. 중앙정부는 스스로 작성한 생산계획을 추진하기 위해 모든 생산요소를 장악하고 이를 각 생산단위에 배분해야 한다. 여기서 노동력은 가장 중요한 생산요소 중 하나다. 결국 사회주의경제는 노동의 배치도, 개인의 선택이 아니라 중앙정부의 계획에 의하여 추진된다. 이 때문에 사회주의 경제는 직업과 직장 선택의 자유가 원천적으로 박탈되고 제한된다. 이는 예외 없이 강력한 독재로 이어지고 이 과정에서 개인의 자유는 크게 제약받는다.

사회주의는 특히 출판, 집회, 결사, 언론의 자유와 같은 정치적 자유를 허용하지 못한다는 점에서 매우 치명적이다. 권력자의 잘못을 예방하고 시정하는 데 있어 가장 중요한 것이 언론의 자유인데 이 기능이 삭제됨으로써 보이지 않지만 체제 내적으로 심각한 위험요소를 내재하게 되는 것이다. 실제로 연구자들 중에는 사회주의국가들이 몰락한 직접적 요인으로 언론의 자유가 없었다는 점을 꼽는 경우가 많다.

권력의 횡포와 잘못을 지적하고 비판할 언론의 자유가 없는 것만큼 위험한 체제는 없다. 권력은 견제 받지 않는 한 스스로 절제하지 않기 때문이다. 일찍이 영국의 사학자 액턴 경(Lord Acton)은 "절대 권력은 절대 부패한다."는 유명한 말을 남겼다. 현대 민주주의가 권력이 한 곳에 집중되는 것을 용인하지 않는 이유는 이 때문이다.

권력의 집중은 체질적으로 자유와 민주주의를 배척한다. 필연적 '권력 집중'에 시달릴 수밖에 없는 사회주의 체제에서 국민은 국가의 주인이 아니다. 국민은 자기 마음에 드는 대통령을 뽑을 권리도 없고 국가의 정책을 마음대로 비판할 수도 없었다.

사회주의자들은 '사유재산이 없어지면 인간사회의 갈등과 투쟁도 없어질 것'이라고 주장하였다. 그러나 직업, 주택, 교육 등 개인의 행복에 중요한 모든 것을 권력이 결정하는 사회주의 사회에서 권력이 소수에게 편중되자, 결국 권력에 따른 인간 차별이 발생했다. 공산당 일당 독재에 의한 권력형 차별을 만들어낸 것이다. 권력을 통한 분배와 시장을 통한 분배 중에 무엇이 더 공평할까?

권력에 따른 차등분배는 하이에크의 말대로 '인간의 의도가 개입한 차별'이라는 점에서 시장을 통한 분배보다 훨씬 더 불공평하고 더 부패에 취약하다. 국가가 자원을 직접 분배하는 과정에서 권력층에 만연된 뇌물과 비리이 사슬은 사실상의 신분제를 형성하기 때문이다.

결과적으로 사회주의는 계급적 불평등을 청산하기는커녕 독재권력을 떠받치기 위한 새로운 지배계급을 창조하게 된다. 오늘날 북한의 모습에서 이 사실이 처절하게 확인된다. 북한은 지금 인터넷도 마음대로 할 수 없고 여행도 자유롭게 다닐 수 없는 나라다. 본질적으로 거주이전의 자유, 직업선택의 자유가 존재하지 않는다.

국가가 개인의 모든 것을 결정하는 체제에서 권력의 부정부패는 일상이 되었고 당 간부들은 하급간부부터 최상급 권력자까지 권력사슬로 연결된 거대한 부패 사슬을 이루어 피지배계급인 노동자, 농민의 이익을 갈취하고 있다. 억압과 착취의 새로운 구조가 탄생한 것이다.

요컨대 사회주의는 시장에서 계약 당사자 간의 합의가 아니라 국가권력에 의해 자원배분이 통제될 수 있다고 착각한다. 그래서 시장에서의 경쟁원리를 무시하고 권력이 자원을 인위적으로 배분한다. 그러나 이 때 구성원들은 그 배분기구가 시장원리에 맞지 않고 불공정(unfair)하다고 생각해 저항하게 되고, 국가는 필연적으로 그 저항을 권력이 눌러야 하는 상황에 직면한다. 결국 사회주의는 반드시 독재로 흐르기 마련이다.

그들은 돈 주는 척, 우리는 일하는 척

사회주의의 최종적 한계는 결국 '빈곤'이다. 온갖 본질적 한계를 갖고 태어난 사회주의 경제는 근본적인 생산성 하락에 시달릴 수밖에 없고 그 결말은 한 사회의 총체적 빈곤으로 귀결된다. 사유재산의 부정은 근로의욕과 생산성을 떨어뜨리고 혁신과 성장을 방해하기 때문이다.

물론 사회주의는 초기 국면에서 나름의 성과를 거두는 듯 보이기도 했다. 1960년대 까지는 소련이 우주개발과 핵무기 분야에서 미국을 능가하며, 중공 및 북한의 공업 발전 속도가 남한을 앞서가기도 했다. 그러나 이러한 상황은 그리 오래가지 못했다. 사회주의 체제의 지속가능성은 불과 한 세대를 버티지 못하고 무너져 내렸다.

그 근본적인 이유가 바로 생산성의 문제였다. 사회주의체제에서 생산성이 떨어질 수밖에 없는 이유는 그들이 사유재산을 부정하기 때문이다. 사유재산이 없는 상황에서 사람들은 더 이상 근면하고 창조적일 이유가 없는 것이다. 각 개인이 저마다의 경제 기반을 갖고 있지 않으면 인간들의 경제행위는 필연적으로 그 활동력이 축소되지 않을 수 없다. 〈자본의 미스터리〉를 집필한 페루의 경제학자 에르난도 데 소토가 말했듯이 하다못해 개조차도 뭔가 자기 영역이 있을 때 짖는다. 사적 소유의 기반이 없다면 인간에게는 의미 있는 경제 행위 자체가 있을 수 없다.

사적 소유의 기반이 없는 상황에서 '노동'은 보여주기식 노동이 된다. 소유물의 주인이 없는 상황에서는 노동의 주인도 없기 때문이다. 구소련 시절 노동자들 사이에서는 이런 말이 돌았다. "그들은 우리에게 돈을 주는 척하고, 우리는 일 하는 척 한다" 여기서 그들이란 사회주의 체제를 수립한 관료체제를 의미한다. 관료들은 어차피 자기 돈도 아닌 돈을 규정에 따라 나눠 주고, 노동자들은 형식적으로 근로하면서 시간만 때우는 일이 계속되었던 것이다. 이 때문에 '자본주의 공장에서 열 명이 할일을 사회주의 공장에서는 백 명이 한다.'는 말이 있을 정도였다. 유고슬라비아의 잡지 오스미가는 풍자기사를 통해 아무도 성의를 다해 노동하시 않는 사회주의의 현실을 이렇게 비꼬았다.

<사회주의의 6가지 놀라운 능력>

1. 실업은 없으나, 아무도 일하지 않는다.

2. 아무도 일하지 않으나, 모두 임금을 받는다.

3. 모두 임금을 받지만, 그 돈으로 아무것도 살 수 없다.

4. 아무것도 살 수 없지만, 만인은 모든 것을 소유한다.

5. 만인이 모든 것을 소유하지만, 만인이 불만이다.

6. 만인이 불만이지만, 선거 때는 모두 찬성투표를 한다.

　보다 치명적인 문제는 사회주의가 단순히 개인적인 노동의욕 부재나 개인적 생산성 저하로 끝나지 않는다는 점이다. 개별 노동의 낮은 생산성은 필연적으로 사회 전체의 '총체적인 성장저하'를 초래한다. 개인적 노동의지의 상실이 기술혁신을 가로 막고 생산력 발전을 지연시켜 사회경제의 총체적 성장을 방해하는 치명적인 문제를 동반했던 것이다.

　결국 사회주의는 궁극적으로 소수의 권력층을 제외한 다수 대중에게 사회주의 특유의 곤궁한 생활을 선사한다. 사적소유의 부재가 결국 국가전체의 빈곤으로 이어지고 생산 기술의 혁신과 대중화를 차단하는 체제붕괴의 길로 접어드는 셈이다.

모두가 평등한 사회는 결국 모두가 못사는 사회가 된다

사회주의는 노동자 서민을 위한다고 하지만 결국 권력자를 위한 것이다. 문재인 정부는 모두가 '다 같이 잘 사는 사회'를 만들겠다고 한다. 하지만 '다 같이 잘 사는 사회'가 과연 실현 가능할까? 아무리 경제가 전체적으로 성장하고, 아무리 모든 구성원의 소득이 함께 늘어난다 해도 궁극적으로 모두의 삶이 똑같을 수는 없다. 각각의 인간은 각자의 사정에 따라 능력도 노력도 운도 다양하기 때문에 결국 각자가 접하게 되는 기회가 다양해지고 그 결과 경제활동의 결과물 역시 서로 다를 수밖에 없는 것이다.

만일 이런 사정에도 불구하고 모두가 똑같이 잘 살게 하려면 어떻게 해야 할까? 결국 능력이나 노력의 정도 즉 성과에 대한 기여도를 무시하고 기계적으로 분배하는 수밖에 없다.

이렇게 되면 기여도가 더 큰 사람은 인위적 분배에 저항할 수밖에 없고, 국가권력은 이를 억압하기 위해서는 권력을 동원할 수밖에 없게 된다. 이 과정에서 성과 기여도가 컸던 사람들은 계속 열심히 일할 동기가 사라지게 되고 결국 모두가 적당히 일하는 사회가 된다. 이 때문에 시간이 지나면 모두가 못사는 사회가 되는 것이다.

"우리가 너희들을 평등하게 살게 해 주겠다."는 말은 실제로는 "평등을 위해 자원을 우리가 운영하고 배분할 권력을 갖겠다."는 뜻이 될 수밖에 없다. 결국 사회주의는 노동자 서민을 위하는 척 하지만 실은 권력자를 위한 것이 된다.

사회주의의 길은 노예의 길

일찍이 하이에크는 "사회주의 사상을 받아들인 사회에서는 전체주의적 속성이 확대되고 결국 자유를 상실하게 된다. 개개인의 계획들을 중앙계획으로 일원화 하면 그 말로(末路)는 재난과 독재가 될 것"[43]이라고 경고한 바 있다.

그의 말대로 현실 사회주의 사회에서 개인은 일상의 한 자락조차 국가로부터 자유롭지 못했다. 국가라는 괴물 앞에서 아무런 비판이나 반대도 할 수 없고, 국가통제의 거대한 장벽 앞에서 모든 개인의 지적, 문화적 창조의식의 종말을 경험할 수밖에 없었다. 사회주의가 본격화되기 전 인물로서 〈3권분립〉을 제시한 몽테스키외는 명저 〈법의 정신〉을 통해 "국가는 부유할 때가 아니라 자유로울 때 소양이 넘친다."고 말했다. 그런데 사회주의 국가는 바로 그 개개인이 누려야 할 자유의 소양을 철저히 짓밟는다. 자유의 가치와 시장의 원리를 부정해온 사회주의는 결과적으로 인류가 지워야 할 최악의 흑역사를 만들고 말았다. 사회주의는 표면상으로는 '노동자'를 위한다는 선의로 포장되어있지만, 알고 보면 그 길은 지옥으로 가는 노예의 길이다.

우리가 자본주의 체제 내부에서 잠재적으로 확산되는 '사회주의적 요소'들에 대해 두려움과 경계심을 가져야 할 이유는 여기에 있다.

02 | 북유럽 모델의 허와 실[44)

　사회주의 실험은 정확하게 70년 만에 최종 실패를 선언했다. 그러나 아직도 비슷한 맥락의 환상에서 벗어나지 못하는 부분이 있다. 바로 복지국가에 대한 과도한 환상이다. 많은 사람들이 노르웨이, 스웨덴, 핀란드 등 이른바 노르딕(Nordic)모델이라 부르는 스칸디나비아 반도의 복지국가들에 대한 지나친 신뢰를 갖고 있다. 개방적이고 민주적이며 복지를 동시에 실현한 이 나라들에 대해 빈곤과 질병과 실직은 물론 교육, 의료와 노후 걱정도 없는 유토피아쯤으로 생각하는 경우도 많다.

　그러나 최근의 논의에 의하면 복지국가에 대한 이 같은 평가는 과도한 환상에 가깝다. 나의 판단으로는 복지국가 모델 역시 낮은 단계의 사회주의라고 볼 수 있다. 따지고 보면 복지국가 역시 모두가 공평하게 똑같이 살자는 기본적 취지에서 비롯되었기 때문에 평등주의의 오류에 빠질 우려가 있다.

복지의 치명적 후유증, 위장실업

복지국가의 폐단을 간단히 말해 우리는 '복지병'이라고 부른다. 내가 내 것을 갖기 위해서는 어떤 분야에서건 노력을 하고 무엇인가 최선을 다해야 한다. 그래야 '내 것'에 대한 책임감과 권리가 발생한다. 그런데 복지국가에서는 개인이 자기노력 보다는 국가의 복지혜택에 의존하려 한다. 이것이 바로 '복지병'이다.

복지국가란 본질적으로 정부가 특정인의 돈을 뺏어서 다른 사람들한테 나눠주는 체제이다. 이런 재분배 과정에서 사람들이 최선을 다하지 않는 비효율이 필연적으로 발생한다.

복지국가의 운명적 한계는 낮은 경제활동 참가율로 나타난다. 상식적으로 세금을 많이 뜯기면 근로 의욕이 떨어지는 것이 당연하다. 이 때 나타나는 현상 중에 하나가 위장 실업이다. 위장실업은 신체적으로 매우 멀쩡한데 복지 수당 등을 타 가면서 일을 하지 않는 경우를 말한다.

스웨덴의 경우 이러한 위장실업의 비율이 높은 것으로 나타난다. 대략 스웨덴 경제 인구의 20%가 복지에 의존하는 것으로 추정된다. 스웨덴 경제 인구 중 21.6%가 경제활동에 참여하지 않고 장애 수당 등 다른 복지를 받고 복지로 사는 사람들이다.

덴마크의 경우, 멀쩡한 경제인구 300만 중에 40만 명이 복지에 의존해 생활하는 것으로 추정된다. 이 사람들이 '복지혜택'을 받는 대신 스스로 경제활동에 나서게 될 경우 복지 수당의 20%밖에 받지 못한다고 한다. 그러니까 그들의 입장에서는 당연히 노동을 포기하고 계속 복지에 의존하는 것이 합리적 선택이 된다. 출근하면 오히려 소득이 줄어드는 판국에 직장상사에게 싫은 소리 들어가면서 출근할 이유가 없는 것이다. 한마디로 경제 참여의 인센티브가 없다. 스웨덴이나 덴마크의 경제참여율이 우리 보다 낮은 이유가 거기에 있다.

노동 윤리 문제도 심각하다. 스웨덴 사람들한테 복지 수급자격이 안 되지만 '만약 정부를 속일 수 있어서 복지를 타먹을 수 있다면?'이라는 질문을 들고 설문조사를 벌였더니 '복지 혜택을 받아도 괜찮다'고 생각하는 사람의 비율이 처음엔 20% 수준이었는데 이후 점점 늘어나 50%까지 커졌다는 통계가 있다. 또 다른 조사에서 약 40%의 국민들은 아프지 않지만 꾀병을 부려서 회사에 병가를 내고 쉬어도 별 문제가 아니라고 답했다.

이는 실제 현실에 그대로 반영되기도 했다. CNN은 2002년 월드컵 때 스웨덴에서 수백만 명이 병가를 신청했다고 보도 했다. 병가를 내고 축구를 보러 간 것이라고 추정할 수 있는 대목이다. 유럽 사람들이라고 해서 특별히 윤리의식이 높은 것이 아니다. 인간은 다 똑같은 인간이다.

노동 윤리에 관한 의식은 부모들의 자식교육에도 영향을 미친다. 아이들에게 "열심히 일하라"는 가치관을 얼마나 교육하는가의 문제는 다음 세대에서 복지가 얼마나 기대되느냐의 문제와 반비례한다. 즉, 일하지 않아도 살아가는 데 문제가 없으면, 부모들조차 자기 아이들에게 열심히 일하라는 말을 잘 안한다는 얘기다. 일 석게 해노 먹고 살만하다고 하면 일하기 싫어지는 것은 당연한 심리다. 실증 연구자들에 따르면, 제 2차 세계대전 이후에 유럽의 높은 실업률은 결국 관대한 실업수당에서 비롯되었다고 한다.

노벨경제학상을 받은 시카고 대학의 로버트 포겔[45] 교수는 '현대사회의 빈곤은 구조의 문제가 아니고 사람들이 생각하는 직업윤리의 문제'라고 말했다. 이 시대에는 열심히 일하겠다는 직업윤리만 있으면 충분히 빈곤을 벗어날 수 있는데 복지국가는 바로 이 의식을 조금씩 마비시키고 있다는 말이다. 상식적으로 옆 사람이 국가로부터 공돈을 타먹고 있는 모습을 보면 자기도 그렇게 하고 싶은 것이 인간의 타고난 속성이 아닐 수 없다. 한 때 열렬한 복지주의자였던 군나르 뮈르달[46] 역시 스웨덴이 본격적으로 복지를 시작한지 20년 만에 "과도하게 높은 소득세율이 스웨덴 사람을 협잡꾼으로 만들었다."며 개탄한 바 있다.

복지국가, 창업이 안 되는 나라

대개 '복지병'이라고 하면 개인적인 근로의욕과 관련된 측면을 주로 강조한다. 하지만, 내 생각에는 기업측면에서의 복지병도 매우 중요하다. 기업 차원의 복지병은 '창업' 상황에서 단적으로 드러난다.

쉽게 말해 복지국가는 창업효과가 바닥이다. 자본주의 사회에서 창업의 중요성은 크다. 예를 들어 구글 같은 회사가 하나 창업되면 다수의 고용이 창출되고 어마어마한 부가 창출된다. 사회에 미치는 영향도 크다.

이병태 교수에 따르면 스웨덴에서 상위 매출 38개의 창업 기업 중에 21개가 1914년 이전에 설립한 것이다. 이 중 15개는 1914년부터 1970년에 설립되었다. 즉, 복지국가 이후 거대 고용과 사회혁신을 일으킨 실효

성 있는 대기업의 창업은 2개밖에 없었다는 얘기다. 특히 고용순위 100
대 기업 중 1970년대 복지국가 이후에 창업한 창업 기업은 하나도 없다.
    왜 스웨덴의 창업열기는 이렇게 저조해진 것일까? 창업 문제는 재산권,
세금, 경제 규제 등에 많은 영향을 받는다. 재산권 침해가 심한 나라에서
는 당연히 창업이 잘 안 된다. 창업과 세금 및 규제의 관계는 정확히 반
비례한다. 상식적으로 생각해봐도 세금이 높고 규제가 많으면 당연히 창
업의지가 둔화될 것으로 여겨진다. 미국의 세율과 창업 투자간의 관계를
보면 정확히 반비례하는 모습을 볼 수 있다. 한마디로 기업이 돈을 벌어
도 국가가 다 뺏어 가는 상황에서는 창업 열기가 높을 리 없는 것이다.

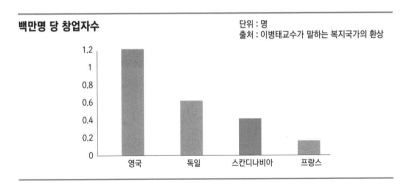

백만명 당 창업자수

단위 : 명
출처 : 이병태교수가 말하는 복지국가의 환상

복지국가를 떠나는 기업들

    그런데 창업이 저조해지면서 전혀 예상치 못한 또 한 가지 현상이 나타
난다. 그것은 놀랍게도 불평등의 심화다. 우리는 흔히 복지국가가 너 평
등할 것이라고 생각한다. 그러나 속내를 살펴보면 오히려 정반대의 결과
가 나타났던 것이다.

평등상태를 보여주는 대표적인 지표는 지니계수다. 지니계수는 소득 분포만 보면 안 된다. 재산의 분포를 함께 봐야 한다. 북유럽의 지니계수를 보면 우선 복지와 지니계수는 큰 관련이 없음이 확인된다. 오히려 북유럽에 비해 우리나라가 지니계수 측면에서 상당히 양호한 나라로 평가된다.

반대로 덴마크, 스웨덴, 노르웨이는 재산의 분배에서 격차가 훨씬 더 크게 나타난다. 왜 그럴까? 이 문제 역시 창업 정체 때문이다. 앞서 언급했듯이 스웨덴의 핵심 거대 기업들은 대개 복지국가 모델이 본격화되기 이전인 1970년 이전에 창업한 기업들이다. 문제는 1970년 이전에 큰 부를 축적한 기업들이 그 이후 복지국가가 만들어지면서 더 이상 경쟁에 시달리지 않게 되었다는 점이다. 복지국가에서 창업이 없어졌기 때문이다. 신규 창업이 없으니 경쟁자가 나타나지 않고 경쟁이 발생하지 않으니 처음에 있던 부의 격차가 그대로 유지가 된다. 기득권화 된 것이다.

지니계수를 보면 스웨덴은 미국보다도 재산 격차가 더 큰 나라다. 창업이 일어나지 않으니 사회적 이동성이 낮아지고 정체된 사회가 된 것이다. 마치 소득주도성장론이 오히려 양극화를 심화 시켰듯이 복지국가 모델이 오히려 개선되지 않는 불평등을 굳혀 나갔던 것이다.

노르딕 모델은 시장경제이지만, 자본가가 없고 노동자에 의한 기업지배가 이뤄지는 세상을 추구했다. 스웨덴은 한때 소득세율이 80%에 달하기도 했다. 세율이 이 정도 수준에 이르면 실질적으로는 자본가가 존재할 수가 없는 상황이라고 봐야 한다.

이 나라들은 1800년부터 1930년대까지만 해도 세금이 매우 낮았던 나라들이지만 1980년대 복지국가의 실험이 본격화 되면서 세금폭탄이 터진다. 스웨덴, 덴마크, 핀란드, 노르웨이 같은 나라가 GDP에서 차지하는 세수 비중은 60년대 20~30% 수준에서 꾸준히 올라 2005년에는 50% 수준으로 올라간다. 이 시절은 총체적인 복지국가로의 전환 시기였다. 이렇게 GDP에서 세금이 차지하는 비중이 극도로 높아진 80-90년대 이후 경제가 작동이 제대로 안 된다는 점이 확인된다.

세율 외에 국가가 강요하는 다양한 기업 부담 행위도 족쇄가 된다. 스웨덴은 1984년 강제적으로 기업들한테 노동자 펀드를 조성해서 기업의 수익으로 무조건 종업원 펀드를 만들게 했다. 이렇게 조성한 기금으로 자기 회사 주식을 사게 함으로써 노조가 기업을 통제하는 사실상 사회주의적 구상을 실행한다. 바로 이 조치로 인해 성공적인 스웨덴의 창업가들이 국적을 버리는 일이 벌어진다. 우리에게도 익숙한 H&M, 이케아(IKEA) 같은 회사들도 이 무렵 다른 나라로 본거지를 옮긴다.

떨어지는 경제 성장률

기업과 개인 양 측면에서 경제활력이 떨어지면 당연히 총 생산이 줄어들고 이것은 필연적인 성장률 감소로 이어진다. 노동시간이 줄면 당연히 1인당 GDP가 적어지고 경제 성장률도 떨어진다. 경제 성장이 안 되면 일자리가 나올 구멍이 없으니 당연히 실업률도 높아진다.

자유시상 경제 시설의 경제성장률과 복지국가 시절의 경제성장률을 비교해 보면 복지국가 모델이 본격화 이후, 성장률이 크게 떨어지는 점이 확인된다. 스웨덴과 덴마크 공히, 복지국가 모델을 본격화 한 이후 경제적 폐해가 함께 드러났다. OECD국가의 GDP순위를 비교해 보면 복지국가를 열심히 형성해 나가던 1980년, 스웨덴의 순위는 7위로 떨어졌고 90년대까지 계속 추락하는 양상을 보인다.

우리가 몰랐던 스웨덴의 자유와 개혁

스웨덴이 경제를 회복한 것은 경제 개혁과 자유화를 다시 추진한 이후부터이다. 1991년. 스웨덴은 이른바 '1991년 세제개편'을 단행해 60년간 스웨덴 복지를 뒷받침해왔던 높은 소득세를 낮추기 시작한다. 소득세 세율을 평균 60%에서 평균 30%로, 법인세를 57%에서 30%로 끌어내렸다. (대신 부가세를 강화한다) 이후 상속세와 부유세를 폐지하는 2007년 개혁으로까지 나아간다.

여기서 우리는 맹목적 복지국가에 대한 환상이 얼마나 위험한지 확인할 수 있다. 어떤 경제행위에 대해 민간의 자율성이 부여될 때와 부여되지 않을 때의 차이는 명확하다. 스웨덴이 70년대 초반부터 20년간의 복지 실험을 해보았지만 그 최종 결말은 '아차, 아니구나!'하고 돌아섰다는 말이다.

복지국가에 대한 무조건적 환상은 위험하다

스웨덴 모델이 초반에 사람들의 주목을 받은 것은 사실이다. 그런데 스웨덴이 이러한 실험에 어느 정도 성공할 수 있었던 데에는 스웨덴만의 특수성이 있다. 일단 인구가 600~700만 정도로 그렇게 많지 않다는 점이 하나의 원인으로 지목된다. 이 때문에 스웨덴은 일찍부터 정부보다는 민간에서 자발적으로 서로 돕는 사회기구가 잘 발달해 있었다. 북유럽의 척박한 환경으로 인해 노동윤리도 강한 일체성이 높은 나라였다. 국가보다는 개인의 책임을 중시하는 가치관을 갖고 있었기 때문에 사실은 복지국가 이전부터 경제성장의 토대가 있었다.

실제 복지국가 이전, 70년대까지 스웨덴의 경제 성장률은 다른 나라보다 높았다. 바로 이 시기에 축적한 경제적 부(富)가 이후 복지국가의 기반이 되었다고 할 수 있다. 하지만 복지국가 이후 문제가 조금씩 심화되었다. 스웨덴은 복지국가 실험을 하면서 망가져갔다.

북유럽 복지국가 모델의 본격적인 실험은 1970년대부터 본격화되어 80~90년 초까지 대략 20년 정도의 시기에 집중되었는데 이 무렵 고속성장이 중단되고 혁신이 일어나지 않으며 정부가 무절제하게 커지는 경향이 드러났다. 연대 임금제를 한다면서 납품 업체와 납품받는 대기업에 임금을 같이 준 결과 오히려 중소기업들은 더 망해갔다.

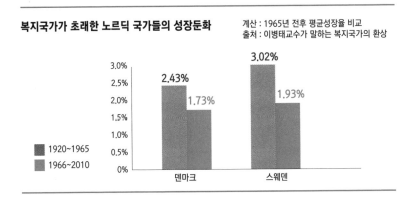

복지국가가 초래한 노르딕 국가들의 성장둔화

계산 : 1965년 전후 평균성장율 비교
출처 : 이병태교수가 말하는 복지국가의 환상

- 1920~1965
- 1966~2010

덴마크 2.43% / 1.73%
스웨덴 3.02% / 1.93%

결론적으로 북부 유럽의 복지는 우리 보다 100~200년 먼저 이뤄낸 고도성장의 성과를 까먹는 실험이었다. 이 실험은 20년 만에 그동안 쌓은 부를 모두 날린 채 허무하게 끝났다.

　북유럽 모델을 그대로 적용 할 수 없다. 북유럽은 미리 축적해 놓은 부가 많았던 기계 공업의 나라다. 100년 이상을 쌓아놨으니 20년 간 다음 세대의 것을 미리 털어먹어도 별 충격이 없다. 노르웨이 같은 나라는 북해에서 쏟아지는 석유로 전체 GDP의 15%를 넘게 채울 정도다.

　하지만 이 모델을 우리나라에 그대로 적용할 경우 최악의 파국이 올 위험이 있다. 우리는 스웨덴처럼 선진공업국으로 오랫동안 축적해놓은 기술과 자금이 없다. 저축한 것도 없는데 일단 쓰고 보겠다고 하면 시작하자마자 바로 깡통 차게 되는 것은 시간문제다. 서구사회가 200년 전부터 산업화를 하면서 온 국민이 축적한 연금도 평균 수명이 늘어나면서 큰 부담에 시달리고 있는 판국에, 우리는 과거에 기여도 없이 일단 타먹고 보자는 식의 복지가 이루어지면 어떻게 되겠는가?

　이제 겨우 50년간의 경제개발을 했고, 사회적인 노후에 대비에 겨우 저축을 시작한 지 15년 된 우리나라가 수백 년간의 축적이 선행된 나라들을 무작정 따라 갈 수 없다. 우리가 당겨 쓴 부채는 다음 세대가 다 허리 휘도록 갚아야 된다.

　오늘날 선거 때만 되면 끊임없이 복지 확대를 주장하는 우리 위정자들이 새겨야 할 반면교사가 바로 복지국가의 환상이다. 앞서 사회주의의 치명적 한계에서 살펴보았듯이 성장의 쇠퇴와 생산성 저하는 단순히 몇몇 개인의 소득감소로 끝나지 않는다. 이는 총체적인 국가의 빈곤을 만들어

내고 생산성 혁신의 역사를 가로막아 궁극적으로는 수많은 사람들에게 고통의 기원이 된다.

국민통합과 사회적 신뢰가 복지국가의 조건

그러나 이상의 한계에도 불구하고 복지국가 실험을 추구했던 북유럽 사민주의의 긍정성에 대해 언급할 부분이 있다. 그것은 그들이 최소한 국민통합의 가치를 포기 하지 않으면서 복지국가를 추구했다는 점이다. 복지국가는 계급적 양보와 화해 그리고 사회적 대타협과 국민통합의 산물이었다. 스웨덴 사민당의 정신적 지도자, '한손' 등은 마르크스주의가 기승을 부렸던 20세기 초반에 국가가 좋은 가정의 역할을 해야 한다는 뜻에서 '국민의 집'이라는 개념을 고안하기도 했다.

반면 한국의 좌파는 다르다. 구호로는 복지국가를 내세우지만 실제로는 북유럽 복지국가가 왜 국민 통합의 산물인지 알지 못한다. 온 나라를 진영 갈등으로 들끓게 하고 적개심을 고취시키면서 과연 복지국가가 가능할까?

한국의 좌파는 복지의 바탕인 조세제도와 재정건전성 문제도 철저히 외면하고 있다. 민주당과 문재인 정부는 야당시절, 여당이던 보수정당이 세금 얘기만 꺼내면 세금폭탄이라고 몰아세웠다. 입으로 복지국가를 주창하면서 실제로는 증세를 반대하는 이율배반적인 행위는 무책임의 극치를 보여주는 순간이었다. 반면 북유럽 국가들은 지속가능한 복지를 위해 재정건전성에 대해 막대한 책임의식을 갖고 있다. 이는 평범한 노동자들도 소득의 절반 가까운 금액을 세금으로 부담하는 보편적 조세부담으로 나타난다.

복지국가는 사회적 신뢰가 전제 되어야 가능하다. 국민의 40%가 소득에 대해 한 푼의 세금도 안내면서 복지만 받게 되면 공짜심리가 만발하게 되어 책임의식과 공동체 의식이 결여된다. 이렇게 되면 복지확대에도 한계가 있을 수밖에 없다.

또한 복지국가는 투명한 공공부문의 투명성이 전제가 되어야 한다. 공공부문의 투명성에 대한 사회적 신뢰가 없으면 결국 복지를 위한 세수 확보도 어렵고 복지시스템 운영도 매우 비효율적이 될 수밖에 없다.

내가 스웨덴, 프랑스 등 유럽의 정치인들과 만날 때마다 느낀 것이 있었다. 그것은 그들이 좌우를 떠나 국가 운영은 물론 나라 재정에 대한 책임성이 매우 강하다는 사실이었다. 유럽의 정치인들은 대개 재정 건전성이 훼손되지 않는 범위 안에서 지속가능한 복지국가를 고민한다. 이는 한국의 포퓰리즘 정치인들과 너무나 대조적인 모습이다.

우리 정치는 이제, 왜 북유럽의 사민주의가 오늘날 시장원리를 적극적으로 수용하고 노동유연성을 높이며 상속세를 폐지하는 등 자유경제의 원리를 구현하기 위해 노력하는지 진지한 관심을 기울여야 한다. 북유럽 복지국가의 뼈저린 교훈을 외면한다면 우리는 언젠가 가혹한 역사의 심판에 직면할 것이다.

03 | 좌파는 어떻게 우리를 사회주의로 인도하는가?

서구 좌파와 한국 좌파의 차이

한국의 좌파는 언뜻 보아 복지와 분배를 강조한다는 점에서 서구의 좌파들과 비슷해 보일지 모른다. 그러나 한국 좌파는 몇 가지 측면에서 일반적인 서구의 좌파들과 구분되는 매우 독보적인 특징을 갖고 있다.

그 첫째는 우선 한국 좌파는 단순한 투쟁 방식을 즐긴다는 점이다. 이들은 과거 권위주의 정권과의 투쟁을 거치며 정치적으로 성장했다. 그런데 이렇게 젊은 시절 '민주화의 영웅'으로 정치적 대우를 받게 되면서 자기 성찰의 기회를 놓치고 만다. 86세대가 주축인 운동권 세력들은 스무 살 초반에 형성된 가치관을 버리지 않은 채, 그대로 정치권에 진입하였고, 그때그때 대중인기 영합 정치로 정치 생명을 연장해 왔다. 사정이 이렇다보니 오로지 '투쟁'으로 적을 물리치는 것 외에는 다른 생각을 해본 바 없기 때문에 '나쁜 석'이 없어지면 저절로 사회는 좋아진다는 막연한 선동 외에는 별다른 개념이 없다. 부자들에 대한 증오심을 고조시키고, 과도한 선동으로 사회를 갈등의 장으로 몰아넣는 단순무식한 방법론에 익숙하다.

두 번째 한국 좌파는 위선적이고 이중적이다. 인권을 얘기하지만, 한편으로는 최악의 인권유린국 북한에 대해서는 전혀 비판하지 않는다. 적어도 서구 좌파들은 인권유린과 민족주의에 대해서만큼은 대단히 비판적이었다. 그들은 제1, 2차 세계대전을 거치며 민족주의의 위험성을 깨달았고, 혁명과 파시즘과 나치즘을 겪으며 인권에 대한 의식을 성숙시켜 나갔던 역사적 배경이 있었기 때문이다. 지금도 북한 인권에 대해 가장 완강한 입장을 보이는 정당들은 대개 서구의 좌파 정당들이다. 입으로는 서민을 말하지만 자신들의 삶은 지극히 향락적이거나 속물적인 경우가 많다.

세 번째 한국 좌파는 우파적 가치라고 할 수 있는 민족주의를 사수하고 있다. (민족파시즘을 방불케 할 정도로 강력한 반일민족주의를 선동하면서도, 중국에 대해서는 사대주의를 넘어 굴종적이기까지 하다) 일본에서 가끔 민족주의 단체가 혐한 활동을 하거나 한국언론은 그들을 일본의 극우 단체라고 표현한다. 그러나 이상하게도 같은 민족주의가 한국으로 넘어오면 좌파의 가치가 된다.

한국 좌파의 정신을 여전히 지배하고 있는 것은 해방 시기에 창궐했던 민족공산주의 사상이다. 1980년대 운동권이었던 그들이 학습했던 내용들은 레닌, 모택동, 김일성의 저서들이었다. 한국의 좌파는 청년시절 한국을 '식민지 반봉건사회'로 규정하고 '미, 일 제국주의'를 몰아내는 것을 1차 과제로 삼았다. 1930년대의 눈으로 한국을 바라보며 시대착오적인 집단 망상에 빠졌었던 것이다.

네 번째로 한국 좌파는 미래에 대한 비전이나 정책대안 마련에 관심이 없다. 그들이 추구하는 유일한 대안은 복지 포퓰리즘이다. 2008년 글로벌 금융위기가 발생하자, 이른바 '신자유주의'에 대한 회의론이 널리 퍼지게 되었다. 자본주의의 심장이라는 미국 뉴욕 한복판에서 '월가를 점령하라'는 운동이 전개되고, 반자본주의 운동이 다시 활개를 치기 시작했다. 이런 흐름은 순식간에 전 세계로 퍼져나갔는데, 한국에서 복지 담론이 처음 등장한 것도 이 때였다. 무상급식 이슈로 선거에서 한 번 재미를 본 민주당은 이후부터 무상 복지 시리즈를 줄기차게 밀고 나갔다. 무상버스, 무상교육, 무상보육 등 선거 때마다 그들의 무책임한 포퓰리즘은 남발되어 갔다. 마치 마약에 중독된 환자처럼 선거를 치를수록 그들의 복지 중독은 점점 더 강해지기만 했다. 이제는 무상을 넘어 청년수당 등 '현금 뿌리기'가 점점 만연되고 있다. 복지의 정치수단화가 도를 넘어서고 있는 것이다.

어쩌면 현재 집권세력을 형성하고 있는 한국의 좌파는 과거 동구권의 사회주의자나 북유럽의 사회주의자보다는 베네주엘라의 차베스나 아르헨티나의 페론 같은 남미형 사회주의자에 가깝다.

물론 내가 사회안전망으로서 복지의 역할을 전적으로 부정하는 것은 아니다. 그러나 복지는 꼭 필요한 곳에 선택과 집중을 해야 한다. 쌈짓돈처럼 이곳저곳 뿌리기 시작하면 나중에는 주는 쪽도 왜 줬는지 모르고 다 쓰게 된다. 엄정한 기준 없이 무분별하게 국민의 세금을 낭비하고, 시대의 부를 우리 세대에 당진할 수는 없다. 복지는 기본직으로 우리 아이들의 미래를 고민하며 지속 가능하도록 설계해야 한다.

좌파는 어떻게 우리를 사회주의로 인도하는가?

한국 좌파의 3중 구조

한국 좌파의 중요한 특징은 3중으로 된 복잡한 생존 구조를 갖고 있다는 점이다. 한국 좌파는 세 가지 층위로 둘러싸인 동심원의 형태로 형성되어 있다. 제일 바깥 면은 '민주화', '복지' 등 자유민주주의 사회에서 일반적으로 무리 없이 받아들여지는 보편적인 가치다. 이는 좌파적 세계관 구조의 가장 외부에 위치해 있는데, 좌파는 주로 이런 가치를 내세워 대중에게 어필한다. 중간에 자리 잡은 〈민족주의〉는 한국인들의 내면에 깊숙이 뿌리내린 가치다. 이는 주로 대중들을 선동하고 결집시키는데 사용된다. 하지만 무엇보다도 중요한 좌파적 세계관의 궁극적 코어 가치는 〈사회주의〉다.

〈한국 좌파의 3중 구조〉

이러한 3중구조는 좌파적 세계관 내부에서 가치분배의 위계질서를 반영하는 것이기도 하다. 예컨대 제일 외부에 위치한 '인권'의 가치가 사회주의적 가치와 충돌할 경우, 인권이라는 가치는 기각된다. 북한 인권 문제에 대해 그들의 철저한 무관심은 이를 잘 반영한다. 민주주의라는 가치 역시 마찬가지다. 자신들이 집권하기 전과 집권한 후, 달라진 모습을 보면 좌파가 말하는 '민주주의'라는 가치가 얼마나 빈껍데기에 불과한 지 여실히 알 수 있다. 동맹국이자 같은 민주적 가치를 공유하는 미국에 대해서는 종종 적개심을 보이면서도 공산 국가인 중국과 북한에 대해서는 무한한 자비심을 갖고 있는 것도 다 이런 이유에 있다.

한국좌파는 젊은 시절 '운동권' 경험을 통해 막 가치관이 형성될 시기인 20대에 사회주의적 세계관을 집단적으로 학습한 바 있다. 그 후로 특별한 역사적 반성 없이 수십 년 세월을 보냈다. 그러다보니 사회주의적 가치와 관점에 대한 친화력이 무의식의 영역에 깊숙이 자리 잡은 상태다. 사회주의적 세계관이 마음의 습관이 되어버린 것이다.

그러나 한국좌파는 결코 자기 정체를 사회주의로 이름으로 노출시키지 않는다. 북한을 비롯해 과거 공산권이 얼마나 철저히 망가졌는지 국민이 모르지 않기 때문이다. 그들은 철저히 자신들을 민주주의자로 위장한다. 종종 사회주의자로 비난을 받는 경우가 있으나 그럴 때면 으레 색깔론을 들먹이며 피해간다.

'적을 만들어라!' 적개심 고취와 선동

한국 좌파가 잘 쓰는 전략 중의 하나는 적개심 고취다. 이는 러시아 공산주의 전략가로 이름난 트로츠키가 세계 공산주의자들에게 알려준 전략 중의 하나다. 그는 세계 공산화라는 목표 속에 당시 가장 자본주의가 발달한 영국에서, 공산 혁명을 고취시키기 위해 저서를 1925년에 빌간한다. 그것이 사회주의 선동교과서라는 별칭이 붙은 [영국은 어디로 가고 있는가?][47]라는 책이다.

그는 이 책에서 "먼저 적을 만들어라"는 지침을 준다. 사회를 지배계급과 피지배계급, 착취계급과 피착취계급, 자본가와 노동자로 양분해 적을 만들고 끊임없이 적개심을 유발하라고 주문한다. 노동자계급은 산업사회에서 중심역할을 담당하지만 부르주아계급의 박해 속에 살고 있기 때문에 평등사회를 건설하려는 투쟁의 선봉에서 적을 물리쳐야 한다고 격려한다. 트로츠키가 적으로 모는 집단은 부르주아로 통칭되며 자본가, 지주, 기업가, 은행가, 왕족, 귀족, 성직자 등 출신성분이나 직업을 기준으로 구체화 된다.[48]

책은 '적과 동지를 구별하라'는 지침도 내린다. 여기서 적(敵)은 자신들의 주장에 동조하지 않는 자들이다. 한국 좌파들은 반대파들을 종종 '적폐', '반통일세력', '냉전세력'으로 규정하며 공격한다. 자신들이 야권일 때는 집권 세력을 '수구기득권'으로 내몰고 타도해야 할 적으로 취급한다. 북한의 '반동분자', 중국의 문화대혁명시기에 '반혁명세력'이라는 표현도 이런 수법과 대동소이한 용법이다. 이렇듯 사회주의자들은 정치적 목표를 위해 끊임없이 적을 만들고 적개심을 대량생산하는 데 주력한다.

앞서 언급했듯, 사회주의 나라에서 민생고는 일상화되고 생필품 부족은 만성화된다. 대중의 불만이 없을 리 없다. 따라서 사회주의 집권자들은 대중의 불만을 외부화하기 위해 끊임없이 적을 만들어 단죄하고 버릇처럼 숙청한다. 공산혁명이 수립된 국가들은 예외가 없었다.

스탈린 체제 속에서 반혁명세력으로 내몰려 숙청되어 죽은 사람들만 100만 명이 넘었다. 단 2년 만의 일이다. 하루 평균 1,000명꼴이다. 중국은 공산정권 수립 이후 지주들을 몰살시켰는데, 마오쩌둥의 황당한 대약진운동으로 수천만 명의 아사자가 나오고 민심이 흉흉해지자, 마오쩌둥은 '문화대혁명'을 일으켜 농촌에서만 수백만 명을 반혁명분자로 낙인찍어 죽였다. 나라 전체가 감옥 인 북한은 말할 것도 없다. 김일성 정권이 세워질 무렵부터 자신들의 라이벌들은 '반당반혁명분자' '미제 간첩'으로 몰려 살해당했다. 이처럼 공산세력은 24시간 계속해서 적을 만들고 끊임없이 척결하는 것으로 일상을 삼는 집단이다.

한국 좌파의 세계관 역시 이러한 행태와 본질적 맥락이 크게 다르지 않다. 이들은 세상을 '선과 악', '정의와 불의', '민주와 반민주' 같은 단순 이분법으로 갈라놓고 자신을 절대적 선의 위치로 자리매김한 후 악을 심판한다는 태도로 모든 사안을 난도질한다. 정치적 반대자들에게 재갈을 물리기 위해 10년 전, 20년 전 일까지 파헤치며 끊임없이 과거 일을 소환한다.

통상적으로 야당일 때는 비판을 하더라도 집권해서 여당이 되면 정책을 원만하게 추진하기 위해서라도 반대자를 포용하며 사회통합에 나서는 것이 일반적이다. 그러나 한국 좌파는 자신들이 집권을 한 이후에도 적을 만들고 대중적 증오심을 고취시키는데 여념이 없다. 그들이 '수구기득권'으로 비난했던 과거 집권세력은 어느새 '적폐세력'이 되어 잔인하게 숙청된다. 아직도 머릿속은 일제 강점기에 살고 있는 듯 이사람 저사람 '친일파'로 낙인찍는 데 전혀 주저함이 없다.

용어혼란전술: 사회주의 도구로 활용된 경제민주화

'용어혼란'은 공산주의자들이 잘 구사하는 전술 중의 하나다. 러시아 볼셰비키 혁명을 일으킨 레닌은 '용어를 혼란시켜라', '이중 용어를 사용하라'는 지침을 내렸다. 일반 대중이 선호하고 긍정적으로 받아들이는 용어를 구사하면서 그 용어에 자기들이 원하는 내용을 채우는 데에 그 목적이 있다.

북한에서 주장하는 '연방제 통일'이 대표적이다. 미국을 비롯해 많은 서방국가들이 연방제를 택하고 있기 때문에 연방제라는 말은 별 거부감 없이 대중들에게 받아들여진다. 하지만 그 개념의 실체적 내용은 사실상 한국을 적화시키는 통일이다. 주사파들이 잘 쓰는 '자주(自主)'라는 말도 마찬가지다. '자주'라는 말 자체에 문제가 있을 이유가 없다. 그러나 그들에게 '자주'는 주한미군철수를 의미한다. '진보'나 '평화'도 마찬가지다.

문재인 정부는 얼마 전 우리 헌법에 표현된 '자유민주주의'라는 용어를 폐기하고 '민주주의'라는 말로 대체하려고 했다가 여론의 반발이 거세지자 취소한 적이 있다. 나는 이 사소한 사건을 보며 현정부의 전체주의적 성향이 무심코 드러난 대목이 아닌가, 의심해 보았다. 자유민주주의에서 굳이 자유를 빼고 싶었다면, 그들에게 '민주주의'란 '인민민주주의'일 가능성이 높기 때문이다.

헌법에 사용된 '경제민주화'라는 용어 역시 좌파의 용어혼란전술에 활용되고 있다. 좌파운동권에게 '경제민주화'란 사회주의 경제질서를 의미하는 것은 물론이다. 앞의 용어혼란은 주로 이데올로기적 차원임에 반해

'경제민주화' 용어혼란은 우리 대한민국의 근본 질서인 시장경제 체제의 근간을 뒤흔드는 것으로서 보다 심각하게 생각해야 한다.

'경제민주화'라는 용어는 분명 우리 사회의 최고 규범인 헌법 조문에 들어있다. 그래서 좌파 들은 모든 경제 사안에 '경제민주화'라는 명분을 들어 시장파괴적인 정책을 휘두른다. 그것을 비판하면 헌법을 부정하는 자로 내 몰기 일쑤다. 그러나 과연 '경제민주화'가 그런 뜻일까?

1부에서 잠깐 언급한 바 있지만, 경제민주화라는 표현을 담고 있는 헌법 119조는 가장 먼저 제1항에 "대한민국의 경제 질서는 개인과 기업의 경제상의 자유와 창의를 존중함을 기본으로 한다"라고 규정되어 있다. 자유시장경제 체제가 기본 질서임을 밝힌 조항이다. 이렇게 자유를 보장하는 것을 기본으로 한 바탕 위에서 2항 "국가는 시장의 지배와 경제력의 남용을 방지하며, 경제 주체간의 조화를 통한 경제의 민주화를 위해 경제에 관한 규제와 조정을 할 수 있다"라고 적시되어 있다. 그러니까 2항 '경제민주화' 조항은 어디까지나 경제적 자유를 보장한 1항을 보완하는 차원의 규정이다.

이것은 국민의 기본권 보장 조항과도 흡사하다. 헌법은 국민 누구라도 개인의 자유와 사회적 기본권을 보장받도록 되어 있지만, 국가안전보장과 질서유지, 공공복리 등의 목적으로 일정하게 제한을 할 수 있다는 규정이 있다. 국민에게 무제한적 자유를 보장한다면 국가공동체 유지가 어려워지고 그것은 결국 국민 개개인의 자유와 권리의 토대 자체가 무너지기 때문이다. 다시 말해 기본권 제한의 궁극적 목표는 국민의 자유와 권리를 증진시키는 것과 직결된다. 그런데 '제한을 할 수 있다'는 규정을 들어 국민의 기본권을 마구 훼손하면 어떻게 되겠는가? 그것이 곧 파쇼국가이며, 전체주의 국가다.

119조 2항 역시 마찬가지다. 경제 민주화를 위한 정부 개입과 규제는 개인과 기업의 경제적 자유를 최대한 보장하고 원활한 시장경제 질서를 유지하는 목적으로 활용되어야 하는 것은 두말할 필요가 없다.

민주주의란 무엇인가? 다수의 지배를 뜻한다. 1인 1표의 원리다. 경제 영역에서 민주주의는 무엇인가? 그것은 곧 시장에서 다수를 점하는 소비자의 뜻에 따라 경제 문제가 결정된다는 것을 의미한다. 그렇다면 소비자 주권에 다름 아니다. 소비자의 뜻과 다른 방향으로 기업이 생산한다면 그 기업은 소비자의 외면을 받아 시장에서 도태될 수밖에 없다.

이처럼 소비자는 재화의 구매를 통해, 1원 1표의 지불의사를 표현하고 기업은 여기에 최대한 호응하기 위해 노력하게 된다. 이와 같은 과정을 통해 기업은 이익을 증진하고, 소비자 선호는 충족된다. 이것이 시장경제의 주요 원리이자, 경제영역에서의 민주주의다.

그런데 독점 기업이 등장해 가격을 인위적으로 조작하거나 시장지배력을 통해 경쟁을 원천봉쇄한다면 그것은 곧 소비자주권을 침해하는 것으로서 시장경제 원리를 위배하는 것이다. 경제민주화는 바로 이런 관점에서 '시장지배와 경제력남용'을 제어하기 위한 조항으로도 볼 수 있다. 결국 경제민주화를 규정한 헌법정신은 자본주의를 지속가능하게 발전시키기 위해 시장경제의 근간 위에서 조화를 이루도록 유도하는 것에 다름 아닌 것이다.

내가 이해했던 경제민주화는 대략 이런 차원의 개념이었다. 보수정당인 구 새누리당이나 많은 국민들 역시 경제민주화를 이 정도로 이해했을 것이다. 하지만 문재인 정권은 경제민주화를 프롤레타리아 계급혁명으로 변질시켜 노동-자본의 대립, 경영권 박탈, 사유재산권 무시 등에 악용하고 있다. 사기다. 만약에 국민들이 경제민주화를 우리 헌법의 근본정신인 시장경제원리를 넘어서는 계급혁명으로 생각했다면 과연 지금까지 용인했겠는가?

그러나 문재인 정부는 '경제민주화'를 거꾸로 정부 개입과 통제의 무소불위의 명분으로 삼아 사회주의적 경제정책을 제멋대로 시행한다. '소득주도성장'이라는 궤변 속에 경제주체들이 감당할 수 없을 정도의 최저임금 폭등을 강제하고, 협력이익공유제라는 이름으로 기업 간 거래에 개입하여 분배를 강제하려 한다. 기업이 투자해서 일자리를 확대할 생각은 하지 않고, 세금으로 일자리 만들 생각만 한다. 국민연금 가입자인 국민들의 의사는 묻지도 않고 연기금을 활용해 기업의 경영권을 박탈하거나 위협하며 자기들 입맛에 맞는 경영정책을 채택하도록 강요한다. 영락없는 시장 통제 정책이다. 좌파 운동권세력들이 과거 민주화 운동을 사회주의 운동으로 변질시킨 것처럼 경제민주화마저 자기들 입맛에 맞게 날조하여 국민에게 사기치고 있는 것이다. 이렇게 되면 경제민주화는 사회주의의 실험 도구로 전락한다.

우리 사회에서 부와 재산을 획득하는 방법은 열려 있다. 누구든지 구매할 능력만 있으면 된다. 그런데 좌파가 복잡한 논리를 동원해 소유의 평등을 주장하는 이유는 그런 방법이 아닌 다른 방식을 추구하기 때문이다. 여기서 다른 방식이란 곧 국가적 강제를 의미한다.

좌파는 어떻게 우리를 사회주의로 인도하는가?

시장경제 체제를 유지한 채, 이러한 좌파적 방법론이 가능한가? 소유의 평등을 위해서는 이 모든 것을 다 빼앗아 다시 분배해야 하는데 이는 강제력을 수반할 수 밖에 없다. 시간이 지나면 부의 불평등은 다시 발생할 수밖에 없고 또 같은 과정을 반복해야 한다. 그렇다면 이것은 이미 시장경제가 아니라 전체주의 국가일 수밖에 없는 것이다.

문재인 정부의 '연금사회주의'

2018년 7월, 국민연금은 스튜어드십 코드(의결권 행사 지침)를 전격 결정했다. 스튜어드십 코드는 기관투자자들이 의결권 등을 행사해 기업 경영에 직접 관여하는 것을 말한다. 사실 투자자들이 스튜어드십 코드를 통해 경영에 적극 개입하는 이른바 '주주행동주의'는 비록 투자자 이익 증진이라는 명분을 내걸고 있지만, 사실은 기업의 중장기 투자를 가로막고 있어 선진국에서도 문제가 많은 것으로 인식되고 있다.

실제 미국에서는 주주행동주의가 강화된 이후, 기업의 현찰이 빠져나가고 일자리가 줄어드는 현상이 눈에 띄게 나타났다. 현재 미국 대기업은 평균적으로 순익의 거의 100%를 자사주 매입과 배당으로 주주에게 내준다. 주주행동주의 때문이다. 그 대신 '구조조정'이나 부채로 투자자금을 마련한다. 주식시장이 기업에 자금을 공급한다는 본 기능을 잃어버리고 기업이 번 돈을 뽑아가는 창구가 됐다는 지적이 있을 정도다. 2006년부터 10년 동안 미국 비금융기업의 순주식 발행 액수는 4조 1700억 달러에 달했다.

신장섭 싱가포르대 교수는 "자사주 매입 급증, 배당 확대 등으로 주주 독재가 됐고, 30년간 단기적인 주가 상승은 있었어도 장기적으로 기업 가치가 올랐다는 증거는 없다. 블랙록, 뱅가드 등 세계 시장을 과점한 투자 기관과 각국의 주요 연기금이 인덱스 펀드로 갔는데, 개별 기업은 알기 귀찮다, 주가지수만큼만 먹겠다는 투자자에게 무슨 행동주의 자격이 있느냐"고 반문했다.

민간 기관투자자들의 주주행동주의 조차 이처럼 비판의 소지가 큰 상황이다. 그런데 하물며 국민연금 가입자의 돈으로 모여진 기금을 무기로 정부가 기업 경영에 직접 관여한다는 것은 매우 우려할 만한 일이 아닐 수 없다. 이러한 움직임의 표면상 취지는 국민연금을 통해 '재벌개혁'이라는 공익을 실현한다는 것이다. '재벌개혁'이란 구호의 당위성 여부를 떠나 국민들이 국민연금을 낼 때 재벌개혁용도로 쓰라고 맡긴건가? 스튜어드십의 스튜어드가 '집사'란 뜻인데, 이렇게 집사가 주인 돈을 멋대로 사용해도 되나? 배임이고, 직권남용이다.

600조에 달하는 연기금을 관리하고 있는 국민연금은 전 세계에서 기형적으로 높은 대기업 지분을 갖고 있다. 평균 10%에 육박한다. 다른 나라의 연금은 1%남짓이다. 더욱이 국민연금이 지분 5% 이상을 보유한 상장기업은 290여 곳이다. 10%이상 보유기업도 90여 곳에 달한다.

기금운영위원회가 정부 부처(보건복지부) 소속이고, 부처의 장이 위원장인 곳은 한국이 유일하다. 이런 환경에서 국민연금의 민간 기업에 대한 경영참여 결정은 비정상적 지분을 활용해 정부가 연금사회주의를 추진하겠다는 선언이나 마찬가지였다. 즉, 한국적 조건에서 국민연금이 직접 개별기업의 경영권을 개입한다는 것은 사실상 소유에 대한 사회주의식 통제를 의미한다. 실제로 2019년 3월, 국민연금은 스튜어드십 코드를 활용해 한진그룹 조양호 회장을 갈아치웠다. 연금사회주의의 공포가 현실화되기 시작한 것이다.

이제 기업인들은 정부의 눈 밖에 벗어나면 기업을 운영할 수 없을 정도로 한국은 국가주의적 개입과 전횡이 극심한 나라가 되고 있다. 기업이 정부에 찍히면 세무조사다 뭐다 해서 탈탈 털린다. 밉보이면 대한항공처럼 10개 정부기관이 나서서 압수수색만 20번이 넘도록 받는다. 국가주의적 행태가 이토록 극심한데도 운동권 정부는 여전히 만족을 모른 채, 경영에 직접 관여하겠다고 나선 것이다.

그리고 이 같은 정부의 헛발질 때문에 정작 중요한 연금의 사명은 제 자리를 잡지 못하고 있다. 국민연금이 추구해야 할 기본적인 사명은 국민적 노후자금의 안정적 관리인데 스튜어드십 코드를 결정한 2018년, 국민연금은 10년 만에 마이너스 기금운용수익율을 기록하고 무려 5.9조 원의 투자 손실을 낸 것이다.

국민연금기금은 국민의 피 같은 노후자금이다. 이를 국민에게 물어보지도 않은 채 국가가 멋대로 민간기업의 지배 수단으로 활용해서는 안 된다. 스튜어드 즉 집사의 정신에 충실하다면 오히려 포트폴리오 구성에서 사회적 책임을 다하지 않는 기업에 대한 투자를 회수하는 게 맞다. 민간기업에 대한 지분확보를 통해 협박과 경영권 박탈을 일삼는 것은 '기금수익 증대'의 목적이 아니라 '기업의 소유권적 지배'에 그 목적이 있다고 봐야 한다. 주주행동의 최종적인 목적도 결국은 주식가치 증진에 있다. 스튜어드십 코드가 주주가치 증진이 아니라 경영권 박탈의 수단으로 귀결된다면 이는 뭔가 본말이 전도된 상황이 아닐 수 없다.

5장

보수혁신의 길

보
수
혁
신
의
　
길

01 | 보수주의란 무엇인가

보수주의의 기원

보수주의는 과거의 전통을 존중하고 현존 사회의 가치와 질서를 지키고자 노력하는 정치적 입장이다. 변화를 추구하더라도 급진적이기보다는 점진적인 방식을 지지한다. 변화를 무조건 반대하면 수구에 불과하다.

근대 정치사상으로서 보수주의는 18세기 영국의 정치가 에드먼드 버크의 사상에서 기원했다. 버크는 프랑스에서 발발한 대혁명이 국가의 근간을 무너트리며 파괴적으로 치닫자 이에 대한 깊은 우려를 담는 장문의 편지를 프랑스 지인에게 보낸다. 프랑스와 같은 정치적 격변이 영국을 휩쓸것을 우려했기 때문이다. 그의 편지는 [프랑스 혁명에 대한 성찰]로 출간되어 훗날 근대 보수주의의 영원한 고전이 되었다.

버크는 이 책을 통해 과거의 제도와 유산을 일거에 파괴하고, 급진적인 변화를 꾀하는 프랑스 혁명은 무정부 상태를 초래한 다음 군사독재로흐를 것이라고 단언했다. 사회는 유기체와 같기 때문에 점진적으로 개혁해야함을 주장했다. 이상주의적 신념만 갖고 기계적인 이론을 적용해 사회를 백지상태에서 새로 구축할 경우 더 큰 문제가 야기할 것임을 경고한 것이다.

이러한 비판에는 프랑스 혁명의 사상적 배경이 된 근대 합리주의 이성주의에 대한 경고가 담겨 있다. 즉, 인간 이성이 완전하다는 오만한 신념을 버려야 한다는 것이다. 그는 복잡한 본능과 감정을 가진 인간 이성은 불완전하다고 생각하고 오랜 세월 속에 검증되어온 사회적, 역사적 제도를 인간 이성보다 우위에 두었다. 그는 철저한 경험론자로서 인간 이성으로 사회를 백지상태에서 합리적으로 재구성한다는 것이 얼마나 위험하며 공상에 불과하다는 사실을 일깨워줬다. 동시에 한 사회를 엮어놓은 역사와 전통이 인간 사회의 안정에 얼마나 중요한지 강조하고자 했다.

그의 경고대로 실제 프랑스 혁명은 파괴적으로 흘렀다. 혁명의 물줄기가 한번 과격하게 흐르자 끔찍한 폭력과 학살 그리고 전통의 파괴로 치달았다. 평등의 이름으로 평등이 짓밟히고, 자유의 이름으로 자유가 억압되었다. 로베스피에르가 집권했던 1793년에서 1794년 여름까지 불과 1년 만에 혁명광장에 세워진 단두대에 희생된 인구는 무려 2만 명이 넘었다. 심지어 10만 명에 달한다는 기록까지 있다. 처형된 자의 약 60%는 노동자 농민이었다. 하루에도 수십, 수백 명이 매일같이 반혁명 혐의로 목이 잘려 나갔다. 혁명광장으로 불린 곳은 사실상 인간 도살장이었던 셈이다.

버크의 보수주의가 주는 교훈은 비단 프랑스 대혁명에 국한되지 않는다. 공산주의를 비롯해 피시즘과 니치즘 등 전체주의가 자행했던 인류사적 비극을 돌이켜 보면 무려 200여 년 앞선 그의 통찰에 탄복하지 않을 수 없다.

버크는 사회 안정과 질서를 중시하였지만, 한편으로는 그 전통을 수호하기 위해서라도 변화를 받아들여야 한다는 사실도 잘 알고 있었다. 그는 "변화시킬 수단을 갖지 않은 국가는 보존을 위한 수단도 없는 법이다."라고 역설하며 개혁의 필요성을 적극 인정했다. 버크가 프랑스 혁명을 비판했지만, 영국의 명예혁명이나 루터의 종교개혁을 지지했던 것도 이런 관점이었기에 가능했다. 이처럼 그는 단순한 수구(守舊)주의자와는 구별이 되는 인물이었다.

버크가 주창한 보수주의는 경험주의가 뿌리내린 영미의 정신적 원류다. 미국은 독립 이후 지금까지 건국 당시의 헌법을 존중하되 시대 변화에 맞게 계속해서 수정하며, 오늘날까지 최초의 헌법 정신을 지켜오고 있다. 이는 사회를 일거에 바꿔 새롭게 설계하겠다는 무모한 이상주의를 버린 결과이기도 하다.

세계 정당사에서 가장 오랜 역사를 자랑하는 영국 보수당이 오늘날까지 건재한 생명력을 유지하고 있는 비결도 변화를 수용하는 보수주의에 있다. 보수당은 그 원류인 토리당까지 포함하면 무려 300년이 넘는 정당 역사를 자랑한다. 국왕과 귀족이 강력하게 권력을 차지하고 있던 시절부터 태동했던 정당이 어떻게 21세기에도 정체성을 유지하며 정치의 주역이 될 수 있었는가? 그 역시 시대적 변화를 꿰뚫어보고 수용하는 유연성에 있다. 그러면서 점진적으로 귀족과 대토지 소유자의 정당에서 점차 상공업자를 비롯해 국민정당으로 성격을 변화시켜 갔다.

보수주의와 자유주의의 동맹-반사회주의

　자유주의에 바탕을 둔 근대 자본주의는 200년이 넘는 역사를 갖고 있다. 그러다보니 오늘날 보수주의는 자유주의와 구별이 안 될 정도로 친화성을 갖는다. 그러나 사회적 유대를 중시했던 보수주의는 처음에는 자유주의에 우호적이지 않았다. 오히려 산업화, 도시화가 사회적 유대와 결속을 해치고, 시장경제는 인간을 원자화한다고 비난하기 일쑤였다. 페이비언 사회주의를 이끌었던 영국의 사상가 버나드 쇼(B. Shaw)는 자본주의에 대한 보수주의의 비판은 사회주의자들의 비판보다 더 격렬했다고 논평할 정도였다.

　그러나 20세기에 들어서 사회주의가 득세를 하자, 보수주의는 자유주의와 반사회주의 동맹을 맺고 이념전쟁을 벌인다. 보수주의는 사회주의가 기존 질서를 파괴한다는 점에서, 자유주의는 사회주의가 개인의 자유와 재산을 제약한다는 점에서, 둘 다 사회주의를 용인할 수 없었다. 자유주의와 보수주의는 둘 다 경험주의라는 인식론적 바탕을 공유하기도 한다. 경험주의는 인간 이성의 절대적 능력에 대한 불신에서 비롯되는데[49] 보수주의와 자유주의는 모두 이러한 집단적 경험의 우월성을 인정한다.

　보수주의는 전통과 규범의 존중, 사회질서 유지라는 가치를 본령으로 삼고 있기는 하지만, 일관된 논리와 체계를 가진 이념이 아니다. 그러다보니 시대 상황에 따라 추구하는 가치가 불분명하기도 하고, 다른 이념에 휘둘리거나 때로는 완고한 모습을 보이며 적응하지 못할 때도 있다.

　예컨대, 영국 보수당은 2차 대전 후 노동당이 집권하여 사회민주적 정책을 추구할 때 보수당은 노동당과 별 차이가 없는 두루뭉술한 정책을 같이 추진했다. 이 때문에 보수주의는 사민주의와 함께 '영국병'을 야기한 공범으로 비판받기도 한다.[50]

보수주의의 가치

이처럼 많은 한계와 약점에도 불구하고 보수주의가 현 세대에도 여전히 강력한 생명력을 갖고 있는 이유가 있다. 보수주의는 전통적 관습에 많이 기대고 있는 만큼 인간 본성에 친화력 있는 사상이기 때문이다. 또 일관된 체계가 없다는 점은 다른 한편으로 강점으로 작용하기도 한다.

과거의 경험을 존중한다는 점에서 파괴적 변화에 휩쓸리는 것을 방지하여 사회 안정에 기여한다. 동시에 선험적 진리를 배격하는 경험주의에 입각해 있기 때문에 현실을 무시하는 교조적 목표가 없어 새로운 변화를 쉽게 받아들일 수 있다. 근대 정치사상으로서의 보수주의는 자유, 인권, 민주주의라는 현대의 보편적 가치가 내재화된 세계관이기 때문에 전체주의에 경도될 위험은 더더욱 없다. 이런 점에서 보수주의는 앞으로도 계속해서 계승 발전시켜나가야 할 정치사상이다.

인간이 새로운 세상을 창조할 수 있다는 오만함을 경계하자

우리는 '내가 완전히 새로운 세상을 창조하겠다'는 말을 하는 정치 세력을 경계해야 한다. 왜냐하면 '완전히 새로운 세상'을 창조하는 것은 인간의 영역을 넘는 것이기 때문이다. 이러한 시도를 인간이 하게 되면 이는 필연적으로 '기존 질서의 인위적 파괴'를 수반할 수밖에 없고 결국 '청산'이라는 이름의 끔찍한 제거 작전, 즉 피바람과 저항에 대한 탄압으로 귀결될 수밖에 없다. 그런데 그 후에는 완전히 새로운 세상이 오기는 하는가? 그렇지 않다. 프랑스 혁명의 예를 보더라도 결국은 그 오만함은 끔찍한 피바람으로 연결되고 (정작 단두대에서 처형되는 사람들의 60%가 평민이었다) 새로운 세상은커녕 끊임없는 혁명과 반혁명 사이에서 피의 보복이 반복될 뿐이다.

결국 아무리 좋은 의도였다 해도 실제 세상의 변화는 급진적으로 이루어진 사례가 별로 없다. 역사적으로 큰 의미를 부여했던 혁명적 사건들 역시 최근에는 그렇게 많은 희생을 초래하는 것이 과연 바람직했는지 재조명하는 경우가 많다.

나 역시 비슷한 경험이 있다. 지난 박근혜 대통령 탄핵국면 당시, 촛불시위가 점차 격렬해지고 뭔가 알 수 없는 집단적 감정에 의해 증오와 분노가 빠르게 확산되는 현상을 보며 나는 솔직히 두려움을 느꼈다. 뭔가 통제되지 않는 거대한 유기체 위에 올라탄 듯한 느낌이 조금씩 들기 시작했다.

그리고 탄핵이 끝나고 대선을 치르기 전, 나는 결국 민주당을 탈당했다. 촛불시위 주도세력이 정권을 잡고 국민들을 끊임없이 분열과 갈등으로 몰아가며 나라를 망국의 길로 끌고 가는 모습을 보며 나는 확신을 갖게 되었다. "새로운 세상을 만들겠다!"고 선동하는 사람들의 실체란 결국 대중의 집단심리를 교묘히 활용해서 자신들의 이익을 도모하는 사기꾼일지도 모른다고!

세상은 집단시위 몇 번으로 한 순간에 바뀌지 않는다. 사회는 오랫동안 쌓아온 지혜와 자연의 법칙을 존중하면서 변화의 열망을 조화롭게 반영해 갈 때 제대로 발전하는 것이다. 나는 이런 점에서 시간이 지날수록 보수주의의 가치를 점차 높이 평가하게 되었다.

그러나 보수주의의 시각에서 볼 때, 최근 한국 사회의 변화는 너무나 걱정스럽다. 문재인 대통령과 집권 세력은 '한 번도 경험해보지 못한 세상'을 만들겠다고 선언하며 한국 사회를 백지상태에서 새로이 재구성하겠다는 위험천만한 야심을 품고 있는 듯하다. '적폐청산'을 내세우며 기존의 질서와 관행을 컴퓨터 프로그래밍 하듯 삭제(delete)하고 재창조할 듯이 나서고 있다. 하지만 인간사회가 백지상태에서 출발한다는 것은 오만이고 공상이다. 당위만을 내세우며 인간의 행동을 강제하고 새로운 사회를 창조하겠다는 것은 결국 자유의 억압과 독재로 연결될 수밖에 없다.

오늘날 보수주의는 위기에 처해 있다. 그러나 역사가 새뮤얼 헌팅턴은 "보수주의 이데올로기는 사회 기반이 위협을 받는 순간에 기능한다는 특징이 있다."[51]라고 말했다. 대통령 탄핵 사건을 거친 후, '보수'는 그 어느 때보다 인기 없는 용어가 되었지만, 내가 볼 때는 지금이야말로 우리 사회에 진정한 보수주의가 필요한 때다.

02 | 한국 보수의 탄생

차세대 보수로서 대한민국 역사를 보는 관점

우리는 대한민국 건국 당시부터 '자유민주주의'와 '자유시장경제'를 국가의 기본질서로 발전시켜왔다. 그리고 60~70년대 산업화의 토대 위에 경제를 비약적으로 성장시켰다. 비록 그 과정에서 우리나라가 처한 객관적 여건으로 인해 부족한 점이 많았고, 부작용도 있을 수밖에 없었지만 그래도 나는 선조들이 주어진 여건 속에서 나름 최선의 결정을 해왔다고 생각한다. 현실적인 시대의 발전은 책에서 보듯 그렇게 깔끔하게 이루어지는 것이 아니기 때문이다.

1970년대 이후 출생한 나에게는 산업화든 민주화든 그 속의 인물들은 모두 역사 속의 인물이다. 따라서 그 인물들 누구에게도 부채의식도, 구원(舊怨)도, 감정도 없다. 역사 속의 인물은 있는 그대로 그 업적을 평가힐 뿐이다. 현실의 정치인들은 수많은 이해관계와 가치가 대립되는 속에서 때로는 마키아벨리즘적 선택을 해야 하기도 하고, 국가와 국민 혹은 대의를 위해 때론 작은 이해관계를 무시해야 하는 경우도 있다. 완벽한 선택이란 현실에선 존재하지 않는다. 그게 싫으면 정치를 할 수도 없고 지도자가 될 수도 없다.

따라서 우리가 역사 속 인물 특히 정치지도자를 평가할 때에는 당시의 나라 수준, 국제정세, 시대적 여건과 역사의 흐름을 고려해서 역사적 통찰력을 갖고 평가해야한다. 섣부른 단편적 평가를 내려서는 안 된다. 예컨대 1940년~1960년대의 정치를 평가하기 위해서는 당시 혼란스러운 대내외적 상황과 일천한 물적 토대를 감안해, 큰 틀에서의 업적을 중심으로 평가해야한다.

우리는 지금 지나칠 정도로 가볍게 역사를 바라보는 관점에 익숙해 있다. 국가적 자긍심과 애국심을 끌어 올리고 국민들에게 희망을 줘야 할 정치인들조차 자꾸 헬조선, 헬조선을 외치면서 젊은이들의 좌절을 부추기는 경우도 많다.

나는 지금이야 말로 역사를 보는 보수적 관점이 필요하다고 느낀다. 과거, 어두웠던 역사를 부정만할 게 아니라 우리 역사의 훌륭한 면을 제대로 인식하고 대한민국 국민으로서 자부심을 느낄 수 있는 긍정의 리더십이 절실히 필요하다.

역사를 있는 그대로 보자

어떻게 보면 역사도 하나의 마케팅 도구가 되기도 한다. 물론 사실을 왜곡해서는 안 되지만 우리의 역사를 가능하면 긍정적 업적을 중심으로 우리 미래세대가 희망과 자부심을 갖도록 봐야 하는 것 아닌가? 허물이나 부작용은 그것대로 역사 속에서 교훈으로 삼으면 될 일이다.

그런데 실제로 대단한 업적으로 평가해야 마땅한데도 허물이나 부작용을 지나치게 강조해서 마치 문제만 가득했던 것처럼 평가하고 아이들에게 교육하는 것은 참으로 자학적인 것이요, 특히나 나라의 미래를 책임질 정치지도자들은 그래서는 안 되는 것이다. 건강한 정신을 갖지 않은 지도자는 나라와 국민을 망친다. 이제 자학적 역사관을 집어던지자. 역사를 있는 그대로 보자. 그리고 자랑스러운 역사는 자랑스러워하며 그 정신을 발전시키고 허물을 교훈으로 삼자. 도대체 뭐가 문제란 말인가?

반공보수를 위한 변명

흔히, 우리나라는 서구의 근대적 정치 혁명이 부재했기 때문에 제대로 된 보수주의가 없다고 말한다. 조선 왕조체제가 일제에 의해 멸망되고 식민지하에서 신분제는 폐지되었지만 민주적 제도는 부재했다. 독립마저 외부의 힘으로 이루어졌고 그나마 해방된 조국은 전쟁을 겪으며 독재로 점철되었기 때문에 근대 정치사상으로서의 보수주의가 한국에서 형성되지 못했다는 시각이다.

그 연장선에서 좌파운동권을 비롯해 보수정치세력을 비판적으로 보는 사람들은 한결같이 우리나라에서는 제대로 된 보수 세력이 없다고 말한나. 이내숙 경희대 교수의 다음과 같은 발언은 그 단적인 예다.

현재의 번영과 위세를 가져다준 제도와 가치를 긍정하고 보존하려는 것이 보수주의입니다. 보수주의는 근본적으로 선진국 이데올로기예요. 긍정하고 지켜야 할 제도와 가치가 부재했던 신생국 대한민국에서 보수주의가 강세를 보여 온 것은 기이한 현상입니다. 전쟁의 경험과 북한이라는 외부 위협의 존재에서 그 원인을 찾아야 할 것입니다.[52]

그러나 한국 보수가 과연 이렇게 멸시받을 만큼 형편없는 존재일까. 그렇다면 오늘날 대한민국이 누리는 번영과 민주화는 도대체 어디서 비롯된 것인가? 1945년 독립한 140개에 가까운 개발도상국 나라에서 정치 민주화와 경제성장, 과학기술의 발전과 사회적 다원성을 성취한 나라는 우리나라가 유일하다. 세계사적으로 볼 때 우리의 현실은 사실상 기적으로 불릴 만큼 눈부셨다. 게다가 그 발전도상에서 우리에게 주어진 조건은 더 없이 가혹했다. 파괴적인 전쟁을 치르며 국토는 쑥대밭이 되었고, 1인당 소득은 고작 60달러에 불과한 세계 최빈국으로 부존자원도 없었다. 이런 나라가 불과 60여 년 만에 세계 10대 무역 강국이 되어 개발도상국이 가장 선망하고 본받을 나라가 된 지 오래다.

눈부신 성취의 현대사를 갖고 있지만, 보수에 대한 부정적 관점이 여전히 횡행하고 있는 것은 이른바 진보 세력 때문이다. 보수세력에 대해 적개심을 가진 세력들이 그 공헌을 인정하지 않고 폄훼하는 데 혈안이 되어 있는 것이다. 이들은 대한민국 건국의 정당성조차 인정하지 않기 위해 일제강점기 때 임시정부수립일을 건국일로 삼는 어처구니없는 행태마저 보여주고 있다. 개발독재 시대의 부정적 유산만 강조하며 산업화의 눈부신 성과를 한사코 인정하지 않으려고 한다. 이들에게 있어 한국현대사는 그저 정의가 패배하고 기회주의가 득세한 역사일 뿐이다. 이처럼 부정적인 역사관에 함몰된 이상 대한민국의 건국과 발전을 주도한 세력에 대해 정당한 평가는 요원할 뿐이다.

한국의 보수는 자유민주주의에 기초해 있다. 이것은 1948년에 수립된 대한민국의 건국이념이기도 하다. 지금 우리 국민들 대부분은 대한민국의 체제와 이념을 상식으로 여기겠지만 건국 당시에는 그렇지 않았다. 공산주의 세력은 지역마다 만만치 않은 조직을 갖고 있었고, 그들의 위협과 격렬한 반대 속에 대한민국은 겨우 수립되었다. 더욱이 대한민국은 건국된 지 불과 2년 만에 북한 공산군의 침략으로 풍전등화의 위태한 상황을 겪었다. 천신만고 끝에 태어나고 지켜진 나라였던 것이다. 휴전된 지 60여 년이 지났지만 북한의 위협과 도발이 그친 적이 없었고 지난 20여 년간 북한은 핵 개발로 한반도 정세를 일촉즉발의 위기로 내몰았다.

이런 역사 속에서 반공은 보수의 주요 기반일 수밖에 없다. 각 나라마다 처한 역사적 상황에 따라 보수주의를 구성하는 내용이 다를 수밖에 없다는 점을 염두에 둔다면 이런 현실은 너무나 당연할 뿐만 아니라 합당하다. 그런 점에서 한국현대사에 깊게 스며든 반공의 가치는 오늘날에도 여전히 유효하다.

우리 사회 일각에서는 군사독재시절 반공이 민주화 탄압의 도구로 쓰였다는 이유로 반공의 가치를 폄하하거나, 심지어는 일제의 군국수의나 파시즘처럼 아주 못된 이념으로 치부하는 경향이 있다. 이는 지나친 판단이다.

역사적으로는 아무리 좋은 이념과 사상이라고 해도 부정적으로 활용된 사례가 무수히 많다. 기독교는 중세시대 얼마나 많은 참극을 야기했던가? 공화사상의 원류가 된 프랑스혁명조차 자유, 박애, 평등의 이름을 내걸고 수많은 사람들이 학살되었다. 그렇다고 해서 오늘날의 기독교와 민주주의, 공화주의 정신을 부정할 수 있을까? 흑역사에도 불구하고 그와 같은 종교와 근대 이념이 인류에게 가져다준 혜택이 월등하기 때문에 우리는 그런 사상을 계승하고 존중해온 것이다.

반공도 마찬가지다. 우리가 반공이념에 투철하지 않았다면 어떻게 오늘날 대한민국의 건국과 발전이 있었겠는가. 아니, 과연 지금까지 자유대한민국을 유지할 수나 있었을까? 어쩌면 지금쯤 공산화된 통일조선에서 자유를 잃고 신음하고 있었을지도 모른다. 개발독재 시대에 일부 부정적인 측면이 있었다고 해서 그 이념이 가져다준 엄청난 순기능을 도외시하는 것은 가치전도의 극치다.

한국 보수의 탄생과 성격

한국의 보수주의는 1948년 제헌헌법이 추구한 자유, 민주주의, 평등, 보편적 인권 등의 가치를 계승하고 있다는 점에서 그 이전 시기와 분별된다. 즉, 일제강점기와 조선시대의 전통에 서 떨어져 있다는 것이다. 현대 한국의 정치 사회를 운영하는 원리로서의 이념은 유교적 전통, 문벌과 가문, 관혼상제 등 조선시대로부터 내려온 전통적 요소에 기반을 두고 있지 않다. 문화적 관습이나 정서로 남아 있을 뿐이다. 1910년 조선왕조의 멸망과 1945년 8·15해방 이라는 두 차례의 격변은 혁명 이상으로 과거와의 단절을 가져왔다. 그것은 정치권력과 사회의식 전반에 걸친 근본적 변화였다. 이런 점에서 한국의 보수는 왕조전통과 기독교, 귀족주의 등에 기반한 서구의 보수주의와 그 출발점이 완전히 다르다.

한국의 근대화는 서구처럼 아래로부터의 요구에 의해 개혁이나 혁명과정을 거친 것도 아니었고, 일본처럼 위로부터 시작된 것도 아니었다. 조선 왕조체제를 우리는 자주적으로 극복하지 못했다. 그럴만한 사회경제적 여건도 갖추지 못했다. 그러다보니 식민지가 되어서야 신분제도가 없어지고, 해방된 이후에야 비로소 근대 공화정을 경험하게 되었다. 서구의 경우 산업발전과 이를 추동하는 의식과 사상이 확산되어 사회적 변화를 이끌던 귀납적 과정이었다면, 우리의 경우, 체제가 먼저 결정된 이후 국민의식과 사상이 이를 뒤따르는 연역적 과정이었다.

이런 맥락에서 한국 보수주의는 48년 제헌헌법을 그 출발점이자, 절대적인 준거틀로 삼을 필요성이 있다.[53] 대한민국의 운영 원리로서 자유민주주의 체제의 실질적 수립이 48년 체제에 기원을 두고 있다는 점은 분명하다. 물론 이념이나 사상은 정치적 급변으로 일거에 정립되지 않는다. 지각이 융기되어 불쑥 산맥이 형성된 듯 보여도, 그 과정에는 지각 내부의 격렬한 마그마 활동이 있기 마련이다. 비록 자유민주주의 체제가 사회 전반의 운영 원리로 자리 잡기 전에 정치제제로서 먼저 성립되었다고 하더라도, 그 과정에 이르기까지 선각자들의 치열한 사상적 분투와 노력이 역사적 과정 속에 담겨 있었다.

그 시원을 추적하다보면 구한말 개회기까지 거슬러 올라갈 수 있다. 그와 같은 역사 속에서 건국의 아버지들 간에 공유된 가치가 있었기에, 제헌헌법이 그 짧은 시간 속에 제정되어 비교적 신속하게 대한민국의 헌정체제가 가능하게 된 것이다.

제헌헌법은 헌법 전문에 1919년 3·1운동으로 세워진 임시정부의 계승을 표방했다. 대한민국 헌법 제1조 1항, '대한민국은 민주공화국이다'와 2항 '대한민국의 주권은 국민에게 있고, 모든 권력은 국민으로부터 나온다'라는 구절은 제헌헌법부터 지금까지 온 국민의 가슴속에 새겨져 있다. 박찬승 한양대 교수는 우리 헌법1조가 독일 바이마르 공화국의 헌법 제1조, '독일은 공화국이다. 국가의 권력은 국민으로부터 나온다'를 참조한 구절이지만, 주요 국가들 중에서 헌법 제1조에 '민주공화국'을 명시한 나라는 우리나라밖에 없다고 한다.[54]

제헌헌법 1조에 규정된 이 구절은 3·1운동으로 설립된 임시정부 당시 작성된 임시헌장 제1조 '대한민국은 민주공화제로 함'을 그대로 계승한 것이다. 유럽에서도 '민주공화국'이라는 구절이 처음 사용되기 시작한 것은 1920년도 체코슬로바키아 헌법과 오스트리아 연방헌법부터였다고 한다. 1919년 10월 독일바이마르 공화국도 1919년 8월에 공포된 헌법에서야 '독일제국은 공화국이다'라는 표현이 등장한다. 이런 상황을 보건대 1919년 4월 임시정부 헌장에서 '민주공화국'을 표명한 것은 당시로서는 매우 과감하고 선구적이었다.[55]

이때의 '민주공화국'의 의미는 '귀족공화제'와 대비되는 의미였기 때문이었다.

개화기 때부터 개화사상가들은 근대 국가 정체에 대해 정확히 파악하고 있었다. 이미 1908년 '대한협회회보' 3호에는 몽테스키외가 분류한 국가정체를 설명하는 내용이 나온다. 군주정을 전제군주제와 입헌군주제로 나누고, 공화제는 귀족공화제와 민주공화제로 분류한 것을 소개하고 있다. 1910년 이후에는 '새로운 나라를 건설한다면 민주공화제가 가장 바람직하다'는 공감대가 당시 지식인들 사이에서는 형성되고 있었다. 더구나 48년 제헌헌법을 기초한 유진오는 '민주공화국'을 표명한 취지에 대해 국체로서의 공화국과 정체로서의 권력분립이 전제된 민주국이라는 개념을 합친 것임을 밝히고 있다. 이는 당대 좌익들이 주장했던 사회주의적 권력집중 국가인 '인민공화국'과 구분되는 개념이 '민주공화국'임을 보여준다.

조선은 왜 한국 보수의 전통이 될 수 없는가?

1919년 당대의 민족 지도자들이 거의 망라된 임시정부에서 어떻게 '대한민국은 민주공화국이다'라는 헌법조항이 큰 이견 없이 받아들여지게 되었을까? 왕정국가가 멸망한 뒤 독립운동을 할 경우 보통 왕정복고를 주장하는 세력이 있을 법한데, 3·1운동 이후 그 누구도 입헌군주제조차 거론하지 않았다. 그 만큼 조선 왕실은 자멸하다시피 철저하게 무너졌고, 왕정복고를 주장할 엄두가 나지 않을 정도로 조선은 피폐된 체제였다.

반란을 일으킨 자국의 농민군을 신압하기 위해 청나라 군대 동원을 결정한 과정을 보면, 당시 조선말기 위정자들의 인식이 어떤 상태였는지 가늠할 수 있을 것이다. 동학 농민군 진압을 모색했던 조선의 대신들 중 민영준은 청나라 군대 파병을 강력하게 주장했다. 그가 주장한 요점은 이랬다.

청나라 군대가 들어오면 청나라 권한이 강화되겠지만, 나중에 힘을 키워 독립할 기회를 엿볼 수 있다. 그러나 동학군에 나라를 뺏기면 기회는 없다.

여기서의 '나라'란 다름 아닌 '정권'을 의미한다. 요컨대 청나라에 속국이 되더라도 정권을 유지할 수 있지만, 동학군에게 정권을 빼앗기면 기회가 없다는 뜻이다.

사실 조선시대 내내 중국에 사대했으니, 자존심이랄 것도 없었다. 조선 대신들은 민영준의 이런 주장에 수긍하며 마침내 청나라에 파병을 요청했다. 이는 곧바로 청일전쟁의 계기가 되고 결국 일본의 지배를 가속화시키는 결과로 나타났다. 당시 외국에서는 독립국가를 희망한다는 조선이 청나라에 군대 파병을 요청하는 행위를 이해할 수 없었다.[56]

고종은 다 쓰러져가는 조선을 살릴 어떤 역량과 비전도 없이 자신과 왕실의 안위만을 걱정하는 인물이었다. 명성황후가 시해될 때는 러시아공사관으로 피신하더니, 청일전쟁 때는 미국공사관으로, 러일전쟁 땐 프랑스 공사관으로 도망가기 바빴다. 이렇듯 외세에 의탁하던 고종은 당시 조선의 자발적 근대화 운동이었던 독립협회와 만민공동회마저 탄압했다. 한마디로 고종은 당시 대부분의 문명국가가 민주주의를 받아들여 입헌군주제로 나아가고 있을 때, 자신의 이익만을 앞세워 전제군주정으로 회귀하고자 했던 시대착오적인 인물이었다. 고종과 조선왕실은 자신들의 안녕이 보장되는 것을 확인하자, 일본에 나라를 기꺼이 내줬다.

이와 대조적으로 백성들의 상태는 형언할 수 없을 만큼 도탄에 빠져있었다. 동학농민봉기에 당시 조선의 내부적 상황은 사실상 자멸 수준이었다. 개화기 시대 조선을 방문한 외국인의 눈에 비친 당시 조선의 상태는 말 그대로 '헬(hell)'이었다.

구한말 조선은 열강들의 침략 이전에 내부적 모순이 극에 달해 있던 체제였다. 그 원인에 대해서 이영훈 교수는 우선 환경파괴로 인한 농업생산력 저하를 든다.[57] 18세기 중반 이후 인구가 늘어나면서 식량 수요가 늘어나자 나무를 베어내고 산지를 개간했다. 온돌 난방을 하는 바람에 나무 수요는 계속 증가하며 산지 황폐화는 더욱 가속화되었다. 19세기 말이 되면 강원도 깊은 산속을 제외하면 대부분의 산지가 벌거벗은 상태가 되었다. 산림 황폐화로 작은 비에도 토사가 내려와 농토를 뒤엎자 농업생산은 급격히 감소하여, 18세기 대비 19세기말에 이르면 식량생산성이 3분의 1 수준으로 떨어질 정도였다. 이에 따라 분배를 둘러싼 정치사회적 갈등이 심화되어 민란은 그치지 않았으며 동학농민봉기에 이르러 절정을 이룬다. 이런 상황에서도 조선왕조의 각종 조세 부담은 감면되지 않았다. 중국도 이와 비슷한 사정 때문에 청나라 말기 극심한 혼란으로 나라가 쇠약해졌다.

조선왕조의 성리학적 질서는 이런 사회적 모순을 해결할 수 없었다. 조선은 가족제적 혈연 원리에 기초해 있었기 때문에 백성의 권리는 전무했다. 조선시대의 '나라'란 왕과 양반관료들의 나라 즉 조정을 의미할 뿐이었다. '동학농민군에게 나라를 빼앗기면 기회가 없다'라고 말한 민영준의 발언도 바로 이런 의미였다.

조선왕조는 사실상 문명사적으로 수명을 다한 상태였다. 19세기말~20세기 초는 제국주의 열강의 시대였지만, 한편으로는 문명사적 전환의 시기이기도 했다. 특히 한국의 입장에서 보면, 중국문명권에서 이탈하여 서유럽문명권으로 전환을 준비하던 시기였으며, 유교문명에서 기독교문명으로, 대륙농경문명에서 해양상업문명으로의 일대 교체가 이루어지던 시기였다.

그러나 조선은 이러한 문명사적 전환을 능동적으로 대비하지 못했다. 갑신정변이 청나라에 의해 진압되자, 조선은 사실상 청나라의 식민지 신세로 전락했다. 왕과 관료들은 청나라가 파견한 23살짜리 젊은 관료, 위안스카이(원세개)의 지배를 받았다. 명색이 조선 통감, 위안스카이는 관료경험도 없었다. 그렇게 새파란 애송이가 조선의 왕과 관료들을 능멸했다. 조선관료 스무 명을 일거에 자신의 측근으로 갈아치울 정도로 위세가 등등했다. 왕 앞에서도 기립하지 않았으며, 혼군이라 욕하고 신하들을 능멸했다. 이처럼 청나라는 조선을 속국으로 마음껏 농락했고, 조선은 한심할 정도로 무기력했다.

한국 보수의 시원, 이승만

이 무렵 근대 개화사상이 기독교와 함께 꽃피기 시작했다. 개화기 지식인들은 선교사들로부터 자유주의 사상의 영향을 크게 받았다. 서구의 기독교 정신 자체가 근대 개인주의와 자유주의 사상에 친화적이기도 했다. 기독교의 구원은 그 누구도 대리할 수 없으며, 오로지 자신의 책임일 수밖에 없다. 즉, 기독교의 정신세계는 본질적으로 개인주의적 세계관이 깔려 있다고 볼 수 있다. 군사부일체 등 인간관계와 위계질서로부터 존재의 근거를 도출하는 유교적 세계관과 대비된다. 더욱이 하나님 앞에 만민이 평등하다는 혁명적 종교관은 성리학적 세계관에서 벗어나 근대 공화주의의 출발점이 되었다. 바로 이 대목에서 우리는 개화기 지식인 이승만을 만나게 된다.

이승만은 1875년에 태어나, 20세까지 과거시험을 보기위해 성리학을 공부했다. 그러나 1894년 갑오경장으로 과거제도가 폐지되자 배재학당에 들어가 서재필 선생과 외국선교사들로부터 영어를 배우며 서유럽의 사상과 문물을 접하게 된다. 그는 이 무렵부터 미국인 선교사들에게 배운 내용 가운데 '정치적 자유'를 가장 중요하게 받아들이며 사상적 전환을 시작했다.

양녕대군의 16대손이며, 얼마 전까지만 해도 과거에 응시했던 평범한 유생이었던 그에게 자유주의 사상은 세계관의 일대 충격이었다. 하지만 20세 청년이었던 만큼 사상적 전환은 빨랐다. 조선의 현실에 눈을 뜬 그는 근대화에 몸을 던지기로 작정하고 의료선교사로 왔던 O.R 에비슨 박사를 찾아가 상투를 자르고 개회기 혁명기의 길을 걷게 된다.

배재학당을 졸업한 후, 그는 〈매일신문〉과 〈제국신문〉을 발간하며 언론인으로서 국민계몽에 앞장서게 되고 〈독립협회〉 활동을 전개했다. 당시 〈독립협회〉는 서재필, 이상재, 남궁억 등 개화파 지도자들에 의해 주도되는 개화파의 산실이었으며 기본적으로 친미 노선을 띠고 있었다.

이승만은 바로 이와 같은 개화 사상가들의 영향을 받으며 급진적인 개화파 운동권으로 거듭나고 있었다. 독립협회는 만민공동회를 개최하며 활동이 절정에 달했다. 이 당시 만민공동회라는 군중집회는 전국적으로 큰 인기를 모았다. 나중에는 1만 여 명의 군중이 모일 정도로 커졌다. 반상(班常) 구별 없이 누구나 참여하며 발언하는 토론의 장이었던 만민공동회는 대표위원을 직접 뽑아 회의 결의사항을 집행하는 민주적 방식으로 운영되었다. 조선 민중들에게는 완전히 새로운 경험이었다. 만민공동회에서 터져 나오는 발언들은 정부 비판부터 세계정세에 대한 설명, 유럽 문명국가에 대한 소개에 이르기까지 다양했을 뿐만 아니라, 이후에는 정부정책 비판, 무능관료 해임 요구, 신분차별 철폐 등의 요구까지 이르렀다. 이것은 곧 의회설립 운동으로까지 이어져 이후 조선 최초의 의회격인 중추원을 설립하는 계기가 되었다.

이승만은 만민공동회의 스타였다. 가두연설로 대중들에게 큰 인기를 끌며 총대의원으로 뽑힌 그는 정부에 대한 투쟁에 앞장서면서 더욱 이름을 날리기 시작했다. 급기야 23세의 젊은 나이에 중추원의 의관이 되었다. 요즘으로 치자면 국회의원인 셈이다. 하지만 혈기왕성한 청년답게 급진적 개혁을 줄기차게 요구하던 이승만은 고종의 격분을 사게 된다. 박영효를 중추원 의장으로 임명할 것을 고종에게 요구한 것이다. 고종에게 박영효는 갑신정변을 일으킨 역적이었기 때문에, 결코 이를 받아들일 수 없었다. 이로써 고종은 개화파들이 왕을 폐위시킨다는 음모를 빌미로 중추원을 해산하고 독립협회 측 의관들을 모두 체포하라고 명령했다. 이승만은 이 때 붙잡혀 고문을 당하고 6년간의 옥살이를 하게 된다.

이승만은 감옥에 있는 동안 기독교로 개종하고, 선교사들이 넣어주는 책을 읽었다. 그리고 동시에 절박한 마음으로 한 권의 국민 계몽서를 집필했다. 바로 [독립정신]이라는 책이다. 이 책에서 이승만은 자유주의와 공화주의 이념에 토대를 둔 미국식 민주국가를 제시했다. 그것은 군주제와 신분제를 부정하는 위험한 내용이었다.[58]

이영훈 교수는 [독립정신]의 정수가 근대 문명에 대한 정확한 통찰력에 기반을 둔 그의 철학에 있다고 한다.[59] 이승만은 인간의 본성을 '자유(自由)'로 파악했다. 기독교인으로서 이승만은 하나님이 인간과 자연을 창조했다는 관점에서 자유와 독립의 당위성을 역설했다. 그리고 미국의 독립선언서와 노예해방의 예를 들며 조선에서의 신분제와 노비 제도를 비판하고 민권사상을 설파한다. 열혈 급진 개화파 청년이었던 이승만이 보기에 세계에서 노예제를 보유한 나라는 조선과 중국뿐이었다. 그는 통상에 대한 입장도 명확했다. 이승만은 독립정신이라는 책을 통해 이렇게 말했다.

> 이웃이 많을수록 내가 사용할 수 있는 물품들이 좋아지고 많아지게 되며, 또한 내가 만든 물품도 다른 사람들이 사용하게 되어 귀중하게 취급되고 더 많은 사람들에게 쓰이게 된다. 이웃이 많을수록 더 많은 정보와 지식노 얻을 수 있게 된다. 그러므로 사람들은 다른 나라들과 교류하는 것을 매우 중요하게 생각하며 노력하는 것이다[60]

이영훈 교수는 이 대목에 대해 애덤 스미스의 교환-분업론을 연상케 하는 혜안일 뿐만 아니라, 하이에크의 지식정보전달론과도 일맥상통하는 지점이라고 평가한다.

이승만은 1904년 8월 9일이 되어서야 5년 7개월 만에 감옥 밖으로 나왔다. 그는 2개월 후 선교사들의 권유로 미국 유학을 결심한다.

이승만은 조지워싱턴 대학에서 졸업장을 받은 후 하버드 대학 석사과정을 거쳐 프린스턴 대학에서 국제법과 외교사를 전공하여 박사학위를 받았다. 그 때가 1910년, 한일합병으로 나라를 완전히 빼앗긴 해였다. 이후 하와이에서 한인 기독교 단체를 조직하고 교육활동과 실력 운동 양성 사업을 전개하였다. 이승만은 흔히 독립운동사에서 '외교 노선'으로 지칭되는데 이때부터 활발한 외교 활동을 전개하였다. 미국에서 열리는 각종 회의장마다 나타나 일본을 규탄하고 한국 독립의 정당성을 역설하였다. 그러던 중 1918년 미국의 윌슨 대통령이 민족자결주의를 제창하자, 미국의 교민사회는 크게 고무되었다. 무엇보다 윌슨 대통령은 이승만의 대학시절 은사였다. 사람들은 이런 이승만의 개인적 교분에 기대를 많이 걸었다.

3·1운동과 이승만의 비전

3·1운동이 있기 한 해 전인 1918년. 제1차 세계대전이 끝나고 자신의 프린스턴대학 은사인 윌슨 대통령이 민족자결주의를 발표하자 그 의미를 꿰뚫어 본 이승만은 한민족이 일본을 향해 혁명을 일으켜야 할 때라

고 판단했다. 이승만은 자신의 복안을 정리한 후 함태영, 양전백, 송진우 등 지도자들에게 국내에서 결정적인 대일(對日) 혁명을 일으켜야 한다는 메시지를 전했다.[61] 이러한 이승만의 메시지는 3·1운동이 발발하게 된 하나의 동력이 되기도 한다. 3·1운동에 이처럼 막강한 영향을 끼친 이승만은 이후 수립된 임시정부에서 민족지도자들의 만장일치로 대통령으로 추대되었다.

이승만의 선견지명은 태평양전쟁에서도 찾아볼 수 있다. 일찍부터 일본의 미국 침공을 예견했던 이승만은 '일본내막기(Japan Inside Out)'라는 책을 1941년 출간하며 일본이 미국을 침공할 것을 경고했다. 처음에 이승만의 경고는 비현실적인 얘기로 치부되는 경우가 많았지만 몇 년 뒤 실제 일본의 진주만 공격이 개시되자 그의 책은 미국에서 베스트셀러가 되었다.

이승만이 오래전 예언한 미-일전쟁이 일어나자 많은 사람들은 한국의 독립 가능성도 열리게 되었다고 생각했다. 평소 이승만은 현실성이 없는 무장독립투쟁론에 비판적이었지만, 전쟁이 발발하자 기민하게 움직여 한인청년들을 선발하고 비밀리에 첩보부대를 만들어 미군에 파병할 계획도 세웠다. 그는 중경임시정부에도 연락하여 일본에 대해 선전포고를 하도록 지시했다. 그리고 미국에 임시정부 승인과 군사원조를 해줄 것을 요청했다.

이처럼 이승만이 걸어온 독립운동의 기본 노선은 정치사상적으로 자유민주주의자의 길이었다. 이것은 당대에 만연했던 사회주의 노선과는 분명히 차별화된 노선이었을 뿐만 아니라 훗날 건국될 대한민국 건국정신의 초석이기도 했다. 무엇보다도 이승만이 구한말의 어떤 선각자들보다도 먼저 미국의 가치를 꿰뚫어 보았다는 점을 평가하지 않을 수 없다.

미국의 전통적인 외교 노선은 고립주의에 바탕을 둔 중립 외교였다. 이는 자유통상을 외교원리의 기본으로 삼았다. 식민지적 약탈과 전쟁이 아니라, 상호이익을 증진시키는 통상을 통한 평화 시스템으로 만들려는 것이 미국의 기본 전략이었다.

미국의 이런 전략을 간파하고 있던 이승만은 미국의 힘을 통해 독립을 쟁취하고 한국도 자유 통상국가로 변모시킬 수 있다는 원대한 전략을 갖고 있었다. 이것은 조선시대부터 중국에 얽매어 온 대륙문명권에서 벗어나 해양문명권으로 전환하는 거대한 문명사적 전환전략이기도 했다. 한국이 자유민주주의 체제로 건국되어, 산업화되고 수출 통상국가로 대도약을 하게 된 근본적인 원천이 바로 이승만의 오래된 비전속에 내재되어 있던 것이다.

5·10 총선거와 대한민국 건국

대한민국 건국은 개항 이후 이 땅에서 성장한 자유민주와 근대 문명 세력에 의해 이루어졌다. 즉, 해방 후 해외에서 돌아온 이승만 중심의 자유민주세력과 김성수를 대표로하는 국내 실력양성파의 협동에 의해 이루어졌다.

이른바 트루먼 독트린에 의해 1947년 9월 마침내 미국은 남한에서 정부를 세우는 것으로 방침을 정하고 유엔 총회 본회의에서 한반도에서 유엔 감시 하의 자유총선거를 통해 남북통일정부를 세우기로 했다. 그러나 1948년 1월 유엔임시 한국위원단이 서울에 도착한 다음날, 김일성은 평양에서 개최된 군중대회에서 위원단이 북한에 한 발짝도 들여놓지 못하게 한다고 공언했다. 소련 유엔대표도 유엔임시한국 위원단에 협조하지 않겠다고 통보했다. 북한에서 선거를 하면 이미 만들어진 공산 정부가 해체되어야 했기 때문이다.

결국 유엔 임시한국위원단은 미군정과 논의 끝에 선거가 가능한 남한 지역에서의 총선을 1948년 5월 10일로 실시할 것을 결정했다. 그 이후 좌익들은 이 결정에 반발하여 총파업을 비롯해 갖은 반대 공작을 전면적으로 전개하였다. 제주에서는 4·3 사건이 일어나 도내 선거사무소, 경찰서 등을 습격했다. 전국적으로도 이러한 게릴라 투쟁은 이어졌다. 이러한 어려움 속에서도 총선거는 예정대로 실시되었으며, 비교적 평온하게 진행되었다. 선거인명부에 등록한 사람은 전체 유권자의 86%가 넘었고, 그 가운데서 92.5%가 투표했다. 이렇게 높은 참여율 때문에 좌익들의 총선거 파탄 투쟁은 효과를 보지 못했다. 유엔 대표들과 직원들은 전국에 흩어져 투표를 감시했다. 많은 외국기자도 투표 상황을 지켜보았다. 유엔임시한국위원단은 자유가 보장된 분위기에서 5·10 선거가 치러졌음을 보고서에 담았다.

그것은 역사상 처음으로 치른 자유선거이자 매우 성공적인 선거였다. 이 선거에서 일본정부의 고위 작위보유자 및 고등경찰 등 친일부역자는 선거권과 피선거권이 박탈되었다. 그러므로 대한민국이 친일파들에 의해 세워졌다는 주장은 터무니없는 모략이다. 이렇게 해서 구성된 제헌의회는 대한민국의 제헌헌법을 제정함으로써, 명실공히 한반도에 최초의 민주공화국을 수립하게 되었다.

해방 후 3년의 기간 동안까지 간난신고(艱難辛苦)의 산통 끝에 출범한 대한민국이었다. 좌익 공산주의자들의 방해는 물론이고, 중간파들의 비협조와 심지어 미군정의 소극적 태도 때문에 대한민국 정부 수립은 정말로 한 치 앞을 내다볼 수 없던 상황이었다. 유엔을 통한 총선거가 결정되었을 당시에도 유엔 대표단 중에 단독정부 수립을 반대하는 세력도 만만치 않았다. 대한민국 운명을 가르는 투표에서 아슬아슬한 표차로 총선거가 결정되기도 했다. 그런 역경 속에서도 이승만은 때로 미군정과 정면 대결과 갈등도 마다하지 않고 끝내 총선거를 관철시켜 대한민국을 탄생시켰다.

대한민국 건국은 한반도 역사에서 일종의 혁명이었다. 근대 국민국가 경험이 없었던 한반도에서 처음으로 현대적 개념의 민주주의 국가가 탄생했다. 신분과 성별 차이가 없이 모두가 평등한 관계가 되어 자유와 민주적인 분위기 속에서 주권적 주체로서 정치적 결정을 내리는 국민으로 새롭게 태어났기 때문이다. 비슷한 시기 태동한 북한과 중국은 말할 것도 없고, 경제가 번창하는 싱가포르 등도 민주주의가 정착되지 못했다. 제2차 세계대전 후 성립된 신생 국가 중 우리처럼 경제번영과 민주주의를 동시에 달성한 나라가 없음을 상기한다면 우리가 그 어려운 시기에 얼마나 훌륭한 민주주의를 시작했는지 실감할 수 있을 것이다.

헌법 제1조는 대한민국은 민주공화국이며 그 주권은 국민에 있고 모든 권력은 국민으로부터 나온다고 선언하였다. 뒤이어 모든 국민은 법 앞에서 평등하며 성별, 신앙, 사회적 신분에 의해 모든 영역에서 차별을 받지 않는다고 선언한다. 또 모든 국민은 신체의 자유, 거주이전의 자유, 신앙과 양심의 자유, 언론·출판·집회·결사의 자유, 학문과 예술의 자유를 보장하였다. 요컨대 건국헌법은 자유민주주의 정치체제를 확고히 지향한 것이다.

건국헌법에 아로 새겨진 자유와 민주주의에 대한 정신은 박제된 구절로만 존재한 것은 결코 아니었다. 군사 독재 등 한국 현대 정치사의 어두운 그림자가 있었지만, 건국당시 수립된 다당제와 삼권분립의 기초를 허물지 못했다. 이런 헌법이 있었기에 민주화 운동도 지속할 수 있는 정치적 토대가 되었다. 중국이나 북한 등 공산국가에서는 민주주의의 모든 요소들이 마치 멸균처리 되듯 완벽하게 제거되어 있는 모습을 본다면 최초 건국의 시점에서 자유민주주의 체제로 출발한 대한민국 건국이념의 위대함을 다시금 느끼게 된다.

물론 대한민국 헌법이 기초하고 있는 자유, 인권, 국민주권, 사유재산, 시장경제 등의 문명은 원래 서유럽에서 기원한 것으로 20세기 들어 일본과 미국을 거쳐 한반도에 들어온 것이다. 이러한 점에서 볼 때 '대한민국 건국'은 우리가 세계사적 보편 문명권 안으로 진입했다는 것을 보여주는 문명사적 사건이기도 하다.

농지개혁, 평등 정책이지만 자본주의를 위한 개혁이었다

전쟁의 참화를 겪었으면서도, 대한민국이 성공적으로 발전하게 된 근본 배경에는 농지개혁이 있었다. 이 위대한 업적을 빼놓고서 대한민국의 가치를 논할 수는 없다. 농지개혁의 의미를 가장 적극적으로 평가하는 주대환 선생은 "농지개혁을 알아야 현대사가 보인다"고 단언한다. 그의 논지를 따라가 보자.[62]

일제 강점기 당시 지주들에게 땅을 빌려 농사를 짓는 소작농은 전체 농가 중 7할이 넘었다. 높은 소작료로 인해 춘궁기가 되면 식량이 다 떨어져 지주들에게 고리(高利)로 쌀을 빌려야 했다. 소작농들은 지주에 수확의 절반을 바치면서도 소작지를 떼이지 않으려고 전전긍긍했다.

조선시대부터 유래한 이 같은 수탈체제 속에 신음하는 소작농의 현실을 그대로 두고서 새로운 국민국가 건설은 불가능했다. 해방 직후 농민들의 절대적인 요구였던 농지개혁은 당대의 절대적인 개혁과제였다. 무엇보다 북한이 무상몰수-무상분배 농지개혁에 나서면서, 좌익들은 농민들의 민심을 빠르게 얻어가고 있었다.

대한민국 정부가 수립된 직후 이승만 대통령은 조봉암을 농림부 장관으로 임명하고 농지개혁에 착수했다. 조봉암은 일제강점기 시절 공산당 계열에서 활동했다. 그는 젊은 시절 박헌영, 김단야와 함께 공산당의 트로이카라고 불릴 정도로 좌익 계열에서는 이름난 지도자였다. 그러나 해방 이후 조봉암은 공산당을 탈당하여 전향하였고, 제헌국회의원 선거에 출마하여 대한민국 건국에 참여했다. 그런 인물에게 이승만은 농지개혁의 과제를 맡긴 것이다.

조봉암은 농림부장관을 맡아, 강정택 차관, 강진국 농지국장 등과 함께 농지개혁법 기초위원회를 조직하여 농지개혁법안의 기본 골자를 만들었다. 그의 방안은 농지소유 상한을 3헥타르로 정하고, 그 이상의 모든 농지를 지주로부터 유상으로 수용하여, 소작농에게 유상으로 분배하는 안이었다. 유상으로 수용한다고는 했지만, 한 해 소출의 30%를 5년에 걸쳐 갚는 조건이었으니 농민에게 대단히 유리한 방안이었다. 보통 한 해 소작료가 50%에 달했는데, 그 보다 적은 소작료를 5년 동안 내면 자기 땅이 되는 방안이었으니 마다할 사람이 누가 있었겠는가? 대신 지주 계급은 철저히 몰락했다. 지주들에게는 보상으로 국채를 주었지만, 전쟁 통에 치솟은 인플레로 인해 이 국채는 그야말로 휴지조각이 되다시피 했다.

이렇게 급진적인 농지개혁안이 실시되어 농지 대부분은 경작하는 농민들에게 분배되었다. 모든 백성들이 자기 땅을 갖고 농사를 열심히 짓게 하는 것은 한반도에 국가가 들어선 이래 수많은 이상주의자들의 꿈이기도 했다. 그 꿈이 드디어 현실로 이루어진 것이다.

농지개혁이 한국사회에 끼친 영향은 심대했다. 갑자기 자영농으로 탈바꿈한 소작농들은 누구보다 열심히 일을 했다. 남의 땅이 아닌 내 땅이 생긴 마당에 뼈가 부서지게 일을 하지 않을 이유가 없었다. 더 획기적인 사건은 이들의 머릿속에 '교육열'이 불타오르기 시작한 것이다. 소유기반이 생긴 자영농들은 자식 교육에 관심을 돌리기 시작했고, 거대한 대학입학 경쟁에 불이 붙었다. 그렇게 시골에서 올라온 농부의 자녀들은 열심히 공부해서 산업과 과학기술을 발전시키고 민주주의를 보편적인 상식으로 만들어나갔다. 이 모든 사건의 사회경제적 토대가 바로 농지개혁에서 비롯된 것이었다.

한국과 같은 토지개혁 성공사례는 세계적으로도 매우 드문 사건이다. 대만이나 일본 등 극히 일부분에 지나지 않는다. 필리핀이나 남미 지역은 여전히 대지주의 지배하의 대농장체제를 유지하고 있으며 농민들은 수동적인 작업자에 불과하다. 그들은 열심히 일할 동기를 찾지 못하고, 소득도 간신히 생계를 유지하는 수준에만 머무르고 있으니 자식들 교육은 엄두도 내지 못해 사회는 무기력한 모습에서 벗어나지 못한다. 필리핀과 남미 등이 빈부격차가 극심할 뿐만 아니라 절대 빈곤 인구가 아직도 과도하게 많은 원인이 여기에 있다. 이 나라들은 21세기에도 토지 개혁을 위해 무장투쟁을 벌이고 있기도 하다.

친북 좌파들 중에는 유상몰수 유상분배를 기조로 이뤄진 남한의 토지개혁이 무상몰수, 무상분배 형태로 이뤄진 북한의 토지개혁보다 덜 개혁적이었다는 주장을 펼치는 경우가 있다.

그러나 우리는 공산당식 무상몰수가 어떤 비극을 초래했는지 잘 알고 있다. 북한은 무상몰수하여 무상분배했다고 하지만 전쟁 이후 모두 집단농장화 시켜버렸고, 농민들은 토지에 대한 어떤 권한도 부여받지 못했다. 수탈자가 지주에서 국가로 탈바꿈되었을 뿐이다.

이렇게 되자 오히려 소작농 때보다 노동 자율성이 더 떨어졌다. 그러다 보니 생산력이 급감하여 식량위기를 만성적으로 겪게 되었다. 당시 토지를 몰수한 공산권 국가들은 한결같이 집단농장화를 하였다. 농기구와 가축마저 국가가 몰수했다. 소련의 경우 농사에 이용할 가축이 박탈당할 상황이 되자, 농민들은 차라리 가축을 잡아먹는 일이 비일비재했다. 가축이 없어지자 농업생산성은 급락하여 소련에서는 수백만 명이 굶어죽는 끔찍한 일이 발생했다. 우크라이나는 세계 최고의 곡창지대였음에도 아사자들이 속출하여 인육을 먹는 일까지 벌어질 정도였다. 북한 역시 90년대에 들어 소련으로부터 식량지원이 끊기자 수십만 명의 아사자들이 발생했다.

이런 역사적 비극을 야기한 공산주의식 토지개혁을 과연 '개혁'이라 이름붙일 수 있을까? 그런데도 이런 공산권 토지몰수에 빗대어 대한민국의 '농지개혁'이 철저하지 못하다고 좌파 사학자들은 비판한다.

농지개혁은 토지를 농민에게 배분했다는 점에서 평등주의적인 조치였지만, 동시에 유상으로 분배하여 재산권을 형성하였다는 점에서 근본적으로 자본주의적인 개혁이기도 했다. 이런 소유권이 바탕이 되었기에 주인의식을 갖고 자기 농토에서 열심히 땀 흘려 일할 수밖에 없었다. 토지개혁과 경제성장의 인과관계는 뚜렷하다. 세계은행에서 1960년대 토지소유 지니계수와 경제성장 간의 관계를 추적해본 자료에 따르면 토지분배가 평등할수록 장기 경제성장률이 높다는 것을 알 수 있다.

이처럼 건국 직후 이루어진 농지개혁은 향후 대한민국 발전의 초석이 되었을 뿐만 아니라 세계적 모범적 사례로서 그 어떤 혁명보다 철저한 사회적 변화를 초래했을 만큼 위대한 역사적 성취였다.

이승만과 건국의 아버지들

이승만은 단순히 대한민국 초대 대통령이 아니다. 대한민국의 탄생은 그를 빼놓고 설명이 불가능하다. 그만큼 대한민국을 성립하는 데 지대한 공을 세운 이는 없다. 대한민국이 그 출발선상에서부터 자유민주주의 체제가 뿌리내릴 수 있었던 것은 그의 신념과도 같은 반공 사상과 기독교인으로서의 소명의식, 그리고 투철한 애국정신에 기댄 바가 크다. 이승만 대통령의 측근이자 정치고문이었던 로버트 올리버는 '이승만이 없었다면 대한민국은 없다'라고 단언할 정도였다.

해방과 미군정 하의 정국은 지극히 혼란했다. 북한의 위협과 남한 내 좌익의 준동 속에, 대한민국 정부 수립의 전망은 한 치 앞을 내다보기 어려울 정도였다. 그런 여건 속에서 그는 수많은 반대와 방해를 물리치고 끝내 대한민국 정부 수립을 이루어 냈다. 그의 고집스러운 집념이 아니었다면 대한민국은 출범하지 못했을 수도 있었다.

물론 대한민국 건국은 이승만 혼자만의 업적은 아니다. 이승만과 함께 좌익들과 맞서 싸우며 정부 수립을 도운 지도자들의 공헌도 잊어서는 안 된다. 해공 신익희는 임시정부의 내무 장관을 지냈던 분으로 김구와는 달리 대한민국 정부 수립에 참여하고 이후 민주당의 대통령 후보까지 지냈다. 그의 참여를 통해 임시정부를 계승한 대한민국 정통성은 한층 강화되었다. 죽산 조봉암은 일제강점기 때 좌익 진영의 지도자였지만, 전향하여 초대 농림부장관을 맡으며 이승만 정부의 위대한 업적인 농지개혁을 주도했던 인물이다.

무엇보다 인촌 김성수는 이승만과 함께 사실상 대한민국의 기틀을 잡았던 분이다. 인촌은 대한민국의 건국을 위해 조직과 자금을 헌신적으로 바쳤다. 그는 국회의원 출마도 북한에서 내려온 조선민주당을 위해 양보했을 만큼 혜량이 깊은 사람이었다. 그는 일제강점기 때부터 실력양성론에 입각하여 동아일보를 만들고 고려대를 세우고 경성방직을 설립했다. 언론과 교육을 통해 인재를 키우고 제조업의 기틀을 다졌다. 여기서 나온 인재들이 기술자와 엔지니어가 되어 해방으로 일제가 남기고 간 공장을 가동시켰다. 제헌의회에서 헌법기초위원 소속 국회의원들과 전문위원 절반이 인촌을 따르는 사람들이었다. 그는 당대 최고의 거부였고 지주였지만 농지개혁의 당위성을 받아들였다. 경자유전(耕者有田) 원칙을 헌법에 넣었던 유진오도 그가 키운 사람이었다. 따지고 보면 제헌헌법이 사실상 확정된 곳도 인촌의 사랑방이었다.[63]

토지개혁을 이루지 못한 나라들, 가령 필리핀이나 남미 같은 곳에서는 아직도 땅을 잃은 농민들이 게릴라가 되거나 반군이 되어 유랑한다. 토지개혁을 요구하는 농민들이 지주들에게 학살되는 경우마저 있는 현실을 보면 그가 대지주로서 농지개혁을 선뜻 받아들이고 지주와 엘리트들의 중심 집단이었던 한민당이 그에 동조하게 만든 것은 명예혁명에 준할 정도로 위대한 면모였다. 1930년대 세계를 일주하고 영국에서의 1년을 머물며 국제적 안목을 키우고 실용주의를 익혔던 인촌은 실력양성론을 가장 우직하게 실천했던 애국자였다. 계급적 이해에 얽힌 협소한 사고에서 벗어나 제대로 된 나라를 만들겠다는 애국심의 발로가 아니었다면 갈 수 없는 길이었다.

　이승만, 김성수, 신익희, 조봉암 등은 비록 정파를 달리하던 정치가들이었고, 심지어 조봉암은 이승만으로부터 법살(法殺)까지 당한 비극도 있지만 대한민국 역사의 큰 틀로 본다면 당대의 정치적 입장을 떠나 미국처럼 국민 모두에게 건국의 아버지로 추앙받을 분들이다. 그런데도 민주당은 자신의 조상이기도 한 인촌 김성수의 건국훈장을 박탈하는 만행까지 벌이더니, 북한을 건국하는 데 일조하고 그곳에서 장관을 지낸 약산 김원봉에게 건국훈장을 추서해야 한다는 운동까지 일각에서 벌이고 있다.

산업화의 아버지, 박정희

　이승만이 건국의 아버지라면, 박정희는 산업화의 아버지다. 박정희는 비록 쿠데타로 집권했으나 당시 국민적 정서와 정치권 분위기는 이를 반역으로 여기는 상황은 아니었다. 심지어는 재야운동권의 거두였던 장준하는 사상 잡지 [사상계] 권두언을 통해 5·16을 환영했다.

> 4·19 혁명이 입헌정치와 자유를 쟁취하기 위한 민주주의혁명이었다면, 5·16 혁명은 부패와 무능과 무질서와 공산주의의 책동을 타파하고 국가의 진로를 바로잡으려는 민족주의적 군사혁명이다. 따라서 5·16혁명은 우리들이 육성하고 개화시켜야 할 민주주의 이념에 비추어볼 때는 불행한 일이요, 안타까운 일이 아닐 수 없으나 위급한 민족적 현실에서 볼 때는 불가피한 일이다...혁명 공약이 암암리에 천명하고 있듯이, 무능하고 고식적인 집권당과 정부가 수행

하지 못한 4·19혁명의 과업을 새로운 혁명 세력이 수행한다는 점에서 우리는 5·16혁명의 적극적 의의를 구하지 않으면 안 된다.

좌파적 시각에서는 5·16이 4·19를 짓밟고 등장한 것으로 보기도 한다. 하지만 이는 거의 역사 날조에 가까운 왜곡이다. 당시 국민들은 대체로 5·16을 환영했으며 혁신세력들의 지지도 만만치 않았다. 5·16을 주도했던 군(軍)내 소장파 세력도 4·19에 친화적이었다. 김종필은 4·19직후 다른 장교 여덟 명과 함께 "4·19 정신으로 군을 숙정(肅正)해야 한다. 부정선거를 돕고 부정으로 재산을 모은 군 수뇌부의 사퇴를 촉구한다."는 내용의 연판장을 돌렸을 정도였다. 20대가 주축이 된 4·19와 30대가 주축이 된 5·16은 한마디로 세대혁명이었던 셈이다. 이렇듯 5·16이 국민적 기대를 받게 된 배경에는 4·19직후 집권한 민주당 정부하의 극심한 사회적 혼란과 정부의 무능 때문이었다.

민주당 정부 10개월 동안 길거리에서 벌어진 데모는 무려 2,000여 건이 넘었다. 초등 교사들이 전근을 반대한다는 데모까지 하고, 논산훈련병들은 상관이 자신을 아랫사람으로 취급한다는 항의 데모를 벌였다. '어른들 데모 그만하라'는 어린이 데모까지 있었다. 반민주인사에 대한 처벌이 미약하다며 국회에 쳐들어간 시위대가 있는가 하면, 서울시청 광장에서 '김일성 만세'를 드러내놓고 외친 급진세력도 있었다. 대학생들은 '오라 남으로 가자 북으로'의 구호 하에 남북학생회담을 추진하기까지 했다. 그러나 이를 대처하는 민주당 정부는 지극히 지리멸렬했다. 집권 1년도 안되어 3번이나 내각을 교체하는 바람에 바뀐 장관만 십수 명이 넘었다. 그

와중에 민주당 신파와 구파의 계파 싸움은 격화되기만 했다.

이런 상황에서 5·16으로 집권한 군사 정부는 계엄령을 선포하고 부패와 구악을 일소한다는 이른바 혁명 공약에 따라 폭력사범과 부패 공무원 등을 처벌하기도 했다. 군사정부가 처음부터 경제발전에 뚜렷한 비전을 갖고 있던 것은 아니었다. 그러나 5·16 주도세력들이 대부분 농민의 자식들로 당시 민주당의 구엘리트들에 비해 서민친화적이었다는 점은 주목할 필요가 있다. 1963년 박정희와 윤보선이 대결을 펼쳤을 때, 윤보선은 수도권과 강원, 충청지역에서 승리했지만 박정희가 전라도와 경상도, 제주도에서 표를 훨씬 많이 받아 15만 표라는 근소한 차로 승리하게 된 배경도 여기서 찾을 수 있다.

최장집 교수는 박정희를 리더로 한 5·16 군정세력이 지주와 기독교 엘리트 중심의 민주당에 비해 근대화된 집단이었다고 평가한다. 이들은 미국식 훈련 속에서 단련된 군사적 지식을 갖고 있었고 군사집단의 특성상 도구적 합리성과 기술관료적 경영주의가 몸에 배어 있었다. 인구의 70%가 농촌에 살고 있던 당시의 한국 상황에서는 앞서 나가고 있던 근대적 조직인 셈이다.[64]

박정희 대통령이 이룬 산업화와 근대화의 업적은 그 누구도 부정할 수 없을 만큼 뚜렷하다. 선진국과 후진국 할 것 없이 학자들마다 이 '한강의 기적'을 연구하고 토론하기에 여념이 없다.

한국은 세계 최빈국에서 오늘날 세계 10위권의 경제 강국으로 성장했다. 20년 만에 농촌국가가 산업국가로 변모했고, 그의 집권기 약 20년 동안 GDP 성장률은 연평균 9%라는 인류사에 남을 기록을 갖게 되었다.

국민 1인당 소득도 100달러에 이르지 않았던 시기(1961년)에서 2018년에는 3만 달러를 넘어선 나라가 되었다.

1961년 한국의 수출량은 필리핀의 7분의 1 수준이었지만, 지금 우리 경제는 필리핀과 비교조차 할 수 없을 뿐 아니라 '대륙'인 호주마저 넘어섰다. 높은 고도성장 속에서도 소득분배는 양호했다. 1975년 세계은행 조사에서도 한국 조사대상 국가 66개 국 중 소득의 평등도 순위가 14위였고, 42개 개도국 중에서는 6위를 기록했다.

역사 속에 등장했던 그 어떤 산업혁명도 이처럼 극적인 경우가 없을 것이다. 중국이 우리의 기록을 추월하고 있지만, 그들이 롤모델로 삼았던 것은 박정희의 산업정책이었다.

이처럼 눈부신 업적을 이룩한 박정희의 산업화 공로는 그 어떤 표현으로도 형용할 수 없을만큼 위대하다. 하지만 좌파적 관점은 산업화에 대한 박정희 대통령의 업적을 전혀 인정하려 하지 않는다. 문재인 대통령은 베트남 공산화의 주역인 호치민을 두고 '인류의 위대한 인물'로 추앙하면서도 박정희 전대통령에 대해서는 '나와 생각이 많이 다르고 별로 존경하지 않는다'[65]라고 말한다. 모순이 아닐 수 없다.

그렇다면 박정희는 어떻게 산업화 혁명을 성공시킬 수 있었을까? 사실 5·16 세력이 초기부터 경제 발전에 대한 치밀한 전략을 준비해놓았던 것은 아니었다. 쿠데타 직후 1~2년은 부패척결, 강제적 물가 정책 등으로 좌충우돌했고 초기 경제 계획에서 수출주도형 경제 모델이 제시된 것도 아니었다. 오히려 초창기 경제계획은 남미와 비슷한 민족주의적/수입대체형 공업화 전략 속에 수출은 어디까지나 보조적 목표로 설정되기도 하였다. 그러나 경제개발 계획을 시행한 후 수출액이 목표를 초과하며 예상치보다 호조세를 보이자, 여기에 자신감을 얻어 이후 계획은 수출주도형 경제 모델로 넘어가게 되었다.

여기서 간과하지 말아야 할 점은 전후 폐허 속에서 가난과 부패로 점철된 50년대가 결코 무의미한 시기는 아니었다는 점이다. 박정희 정부가 수출에 처음 자신감을 붙인 품목은 1950년대 이승만 정부의 적극적인 재정 지원으로 뿌리 내렸던 산업이었다. 철강업과 면방직 공업의 경우 전후 복구가 끝날 즈음 시설 과잉에 빠지게 되었고, 이를 해결하기 위해 적극적으로 해외시장을 개척해야 했다. 합판회사는 유엔군에 납품했던 실적을 바탕으로 미국에 수출을 시작했다. 이런 노력들이 수출주도형 정책과 맞물리면서 성과를 내기 시작한 것이다.

농지개혁으로 지주계급이 소멸하는 바람에 급격한 산업구조 변화에도 불구하고 저항세력의 존재할 수 없었다는 점도 호재로 작용했다. 이는 산업자본주의로의 근대화 드라이브가 추진될 수 있는 백지위임장에 가까운 호조건이었다고 볼 수 있었다. 다시 말해 비록 온 나라가 빈곤했지만 평등화된 사회적 상황은 근대화에 대한 집합적 열정을 불러일으키는 중요한 배경으로 작용하였다. '잘살아 보세'라는 구호가 여실히 보여주듯 궁핍으로부터 탈피하겠다는 집합적 의지가 발전주의와 깊이 결합되었던 것이다.

50년대 전쟁의 참화 속에서도 국민 교육은 획기적으로 발전했다. 정부는 청소년들에게 풍부한 교육의 기회를 제공했고, 국민들은 놀라운 교육열을 보여주었다. 일제강점기 때였던 1943년도 47%에 불과했던 취학률이 1960년에는 99.8%로서 완전 취학률을 달성했다. 글을 읽지 못하는 사람들의 숫자도 크게 줄어들었다. 곳곳에 한글강습소를 세워 '문맹 퇴치 운동'을 벌였다. 교육에 대한 정부 투자 노력도 엄청났다. 국방비 다음으로 교육예산이 많았다. 그 결과 초등학교는 물론 중고등학교, 전문학교 대학교수가 크게 늘었다. 이렇게 교육을 받은 국민이 늘어나면서 이후 고도 경제성장을 뒷받침할 사회적 배경이 든든해졌다.

1960년대 중반 당시 세계 무역 환경은 급속히 변화하고 있었다. 일본의 진출로 미국 제조업의 경쟁이 심화되자 미국 구매업자들은 값싼 노동력을 찾아 나서게 된다. 그러나 인근의 남미는 기초 교육이 완비된 노동력이 취약했다. 보통교육을 확대하지 않았기 때문이다. 정치엘리트들이 자신의 자제들을 위한 고등교육만 강조했을 뿐, 일반 서민들이 다닐 수 있는 기초교육과 중등교육은 등한시했다. 남미에서 보통 교육 확대는 최근에야 이뤄졌다. 때문에 미국 구매업자들은 기초 교육을 받은 우수한 노동력이 풍부한 한국과 대만을 선택하게 되었고, 이것이 박정희 대통령의 수출주도형 성장전략과 맞물려 발전의 원동력으로 작용했다.[66]

박정희는 민족주의를 근대화와 산업화에 적극 활용하였다. 그러나 동시에 일본과 수교를 하고 대일청구권 자금을 받아 산업화를 추진하는 명분보다 실리를 택하는 현실적인 면모를 보였다. 비록 당시 체결되었던 협정이 여러 문제점을 안고 있었지만 막대한 자금은 산업화에 결정적 역할을 했다. 이러한 이승 선략은 박성희의 어넌 측번 때문에 가능했던 깃일까?

박정희는 일본의 군국주의가 최고조로 달했던 시기에 만주사관학교를

259
한국 보수의 탄생

나와 직업 군인의 길을 걸었던 사람이다. 해방공간에서는 친형의 영향으로 남로당 조직에 가담하는 바람에 사형까지 구형받기도 했다. 그는 민주주의를 경험해보지 못했을 뿐만 아니라 실제로 민주주의의 가치가 무엇인지 제대로 알지 못했다. 박정희를 이끈 사상과 철학이 무엇인지도 분명치 않다. 다만, 그는 수 천 년 동안 짓눌러왔던 가난의 역사를 끝장내겠다는 굳은 신념과 사명감으로 앞뒤 가리지 않고 실용주의적으로 산업화의 업적을 일궈냈다. 오히려 어떤 이념에 얽매이지 않았기에 성공할 수 있었는지도 모른다.

그는 이승만과 민주당의 부정부패 무능의 현실을 깨기 위해 나왔던 사람이었다. 그에게 이승만은 역사적인 인물이 아니라 극복해야 할 인물이었다. 박정희는 이승만을 존경한다는 말을 한 번도 한 적이 없을 정도로 반이승만 정서로 가득 찬 사람이었다. 그러나 반공을 국시로 삼으며 한미동맹을 굳건히 했고 대통령제를 선호했다는 점에서 그는 이승만의 충실한 계승자이기도 했다.

그는 분명 자유주의자가 아니었다. 그러나 산업화를 성공시킴으로서 자유민주주의가 훌륭히 자랄 수 있는 토양을 제공했다. 그의 산업정책이 국가주의적 성격을 지녔지만 발전국가의 모델로서 훌륭했다. 수출주도형 산업화는 수입대체 산업화에 비해 시장주의적 가치를 체화하고 산업의 경쟁력을 높이는데 탁월한 성과를 보여준다. 수입대체 산업화의 전략 속에서 기업은 주로 보조금 따먹기 경쟁에 몰두하면서도 경쟁의 부재로 인해 책임과 의무가 최소화되기 마련이었다. 그러나 극심한 국제경쟁 속에서 수출주도형 노선을 관철시키기 위해 기업은 투자자금 확보, 기술혁신, 판로개척 등 다양한 난관을 국가적 협력 속에서 이뤄내야 했다. 박정희 대통령은 유능한 관료기구를 세우고 선택과 집중을 통해 대기업을 육성했다.

기업은 설사 정부의 눈에 들었다 해도 실적으로 평가받아야만 했다. 때문에 경쟁은 제약되는 것이 아니라 오히려 촉진되었다. 도전과 혁신의 기업가 정신으로 무장된 기업가들이 속출했다. 특히 정부는 금융 혜택을 분배함에 있어서 성과에 따른 차별을 도입했다. 이것은 한국 기업의 경쟁력을 강화시키고 새로운 산업에 진출하는 원동력이 되었다.[67]

박정희 대통령의 산업화 혁명은 왜 위대한가?

박정희 대통령이 주도한 전후 국내 자본의 축적은 한국 역사에서 뿐만 아니라 세계사적으로도 매우 중요한 의미를 지닌다. 제2차 세계대전 후 수많은 국가들이 독립했지만, 그 중 유독 우리나라만 눈부신 경제발전을 이루었다. 이를 보더라도 일부 좌파들의 논리가 잘못되었음을 알 수 있다. 좌파들은 '박정희가 아니었더라도 우리나라는 그 정도 성장을 이루었을 것'이라는 어이없는 주장을 펼친다. 하지만 국가의 미래는 지도자가 어떤 전략을 택하느냐에 따라 크게 좌우된다.

당시 대부분의 신생독립국들은 값싼 노동력을 활용하려는 OEM 등 외국인 직접투자를 받는 데 주력한 반면, 우리나라는 끊임없는 도전과 개발을 거쳐 기술을 개량하고 우리 브랜드를 만들고 우리 고유의 자본을 축적했다. 이를 통해 결과적으로 산업화의 커다란 기반을 구축해낸 것이다. 국가가 산업화를 극도했음에도 관이 아닌 민간의 자본축적과 기술개발을 통해 산업화를 이루었다. 상당한 통찰력과 배짱과 애국심이 없다면 불가능한 일이다.

박정희의 상무정신과 애국주의

박정희 대통령은 반공주의라는 협소한 이념적 기반 위에 서 있었지만, 정치철학 차원에서 보수의 이념을 구축하지는 못했다. 그러나 그의 통치 과정에서 의미있는 정신적 유산을 남겼다. 상무정신이다.

조선 500년 역사는 사대부들의 이상주의적 도덕과 명분이 정치와 사회를 규율하는 근본 원리로 작용했던 시기였다. 사농공상의 위계질서와 문(文)이 숭상되는 문화 속에서 명분이 실질을 대신했고, 도덕이 실용을 지배했다. 그 결과는 중국에 대한 굴종적 사대관계 속에 임진왜란과 병자호란이라는 큰 변란이다. 그런 변고를 당하고서도 문신 사대부들은 여전히 부국강병에 소홀히 하고 문약(文弱)에 빠져 관념적 사변과 당쟁으로 나라를 좀먹고 있었다. 문신(文臣) 지배층들, 사대부들은 병역의 의무가 없었다. 군역은 상민의 몫이었다. 병자호란 당시 삼전도의 굴욕을 당했어도 그들은 여전히 정신을 못 차렸다.

병자호란 당시 문신관료들은 청의 황제에게 황제라고 부르지 못하겠다고 강경한 입장을 앞 다퉈 주장하면서도 정작 이에 대비하는 군사적 준비에 대해서는 단 한마디도 하지 않는다. 답답한 최명길이 '그렇다면 전쟁준비라도 해두자'라고 말했더니 '이 가뭄에 백성들에게 전쟁준비는 가당치 않다'고 거절했을 정도다. 위선적 명분에만 급급한 사대부들의 졸렬하고 무책임한 행태를 보여주는 일화가 아닐 수 없다. 조선이 이런 정신 상태로 머물러 있게 되다보니 한일병탄 직전에 제대로 된 군대마저 없었다.

상공업을 천시하여 나라의 부를 키울 능력을 거세시키고, 사대 의존으로 나라안보를 대신했던 무능한 문신 관료들이 지배하는 사회 속에서 한국인들의 정신문화 역시 곪아갈 수밖에 없었다. 중앙집권 관료로서 입신출세하려는 열망 속에 가문의 영광만이 있을 뿐, 부국강병과 같은 실질 문명에 대한 가치에 대한 인식은 폄하되기 일쑤였다.

반면 서양은 어떠한가? 군인은 명예로운 직업으로 인식되는 것이 보통이다. 귀족 문화가 여전히 남아 있는 영국의 경우, 전쟁이 일어나면 귀족과 왕족이 전투에 참여하는 것은 명예로운 의무와도 같다. 제1차 세계대전 당시 에드워드 8세는 징집연령이 되자 스스로 참전을 결의하여 입소했다. 그의 동생 조지 6세도 참전하여 제1차 세계대전 당시 최대 규모의 해전이었던 유틀란트 전투에 참전했다. 제2차 세계대전 당시에도 영국 왕실은 참전했다. 훗날 여왕이 될 엘리자베스도 19살이 되자 소위로 임관해 운전병 및 정비병 교육을 받았다. 귀족들도 모두 마찬가지다. 이와 같은 전통은 나라를 지배하는 집권층이라면 백성과 나라를 보호해야 한다는 귀족적 책무와도 연관된다. 그 역사적 연원은 로마시대로까지 올라갈 수 있다. 초기 로마 귀족은 선생이 벌어지면 자신의 재산을 내놓고 진장의 선봉에서 적군에 맞서 싸우는 것을 도덕적 책무로 여겼다. 로마에서 국민을 위해 자기를 희생하지 않는 사람은 권력자가 되지 못했을 정도다.

현대 미국도 마찬가지다. 미국 건국의 아버지 중의 한명이자 미 초대 대통령인 조지 워싱턴부터가 독립전쟁 당시 총사령관이었다. 미국은 전사자들의 유해를 찾기 위해서는 시한을 정하지 않고 지구 끝까지라도 찾아 나선다. 유해가 발굴되어 송환되는 장면은 전국에 생중계되고, 대통령도 경의를 표시한다. 도심 곳곳에 참전용사 묘지가 있으며 전쟁영웅들과 참전용사의 이름을 딴 건축물들이 곳곳에 있다. 그만큼 군인에 대한 존경과 존중의 문화가 바탕을 이루고 있다.

문명충돌론으로 유명한 정치학자 사뮤엘 헌팅턴 교수는 그의 저서 [군인과 국가]에서 군인들의 인간관이 성악설에 기초해 있다고 파악했다. 또 스포츠 경기에서 상대방의 약점을 파악하듯이 인간의 약점을 파악하는데 주력하기도 한다. 인간은 근본적으로 이기적이라서 폭력을 동원하는 것까지 마다하지 않으며 국가이익을 추구하게 되어 있어 전쟁은 없어지지 않는다는 현실을 정확히 인식한다는 것이다. 또 인간의 약점을 보완하기 위해 조직과 훈련, 지도력을 강화하기 위한 노력을 경주하지 않으면 안 된다. 그에 따라 각종 합리적이고 효율적인 기제를 발전시키게 된다. 실제로 인류역사에서 과학의 발전은 전쟁 기술의 발전과 궤를 같이 했다. 두 차례의 세계대전은 현대 과학기술의 비약적인 발전을 가져왔다. 잠수함 작전에 이용되었던 해양측정 장비 기술의 발전은 이후 해양 자원 탐사 기술을 촉진시켰고, 지구과학자의 학문발전에도 이바지했다. 핵무기 개발은 이후 원자력 발전의 모태가 되었다. 컴퓨터, 인터넷망, 휴대전화, 기상위성, 번역시스템에 이르기까지 현대 기술문명의 총아라고 일컬어지는 기술들은 미 국방성 연구기관에서 개발되었다. 또한 군인들의 경험들을 중시한다. 그래서 훈련, 또 훈련이다. 역사를 배우는 것도 훈련의 한 수단으로서 간주될 정도다. 애국, 충성, 희생, 책임 등을 강조하는 군인들의 윤리 정신은 오늘날 시민적 덕성과도 밀접한 관련이 있다.

이처럼 상무정신은 근대정신, 근대 문명과 맥이 닿아있다. 선(善), 도(道) 등 형이상학적 가치와 사변적이고 절대주의적 진리를 추구하는 문인들의 사고와 결이 다를 수밖에 없다. 그 역사의 경과를 보면 경험주의와 절대주의 중에 어떤 사고방식이 세상의 진보를 이끌어 왔는지는 자명할 것이다.

상무정신이 지나치게 강조되면 호전성을 고양하고, 더 나아가 군국주의로 치달을 위험이 있지 않을까? 헌팅턴은 그렇지 않다고 단언한다. 군인들은 의외로 전쟁을 선호하지 않는다. 군인들은 전쟁 대비와 군사력 강화를 역설하긴 해도 전쟁을 추구하지 않는다. 맥아더는 이런 말을 했다. "군인들처럼 평화를 위해 기도하는 사람들은 없다. 왜냐하면 일단 전쟁이 나면 그들이 가장 많은 피해를 입어야 한다는 것을 잘 알기 때문이다."[68] 더욱이 열강에 둘러싸인 한국이 모험주의적 군사행동을 선제적으로 한다는 것은 상상할 수 없는 일이다.

조선시대 500년을 경과하며 실종되었던 상무정신은 박정희 대통령의 통치 속에 다시금 되살아났다. 과거시험에 합격하여 관료를 통해 입신양명하는 전형적인 출세 모델이 바뀌었다. 박정희 정부를 거치면서 인식의 대전환이 일어난 것이다. 명분보다 실질을 숭상하는 문화가 고개를 들었다. 천시되던 상업과 공업이 메인스트림으로 자리 잡았다. 공무원과 선비들의 절대 우위의 시대가 변하게 된 것이다. 비로소 근대적 산업과 무역이 중시되며 물질적 풍요를 향한 노력이 전 사회적으로 퍼졌다. 부국강병을 향한 국가적 목표가 구체화되었고, 그 실질적 성과가 매해 가시화되었다. 이것은 한국 역사에서 또 하나의 문명사적 전환이기도 하다. 물론 과거 전통의 관성은 강해서 오늘날에도 여전히 관료적 출세와 학벌 등을 숭상하는 분위기는 여전히 남아있다. 그러나 조선시대에 비할 바는 아니다.

나는 지난 3월 1일 박정희대통령기념관 재개관식에 참석했을 때 기념관 측에 박정희 대통령이 추진했다는 핵개발에 대해 문의한 바 있다. 박 대통령 기념관 좌승희 이사장은 이에 대해 당시 청와대 출입기자였던 이석희 전KBS 보도국장의 구체적 증언이 담긴 메일을 한통 보내왔다. 편지에는 박정희 대통령의 부국강병에 대한 투철한 신념과 애국심이 절절히 담겨있었다.

1970년대 초반 월남전의 영향으로 말미암아 미국내 반전여론이 걷잡을 수 없이 확산되자 닉슨 대통령은 여론에 굴복하여 아시아 각국은 스스로 안보를 지켜야 한다는 닉슨 독트린을 발표한다. 그 영향은 우리에게도 미쳐 주한 미7사단 2만여 명이 철수하게 되었다. 뒤이어 들어선 카터 대통령도 미사일부대와 미 지상군의 상당 부분을 철수를 계획했다. 이에 박 대통령은 자주국방만이 살길임을 더욱 절감하고 무슨 수를 써서라도 핵개발을 하겠다는 결심을 굳힌다. 이에 오원철 청와대 경제수석 등에게 지시하여 미국에서 활동 중인 우리의 과학기술자들을 KIST에 영입하고 대덕 연구단지를 대규모로 조성했다. 무엇보다 당시 최고의 핵물리학자였던 이휘소 박사에게 간곡한 편지를 써서 그의 귀국을 요청한다.

박 대통령은 그에게 간곡한 호소문 같은 편지를 보냈다. 닉슨 독트린과 주한 미군 철수 상황, 그리고 얼마 후면 미군의 핵도 철수할 예정 등 국가안보적 상황을 설명하면서, 국가안보를 외국에 의존하던 시대는 종말을 고할 때가 되었다고 말한다. 그리고 독자적으로 핵무기, 미사일, 인공위성을 개발할 결심을 밝히며 이휘소 박사에게 도와줄 것을 호소했다.

박 대통령의 편지를 받은 이휘소 박사는 깊은 고민 끝에 미사일, 핵무기 제조 원리가 담긴 문서를 다리에 살 속에 파묻고 비밀리에 청와대에 도착해 박 대통령에게 전달한 후 떠났다. 그로부터 약 한 달 후 미국에서 그는 의문의 교통 사고로 숨지게 된다. 그 후 카터행정부는 한국정부에 대해 미사일과 핵개발 중지를 압박하게 된다. 이런 한미대립 속에서도 박 대통령은 1978년 장거리 미사일 발사실험을 완벽하게 성공시켜, 세계에서 일곱 번째 미사일 보유국이 되었다. 또한 핵무기도 개발 직전까지 갔었지만, 그의 급서로 인해 현재까지도 주변국들의 견제 속에 핵무기 개발은 없던 일이 되어버렸다.

박정희 대통령의 상무정신이 드러난 일화는 그밖에도 많다. 그는 1976년 북한의 미군병사 판문점 도끼만행사건이 일어났을 때에도 청와대에 철모와 군화를 준비한 채, 북에 대한 응징을 다짐했다. 그리고서 미루나무 가지치기를 하다 변고를 당한 미군을 대신해서 한국군이 가지치기에 나섰다. 북한군이 또 다시 도발을 할 경우 황해도 사리원까지 치고 올라

갈 계획까지 세워놓고 미국은 전폭기와 폭격기까지 출격한 상태였다. 그러자 김일성은 사태 이틀 만에 전격적으로 사과문을 발표했다. 내 나라 안보는 내가 지킨다는 각오로 대통령이 철모 쓰고 결의한 결과였다.

좌파들은 이러한 상무정신을 군사문화의 잔재로 폄하하기 일쑤다. 안보와 애국심을 강조하는 것조차 이들은 군사독재의 유산으로 치부한다. 물론 박정희 시대에 두발규제 등 개인생활에 대한 지나친 침해라든가, 강압적 교육 방식, 기업의 병영적 규율 등 부정적 유산도 적지 않았다. 그런 시대적 한계에도 불구하고 그 핵심을 이루는 상무정신이 가져다준 긍정적 유산은 우리 역사에서 소중히 키워나가야 할 정신이다. 미국이 국가정신과 애국심을 강조하고 국가유공자를 깎듯이 대우한다고 해서 개인의 자유를 소홀히 하는게 아니지 않는가? 이제 우리도 그 정도의 분별은 할 수 있다. 한반도 역사에서 이만한 번영이 이뤄진 적이 있었던가? 민주화된 지 30년이 넘었다. 군사문화의 부정적 측면은 염려하지 않을 정도로 사회문화적으로 우리 사회는 성숙했다. 우리도 민주주의와 상무정신이 서양처럼 조화를 이룰 수 있는 역량을 키울 수 있고, 그래야만 한다. 목욕물 버리다 아이까지 내버리는 우를 범해서는 안 된다.

좌파 운동권 정부는 조선사대부들의 관념적 작태와 너무 닮아있다. 말로써 평화가 지켜진다는 망상 속에 우리의 안보 역량을 철저히 무력화시키고 있는 것이다. 박정희 정부 시대의 진취적인 기상과 상무 정신이 더욱 절실해지는 요즘이다.

한국의 보수는 대한민국을 훌륭히 만들고 이끌었다

미국에서도 민주당과 공화당은 사생결단 하듯 치열하게 싸운다. 하지만 미국 건국의 가치를 부정하는 민주당과 공화당은 없다. 영국의 가치를 부정하는 보수당과 노동당도 상상할 수 없다.

그러나 대한민국에서는 건국을 부끄러워하는 자들이 진보를 참칭하고 권력을 잡고 있다. 대한민국을 만들고 발전시킨 인물들을 날조, 왜곡하는 자들이 정계, 언론, 방송, 학계, 법조계 할 것 없이 사회의 각 분야에 포진하여 그릇된 역사관을 주입하고 있다. 참혹한 인권유린과 반문명적 정치를 일삼는 북한과 중국에 경도된 자들이 민주주의와 인권의 대변자처럼 행사하고 있다.

오늘의 민주당은 과거의 민주당이 아니다. 김대중 대통령 시절만 해도 민주당의 뿌리는 한민당에 있었다. 그러나 지금의 민주당은 과거 자신들의 조상인 인촌 김성수를 부관참시하고 있다. 즉, 더 이상 한민당을 원류로 하며 계보를 이어온 민주당이 아니라 전대협 출신 운동권들에게 잠식되어 대한민국 정체성을 부정하는 정체불명의 민주당인 것이다.

이런 사정 속에서 대한민국을 긍정하는 세력은 보수의 자리에 위치할 수밖에 없다. 이제는 대한민국을 집권할 만큼 커진 친북좌파 운동권들, 몰상식한 반체제 세력들과 거대한 대결을 준비하지 않으면 안 될 시점이 되었다.

물론 사태가 여기까지 온 데에는 보수정치세력에게도 그 절반의 책임이 있다. 오직 자리와 이권에만 관심을 쏟았던 탓에 운동권들이 오랜 세월동안 이데올로기적으로 사회를 오염시켜온 것을 방치해 온 측면이 있었다. 보수정치는 역사관조차 뚜렷하지 않았다. 노무현 정부시절 친일반민족 행위자를 가려야 한다는 이데올로기 공세에 당시 한나라당은 수긍할 정도로 어리석었다. 이제 대한민국 보수는 도전자의 정신으로 새로운 사상무장에 나서야 한다. 그 출발은 대한민국의 정체성과 건국의 역사성에 대한 자부심에서 시작해야 한다.

시대를 앞서가는 도전과 혁신의 정신은 한국 보수의 뿌리

대한민국의 건국은 문명사적 전환이었으며 건국 정신은 당대 세계사적 흐름과 조응했다. 다당제와 삼권 분립, 보통선거제도 등 등 제도적인 면에서 선진 민주주의 국가들과 어깨를 견줄 수준이었다. 우리는 1948년 건국과 동시에 여성의 참정권을 보장했는데, 이는 프랑스와 불과 5년 차이밖에 나지 않는 일이었다.

우리 건국 아버지들은 독립, 자유, 개방의 기치아래 나라를 만들고 농지개혁, 대통령직선제, 지방자치, 귀속재산 불하, 한미동맹, 기초산업 건설과 교육혁명 등 기념비적인 업적을 대한민국에 심었다.

이는 비록 우리가 생각해낸 독창적인 것은 아니었지만, 자유민주주의의 정신을 실제 사회질서로 구현해 내는 작업은 세계사적으로 매우 힘들고 지난한 일이었다. 전제 왕권정치가 일제로부터 무너지고 식민지 시기 군국주의만을 경험했던 대한민국이 이처럼 놀라운 적응력으로 나라를 만들고 이끌어간 것은 기적과도 같은 것이었다.

물론 그 과정에서 극심한 혼란과 시행착오, 전근대적인 권위주의 행태와 무고한 희생 등 오늘의 기준에서 비판할만한 요소가 많은 것도 사실이다. 그러나 그 과정은 자립적 근대화와 민주주의 경험이 전무했던 신생 독립국가로서 피할 수 없는 현실이기도 했다.

선진 문명을 이룩했던 국가들조차 그런 운명을 겪지 않은 경우를 찾을 수 없다. 근대 공화정을 세계 최초로 수립했던 프랑스는 대혁명 과정에서도 참혹한 학살극을 벌이다 정권이 무너지고 수십 년을 극심한 혼란 속에서 보내다가 유럽의 2류로 전락했다. 혁명과 반혁명 과정 속에서 희생된 국민들은 수를 헤아리기 어렵다. 미국 또한 마찬가지로 위대한 독립혁명 이후에도 남북내전을 겪어야만 했다. 흑인노예제라는 반인륜적 제도를 갖고 있었고, 60년대까지도 인종차별이 여전했던 나라가 미국이다. 그렇지만 근대 선진 문명을 창조하고 세계인에게 자유정신을 심어주고, 민주주의 가치를 발전시켜 왔기에 선진 국가로서 존경을 받아 왔다. 그들은 선조들의 업적을 장점으로 승화시키면서 과거의 오류를 극복한다. 그러나 한국의 운동권들은 해외 석학들이 극찬하는 이승만, 박정희조차 시대의 역적으로 둔갑시켰다.

미국 건국의 아버지들은 공화파와 연방파로 나뉘어 극심한 권력투쟁을 벌이고 후일 공화당과 민주당으로 나뉜 후 남북전쟁이라는 내전을 치렀지만 당파를 초월하여 국민적 존경을 받는다. 그것은 미국이라는 나라의 가치를 유지시키는 힘으로 작용하고 있다.

보수가 반공의 가치에만 머물러 있었으며 그들로부터 계승해야 할 정신과 가치가 없다는 시각은 대한민국 역사에 대한 모독이다. 한국 보수의 원류는 무엇인가? 이승만과 박정희를 꼽는다면 과연 그들이 출발 선상에 있을 때부터 '보수'의 입장이었는지 생각해봐야 한다.

　이승만은 구한말 수구들과 맞서 싸우며 근대 개화사상의 급진개혁가로 등장했다. 70이 넘은 나이에도 한민당 지주 세력의 반발을 무릅쓰고 농지개혁을 급진적으로 추구했던 역동적 인물이었다. 박정희는 아예 혁명가로 등장해 한국 사회 전반을 뒤집어 놓았다. 더 멀리 간다면 국제적 감각을 익히며 선진 문명을 따라잡기 위해 고군분투했던 개화문명파들까지 우리는 한국 보수 정신의 기원으로 볼 수 있다. 시대를 앞서나가는 도전과 혁신이야말로 한국 보수의 근본적 뿌리임을 기억할 필요가 있다.

03 │ 위기에 빠진 한국보수

문재인 정권이 들어선 이래 보수정치세력은 궤멸을 우려할 정도로 위기에 봉착하기도 했다. 문재인 정부가 정치, 경제, 안보 모든 면에서 무능을 드러내고 민생이 어려움에 처해 있음에도 보수 정치세력이 예전의 지지율조차 회복하지 못할 만큼 국민적 신망을 잃기도 했다.

혹자는 이명박 정부와 박근혜 정부를 거치며 보수정치세력이 보여준 계파싸움의 민낯을 보수 위기의 원인으로 진단한다. 현상적으로 틀린 말은 아니다. 그러나 오늘날 보수가 처한 위기의 근본적 원인은 더 멀리 있다.

빛에는 언제나 그림자가 따르기 마련이다. 한국의 보수가 일궈온 성취의 역사 이면에는 부정적 유산들이 들러붙어 있었다. 이를 시대정신에 맞춰 개혁해오지 못했다는 점이 위기의 심층에 자리 잡고 있다. 자유민주주의와 공화주의가 부재했던 우리 역사 속에 대한민국 건국은 기적과도 같은 일이었지만, 그 가치가 사회에 내면화되고 체화되기까지는 몇 세대들 거치는 시간이 필요했다. 과거 보수세력이 자유민주주의 체제의 토대를 구축하는 것이었다면 새로운 세대의 보수는 그 바탕에서 자유와 공화의 가치를 내재화시켰어야 했다. 그러나 지금의 보수정치 세력들은 산업화 이후의 국가적 비전과 전망을 제시하지 못한 채, 기득권 유지에만 몰두했다. 국민소득 3만 달러, 10대 경제 강국 대한민국이 갖추어야 할 시스템과 문화를 형성시키는데 실패한 것이다.

권력, 다이어트에 실패하다

과거 산업화 국면에서는 발전 국가의 토대 위에서 관료기구는 불가피하게 비대해지고, 권한이 강했다. 이후 시대의 변화 속에서 민간 경제가 성장하면서 국가는 〈권력 다이어트〉가 필요했음에도 여전히 관료적 규제의 관행에서 벗어나지 못했다. 기업들의 경제적 자율성을 드높일 생각은 못하고 여전히 여론의 포퓰리즘 속에 국가주의적 개입으로 시장경제를 제약하는 일도 비일비재했다. 겉으로는 미국식 자유주의를 추구한다고 했지만, 기업이 자유롭게 투자하고 혁신할 여건을 조성하는 제도적 기반 마련에도 소극적이었다.

민주당이든, 한국당이든 강력한 대통령제의 전횡을 견제한다고 했지만 막상 자신들이 집권하면 권력의 단맛에 취해 의회와 정당정치를 무시하는 경우도 많았다. 제왕적 대통령제의 폐단이 반복해서 일어나도 이를 제어할 제도설계에는 무관심했다.

원래 보수주의는 단절과 청산이 아니라 계승과 발전의 역사관을 갖고 있다. 버크의 지적처럼 역사는 '살아 있는 자, 죽은 자, 태어날 자 사이의 공동협력'의 결과물이다. 그런데도 지난 보수 정권들은 전임자의 업적을 부정하거나 과거 청산 의지만을 강조해왔다. 계파적 이해관계 속에서 국가적 어젠다를 쉽게 허물어버리기도 했다. 함께 창출한 보수정권 내부에서조차 그랬다.

한국의 보수정치는 서구 보수주의가 지닌 자기헌신과 책임, 그리고 사명감이라는 미덕을 보여주지 못했다. 보수 정치를 뒷받침할 자발성도 없었다. 이념적으로 보수와 우파를 자처하는 시민 세력도 얼마 전까지 찾아볼 수 없었다. 보수 정치를 지지하는 세력은 동원된 관변단체들이 고작이었다. 반공 보수를 대표하는 단체들조차 정권이 바뀌자 문재인의 대북정책을 지지하며 재빨리 입장을 변경했을 정도였다.

자유를 내세우고, 자유에 목매달았던 보수는 이념적으로 진정한 자유민주주의를 보여주지도 못했다. 특히 과거의 보수정권들이 사정기관들을 권력유지에 활용했다는 점이 치명적으로 작용했다. 이 때문에 좌파들은 물론 우파들에게도 한국의 보수는 자유의 수호자라는 인식을 얻지 못했다.

그도 그럴 것이 87년 이전 보수는 산업화와 근대화를 이끈 군부세력이 주축이었는데 이들은 북한의 공산주의, 전체주의독재에 맞서 왔다는 면에서는 자유주의자였지만, 그들 스스로 국민들의 정치적 자유, 양심, 표현, 언론의 자유 등 정작 자유를 억압해 왔다는 면에서는 자유주의자로 보기 어려웠다. 당시 소위 87년 민주화운동은 야당과 재야의 주사파 학생운동권 세력이나 시민사회가 주도하긴 하였으나 그 운동이 본격적으로 힘을 받게 된 것은 일명 넥타이 부대능 평범한 시민들의 참여였다. 그런데 당시 상당수의 운동권 좌파들은 북한 주체사상을 신봉하거나 혹은 프롤레타리아 혁명을 꿈꾸며 집권세력에 저항한 것이었다. 즉, 87년 민

275
위기에 빠진 한국보수

주화운동은 그 역사적 맥락이나 당시 참여한 일반 국민들의 기대를 보자면 분명 자유주의 운동에 가까웠지만 실제 그걸 촉발했던 운동권 세력의 궁극적 목표는 그렇지 않았던 걸로 보인다. 따라서 87년 이후 집권한 노태우, 김영삼 등 집권세력은 87년 이후, 대한민국 보수의 가치를 권위주의가 아닌 자유주의 시대에 맞게 재정립함과 동시에 운동권 세력의 종북적 혹은 반 대한민국적관점과 선을 그었어야 했다. 그러나 그걸 못하는 사이, 대한민국에서 민주주의는 자유주의가 아닌 평등 혹은 사회주의의 정신에 가까워졌고 정작 자유민주주의의 건국이념을 계승한 보수세력도 여전히 자유라는 가치를 지키며 앞장서는 데 매우 어색한 세력처럼 인식되고 있다. 그러다보니 젊은 세대 중에는 자유한국당이 문재인 정권을 독재라고 비난하는 모습을 비웃으며 오히려 민주당이 자유세력이라고 착각하는 경우도 많다.

무엇보다 현실의 저성장을 타개할 국가전략이 보수세력에게도 보이지 않는다는 점이 문제다. 오늘의 보수정치세력에게 이승만, 박정희가 시대에 부응하며 응전했던 혁신의 정신이 있는지 의문을 갖지 않을 수 없다. 실천하지 못하고 구호로만 끝내던 이념과 철학, 도전과 혁신의 의지를 상실하고 관성에 기댄 채 기득권에 안주하던 안일한 모습에서 보수의 위기는 시작되고 있었다.

신념과 용기로 무장된 새로운 보수가 필요하다

오늘날 한국의 보수 정치는 전면적인 전환과 혁신을 요구받고 있다. 위기에 빠진 오늘의 보수에게 무엇보다 필요한 것은 스스로 보수적 가치를 정립하는 일이다.

이승만, 박정희 시절의 보수 정치는 국가 발전과 번영에 대한 의지와 열정으로 똘똘 뭉쳤었다. 하지만 87년 이후의 한국 보수는 중심을 못 잡고 있다. 87년 이후의 보수는 준비되지 못한 채 역사의 전환점을 맞았다. 그 때문에 보수의 명맥만을 이어왔을 뿐 결국 산업화 담론 같은 거시적 국가 목표를 제시하지 못하고 말았다. 정치가 제시해야 할 가치가 진공상태가 되어 버린 것이다.

보수가 국가 정신을 세팅하지 못하고 휘둘리면서 나라 전체가 마치 주인이 없는 듯 한 상태가 되었다. 한마디로 지금은 퍼블릭 마인드(public mind)의 상실 상황이다. 국가 정신은 사라지고 각 개인은 결국 각자 도생을 택하는 시절이 되어버렸다.

이제 보수는 제2의 도약기를 준비해야 한다. 버전을 바꾼 차세대 보수가 필요하다. 다행히 지금 한국의 보수는 조금씩 미래를 준비하고 있다. 탄핵이후 비로소 진정한 보수의 이데올로기가 논의되기 시작했고 자발적인 우파 시민단체를 중심으로 보수의 저변이 확대되고 있다. 보수적 기치의 불모지였던 대한민국에서 가치 중심의 보수가 형성되고 있는 것이다. 그에 힘입어 대중화된 보수는 이제 보다 뛰어난 지도부 형성을 촉구하고 있다. 투철한 이념적 완결성과 충분한 역사관, 그리고 논리적 탁월함을 겸비한 유능한 보수의 등장을 소망하기 시작한 것이다.

새로운 보수는 이념에만 매몰되어서도 안 되지만, 튼튼한 보수적 신념까지 없어서는 안 된다. 자기 가치의 중심이 없거나 빈약한 신념을 갖고서는 기본이 흔들리기 때문이다. 강력한 자기중심을 갖고 그 위에서 동시에 유연함을 갖춰야 한다.

나는 이러한 원칙 위에서 업그레이드된 차세대 보수가 등장할 것으로 확신한다. 오늘날 존재하는 혼란은 불가피한 성장통이다. 새로움은 언제나 혼란을 거쳐서 탄생하기 때문이다. 저절로 혁신이 탄생할 수 없다.

앞 세대에 이해관계가 걸쳐 있는 한 과거 논쟁으로부터 자유로울 수 없다. 새로운 역사를 일궈낼 사명은 결국 낡은 정치적 이해관계로부터 독립된 〈다음세대〉에게 주어진다.

혼란과 단절, 그리고 그 극복의 시간 속에서 우리는 빛나는 차세대 보수의 탄생을 목격 할 수 있을 것이다.

04 | 차세대 보수를 위하여

보수의 세대교체가 필요하다 - 87년 체제에서 벗어나야 한다

대한민국의 현대사를 돌이켜보면 한국의 보수세력은 3세대를 거쳐 왔다고 볼 수 있다. 이승만을 위시한 1세대 보수는 일제 강점기에서 나고 자란 세대로서 대한민국의 건국을 이끌었고, 박정희 중심의 2세대 보수는 전후세대로서 산업화를 이루어냈다. 그 뒤를 이어 3당 합당 이후 민주화의 맥을 잇는 3세대 보수가 등장했다. 이들은 산업화와 민주화라는 격동의 시기를 거친 세대다. 각각의 세대는 당파와 뿌리를 조금씩 달리하였지만, 대한민국의 건국과 반공, 자유민주주의 체제 수호라는 공통된 인식의 기반위에 있었다. 문제는 우리가 3세대 보수 이후, 새로운 변화의 전망을 갖지 못했다는 점이다.

3세대 보수를 기획한 산업화세력은 시대의 변곡점에서 스스로 6·29선언과 87년 헌법개정을 주도하며 YS세력과 통합을 통해 새로운 보수를 창조하는 듯 했다. 이것은 일종의 명예혁명이라고 할 정도로 획기적 의미를 지니는 사건이기도 했다.

이렇게 등장한 신보수는 각자의 이질적 뿌리를 통합하고, 공동의 가치를 정립해 시대의 변화를 주도했어야 했다. 유감스럽게도 김영삼 정권을 비롯해 그 계보를 잇는 3세대 보수는 권력창출과 이익분점을 위한 타협만 했을 뿐 새로운 보수의 가치와 철학을 세우지 못했다. 김영삼 대통령은 본능적으로 타고난 투쟁가요, 담대한 정치인이었지만 아쉽게도 정치철학, 사상의 측면에서 한계가 있었다. 그에게 있어서 자유민주주의란 그가 싸워왔던 군부세력의 독재를 무너뜨리는 이상의 의미를 갖지 못했던 것 같다. 여전히 민주-반민주 프레임에 머물러 정치적 적대관계에 있던 박정희와 산업화 세력의 공을 평가하는데 인색했다. 역사를 통해 버려야 할 것과 지켜야할 것이 무엇인지 판별해 내는 가치와 철학이 불분명하였고, 과거 관성에 의존하며 당면한 정치 현안에만 매몰되어 왔다. 1세대 보수와 2세대 보수에 비해, 3세대 보수는 이미 절박한 시대를 벗어난 세대여서인지 전 세대에 비해 국가적 사명감과 자기헌신성도 부족했다. 뿐만 아니라 정보화, 선진화, 세계화라는 시대정신에 부응하고 이를 보수적 가치에 접목시키는데 실패했다.

그런 점에서 최근에 빚어진 보수의 몰락은 박근혜 대통령 탄핵이라는 우연적 사건에서 비롯되었지만, 보다 근본적인 원인은 3세대 보수의 근원적 한계에 있었다. 이제 세대교체를 통해 3세대 보수를 넘어, 새로운 보수의 시대를 창조해야 한다.

사실 세대교체는 보수 진영의 과제만이 아니다. 집권 여당은 오히려 보수보다 더 퇴행적인 면모를 보이고 있다. 과거 86운동권들이 DJ의 젊은 피 수혈론에 힘입어 대거 정치권에 들어온 이후 20여 년간 민주당에는 신진 세력이 등장하지 않고 있다. BTS가 전 세계를 휩쓸고 있는 시대에 여전히 7080 통기타 노래가 무한반복으로 재생되고 있는 셈이다.

87년 민주화 이후 30년이 넘게 흘렀다. 현 정치권에는 87년 체제 이후의 시대정신을 반영할 세력과 세대가 거의 없다. 여당은 586 운동권 세대가 장악하고 있고, 보수정당은 여전히 3세대 보수의 틀에서 벗어나지 못한 채 미래보다 과거를 붙잡으며 퇴행적 행태를 반복하고 있다. 정치가 시대 변화를 주도하는 것이 아니라, 걸림돌이 되고 있는 것이다. 인공지능을 비롯해 4차 산업혁명의 바람이 불고 있는 시대에 이 얼마나 퇴행적인가. 이미 한물간 70년 전 레코드판을 틀어대는 운동권 꼰대들에 대해, 어쨌든 그들과 싸워 패배한 기억을 갖고 있던 2세대 보수나 학창시절 운동권에 대해 부채의식을 지니고 있는 3세대 보수는 항상 주눅이 들어있다. 운동권의 잔재를 청산하고 구정치 프레임에서 벗어나려면 87년 이후 대학을 다닌 세대, 90년대 자유화 세계화 이후 대학을 다닌 세대가 이제는 정치의 전면에 나서야 한다. 구원에서 벗어난 세대가 정치를 주도해야 지나간 과거에 연연해하지 않고 미래를 위한 정치를 할 수 있다. 정치권의 세대교체가 시급한 이유다. 물론 산술적 나이가 절대적인 것은 아닐거다. 그러나 최소한 시대의 흐름을 공유하고 있어야 한다.

밀레니얼 세대의 특징

한국의 발전사를 한 마디로 표현하면 '압축 성장'이다. 서구 선진국이 200여 년 동안 이룩한 경제적 성취를 불과 40여 년 만에 따라 잡았으니

'압축'되지 않을 도리가 없다. 후진국 시절을 보낸 기성세대와 이미 선진국 시민으로 태어나고 자란 젊은 세대가 동시대에 살고 있는 셈이다. 세대간 가치 갈등이 그 어느 시기보다 심할 수밖에 없다.

구세대들은 전쟁과 산업화, 민주화라는 시대적 목표가 비교적 분명했던 시기를 거쳐 왔기에 세대 내부의 동질감이 높다. 특히 86세대는 군중집회를 일상적으로 경험하여 이념적 공감대가 뚜렷하다. 그들은 자신의 부모보다 높은 학력을 가지게 된 최초의 고학력 세대이기도 하다. 그래서 한국의 민주화를 자신들이 주도했다는 자부심이 지나쳐 다른 세대의 얘기를 귀담아 듣지 않는다. 또한 이들은 민족주의와 사회주의라는 이념적 프레임으로 민주화 운동을 했기에, 민주주의에 대한 이해의 범위가 매우 협소하다. 거대악(이라고 생각하는) 국가권력과 싸웠던 경험을 토대로 매사를 선과 악, 정의와 불의라는 이분법적으로 재단하고 판단한다. 정의로운 자신들과 반대되는 의견은 모두 악으로 여기는 독선적 태도가 몸에 배어 있다. 그 영향으로 인해 공권력에 맞서는 것을 자유와 민주주의의 본질로 보는 경향이 강하다. 때문에 입으로는 자유와 민주주의를 말하지만, 실제로는 법치와 공권력의 권위를 무시하며 전체주의적 사고와 습성에서 벗어나지 못하고 있다.

지난 평창 동계올림픽 때를 생각해보자. 북한 김정은이 연초에 불쑥 올림픽 참가를 시사하자, 문재인 정부는 느닷없이 여자아이스하키 남북단일팀을 급조시켰다. 출전 한 달을 앞둔 시점이었다. 올림픽을 위해 4년 동안 피땀 흘리며 훈련했던 선수 개개인의 상황은 안중에도 없다. 남북평화쇼를 위해서라면 그런 사정은 염두에 둘 필요가 없다고 보는 것이다.

이에 대해 젊은 층을 중심으로 비판 여론이 일자 남북 평화, 통일이라는 대의를 들먹인다. "어차피 메달권 밖의 비인기 종목인데 어떠냐"는 말이 총리 입에서 나왔다. 20대 청년층에서의 지지율이 급락 원인을 묻는 질문에 민주당 중진 의원들은 "보수 정권에서 제대로 된 교육을 받지 못한 탓", "반공교육 때문에 20대가 보수적"이라는 말로 답변했다. 꼰대라는 비난이 쏟아졌다. 이처럼 운동권 출신 정치인들은 자유, 인권, 민주주의를 입버릇처럼 떠들지만, 그것의 내재적 가치를 이해할 능력도 없고, 청년들의 사고를 받아들일 자세도 결여되었다.

현 2040 세대는 해외여행, 유학, 인터넷 등으로 '글로벌 스탠다드'를 일상적으로 경험하는 세대다. 요컨대 '자유, 인권, 민주주의, 개인주의, 탈권위' 등의 자유주의적 가치관이 태생적으로 장착되어 있다. 세계 시민으로서 보편적 가치 규범이 체화된 세대인 것이다. 이전 세대가 이런 가치를 이념적으로 받아들였다면 현재의 청년들에게는 생활 규범에 가깝다. 때문에 게임이나, 인터넷 등의 분야에서 정부가 규제를 가하는 것에 대해 본능적인 거부감을 갖는다. 국가권력의 부당함에 맞선다는 거창한 명분은 없지만, 생활 속의 부조리에 대해서는 민감하다. 위계적 질서 속에 집단적 가치를 추구하는 대신에 느슨한 관계 속에서 서로간의 이해관계를 맞춰간다.

한편, 고도성장을 경험하지 못한 요즘 세대는 전 세대에 비해 미래에 낙관적이지가 않다. 그래서 실용적인 성향이 강하다. 가성비에 집착하는 이유다. 저성장이 지속되다 보니 안정되고 급여가 높은 '좋은 일자리'는 갈수록 줄어들어 경쟁은 치열하다. 이런 경쟁 속에서 누군가 무임승차를 한

283
차세대 보수를 위하여

다면 참을 수 없기 마련이다. 이들 세대가 그 누구보다도 '공정'이라는 가치에 예민한 까닭도 그 이면에는 저성장의 그늘이 숨어있다.

'밀레니얼 세대'라고 일컬어지는 현 세대들은 20세기 시대의 진영 구도에 고착되어 있지 않다. 산업화든 민주화든 우리나라 발전 도상에서 필요한 역사적 과정이었을 뿐, 굳이 우열을 논할 이유가 없다. 과거 이념적 틀에서 벗어나 있기 때문에 그들은 현실을 있는 그대로 본다. 마치 '벌거벗은 임금님'을 보는 아이의 시선처럼 말이다. 그래서 운동권 좌파들이 좋은 자리를 다 차지하고 있으면서 피해자, 약자 코스프레하는 것을 납득할 수 없다. 본인들은 강남 아파트에 살면서 주식투자나 부동산 투기로 돈을 불리고, 자식들 유학 보내고, 좋은 직장과 높은 자리에 있으면서도 자신들이 마치 사회적 약자인양 행동하고, 정의를 추구한다는 코스프레를 벌이고 있으니 그 위선과 '내로남불'에 혐오감이 들지 않을 수가 없다.

현 세대는 냉전시기의 이데올로기 대립을 경험하지도 않았기에 자유시장 경제의 원리를 자연스럽게 받아들이고 경쟁을 긍정한다. 치열한 경쟁 속에서 영광을 얻어가는 오디션 프로그램이 인기를 끈 이유도 이와 무관하지 않을 것이다.

선진국에 대한 열등의식이 없어 반일 민족주의에 쉽게 휩쓸리지도 않는다. 남북한 간의 격차는 '넘사벽'이기 때문에 애초에 그들과 체제 경쟁해야 한다는 강박도 없다. 북한은 그저 야만적인 지도자가 지배하는 기괴한 사회이며, 핵무기로 우리 안보를 위협하는 골치 아픈 존재일 뿐이다. 거창한 대의명분보다는 철저히 현실주의적인 정치관을 갖고 있는 것이다.

이들은 국가주의와 권위주의적 습성에서 젖어 있는 우파에 대해서는 정서적 반감이 있지만, 전체주의 사고방식과 친북적 성향의 좌파에 대해서는 이념적 거부감을 갖고 있다. 기존의 '보수', '진보'라는 정치문법으로는 도저히 포착할 수 없는 세대다. 바로 이들이야말로 자유민주주의 체제의 민주공화국 이념을 명실상부하게 받아들인 최초의 세대인 것이다.

보수가 혁신하려면 청년들을 이해하고 단순히 발탁한다는 정도에 그쳐서는 안 된다. 청년들의 정서와 함께하고 그들을 정치의 주역으로 내세워야 한다. 4세대 보수로 진화해야 하는 것이다.

차세대 보수 : 지향하는 가치가 뚜렷하고 선명해야 한다

3세대 보수는 산업화와 만주화의 대전환기 속에서 정체성 혼란에 빠진 감이 없지 않다. 시대적 전환 자체가 급격히 이루어져 더욱 그랬던 것 같다. 그래서 산업화를 주도하고 민주화 세력의 일부를 받아들여 시대변화를 결국 받아들였던 3세대 보수는 그 이후 가치를 제대로 정립하지 못하고 방황했다.

엄밀히 말해 87년 민주화 운동은 자유를 바라는 시민들의 자유주의 운동이라는 성격이 컸음에도 그 이후 운동을 초기에 주도했던 운동권 세력에 끌려 다니며 개인의 자유와 시장의 원리를 위축시키는 타협을 종종해왔다. 예컨대, 좌파정치권에서 무상급식 무상보육 등 복지 바람을 불러일으키자 극단적으로 그 도입을 반대하다가 결국에는 전면 수용하는 노습을 보였다. 좌파-운동권 프레임 속에 포위당한 채, 시장 경제주의 입장에서 복지가 효율적이고 생산적으로 작동하기 위한 전략을 모색하지 못했던 것이다. 복지혜택은 기관이 아닌 소비자, 학부모 등에게 바우처 형식으로 직접 지원함으로써 소비자의 선택권을 보장하고, 경쟁의 미덕을 극대화해야 한다. 이를 통해 서비스 관리자인 공무원에게 잘 보이는 것이 아니라 진심으로 소비자를 위해 경쟁하는 서비스 산업을 발전 시켜야 하는데 이 원칙을 지키지 못했던 것이다. 즉, 복지를 하더라도 시장경제의 경쟁원리를 살리는 방식을 대안으로 내세우지 못했다. 그렇게 방치하는 동안 복지 서비스 분야는 사실상 사회주의가 뿌리를 내려버린 것이다.

차세대 보수 : 자유의 가치를 전면에 세워야 한다

'자유'야 말로 대한민국의 건국 이래 지금까지 보수세력이 추구해온 일관된 가치이다. 그런데 보수가 진화를 거듭하면서 각자 집중했던 자유의 의미가 조금씩 다르다는 점을 이해할 필요가 있다.

대한민국을 건국했던 1세대 보수는 구래(舊來)의 속박으로부터의 자유를 추구했다. 오랜 신분제 사회와 일제 식민시대로부터 자유를 찾고 민주공화국을 선언하면서, 헌법에 국민의 기본권을 명시해 국가로부터 국민 개개인의 자유를 보장한 것이다. 이는 한국의 보수가 탄생과 동시에 일관되게 지향해온 '반공'투쟁의 실제 의미이기도 했다. 반면 산업화를 주도한 2세대 보수는 '빈곤으로부터의 자유'를 추구했고 이를 실현했다. 산업화를 통해 잘사는 대한민국, 풍요로운 국가를 만들지 못했다면 우리는 명목상의 자유에만 만족하고 살았어야 한다. 신체의 자유같은 국가로부터의 자유가 '소극적 자유'라면 경제적 풍요를 통해 삶의 반경이 넓어지는 자유야 말로 '적극적 자유'이기 때문이다. 뒤이은 3세대 보수는 직선제 민주화를 통해 정치적 자유를 제도화시켰다. 이로써 우리는 세계 대전이후 민주화와 산업화를 모두 일궈낸, 세계사적으로 흔치 않은 나라가 되었다.

그렇다면 이제 4세대 보수에게 떨어진 자유의 사명은 무엇일까? 그것은 우리의 일상과 문화 속에서 자유의 가치를 극대화 하는 것이다. 개인의 자유를 막는 사회적 규제를 비롯해 기업의 혁신을 가로막는 각종 경제적 규제를 폐지시켜 나가야 한다. 우리의 일상에 자꾸만 파고드는 국가주의적 개입과 투쟁하며 청년의 자유정신을 획득해 나가야 한다.

물론 자유는 무한대로 보장하다보면 상대의 자유를 침해할 수 있다. 따라서 개인의 자유를 실질적으로 보장하기 위해서는 공동체가 합의한 법적 제한을 지키는 것이 필요하다. 즉, 법치와 공권력을 존중하는 분위기가 체화 되어야 한다.

그런데 2세대 보수가 자유민주주의를 지키기 위한 명목으로 자유를 제한하는데 대한 반작용으로 3세대 보수에서는 자유가 마치 아무런 책임이나 제한이 없는 방임처럼 되어 무질서와 공권력 파괴 등이 횡횡하게 되었다. 결과적으로 지금 우리는 책임이 실종된 자유, 무질서와 혼돈 속에서 목소리 큰 놈이 설치는, 그래서 집단의 힘에 의해 개인의 자유나 평온이 침해되는 전체주의적 상황에 이르렀다. 4세대 보수는 자유를 실질적으로 누리되, 책임의식을 스스로 체화 하고 타인의 자유를 위해 공권력을 존중할 줄 아는 진전이 필요하다.

문화적으로도 자유에 대한 감수성을 보다 더 높여 나가야 한다. 이를 위해 보수세력이 신문화에 좀 더 익숙해질 필요가 있다. 20~30대는 욕망에 솔직한 세대다. 그들과 호흡하기 위해서는 무엇보다 문화적 감수성을 키우고 진솔한 소통태도를 가져야 한다. 보수는 그동안 새로운 미디어 환경에 적응하는 노력을 별로 하지 않았다. 80~90년대처럼 종이 매체에 의존하고 만족할 뿐, 변화를 수용하거나 앞장서려 하지 않았다. 이제 그동안의 관성에서 벗어나 뉴미디어에 익숙해져야 한다. 혁신하는 보수가 정체된 진보를 이길 수 있다.

차세대 보수 : 기술 혁신을 주도할 수 있어야 한다

보수와 진보의 사전적 정의는 단순하다. 보수는 무엇인가를 지키려는 입장인 반면, 진보는 무엇인가를 바꾸려는 입장을 의미한다고 책에는 적혀있다. 그런데 우리가 지나온 역사적 현실은 개념적 정의와는 맞지 않다.

오히려 한국의 보수세력은 건국과 산업화, 그리고 이후의 민주화, 선진화 과정에서 대한민국의 실체적 변화와 발전을 주도해왔다. 그것이 계속해서 스스로를 혁신해 온 한국 보수의 힘이기도 했다. 우리는 이와 같은 한국보수의 전통을 4차산업혁명 시기에 맞춰 다시 한 번 구현해야 한다. 그런데 이는 말처럼 쉬운 일이 아니다. 기술혁신은 항상 구산업의 파괴를 동반하고 그 과정에서 저항이 동반되기 때문이다. 진보는 '약자를 대변한다'는 미명하에 이러한 변화와 혁신에 대한 저항을 주도한다. 하지만 낡은 체제의 파괴는 이를 상회하는 더 거대한 변화를 일으킨다. 인터넷이 전형적이다. 인터넷 때문에 많은 전통산업들이 몰락했지만 결과적으로는 이전에는 상상하지 못했던 새로운 산업과 고용이 창출되었다. 현재 세계는 4차산업혁명을 진행하고 있다. 정보화 인프라를 기반으로 고도의 공유경제가 구현되고 있는 중이다. 그러나 얼마 전 카카오의 공유택시 논란에서 보듯이 우리는 이런 세계사적 변화에 제대로 조응하지 못하고 있다.

차세대 보수는 기술 발전과 혁신에 민감하게 반응하는 새로운 보수다. 사회의 물질적 기초를 바꿔내는 기술혁신이야 말로 새로운 보수가 끊임없이 관심을 갖고 지원해 나가야할 분야다. 미래를 준비하기 위해서는 언제나 혁신을 이해하고 기술의 변화를 수용하는 식견을 가져야 한다. 이를 위해 보다 혁명적인 규제개혁의 비전을 제시해야한다.

차세대 보수 : 낡은 민족주의를 버려야 한다

이승만과 박정희 정권은 반일민족주의에 신념이 확고했을 뿐만 아니라 그 누구보다도 그 점을 정치적으로 잘 활용했다. 굴욕적인 식민지시기에 대한 자존감 회복 차원에서도 필요했지만, 무엇보다 국민국가를 형성함에 있어 정치공동체로서의 일체감 조성이 더욱 필요했을 것이다. 그리하여 우리에게 반일감정은 너무나 자연스러운 감정이 되었다. 그러나 그것이 부메랑이 되어 보수야당이 좌파들에게 '친일파'라는 터무니없는 비난까지 받는 상황까지 이르렀다. 이들에게 있어서 민족주의는 자국 민족을 위한다는 그런 취지가 아니다. 전체주의의 수단일 뿐이다. 좌파 운동권들은 오직 미국과 일본을 겨냥해서만 민족주의를 발휘한다. 한국에 대한 중국의 오만무도한 행태에 대해서는 단 한마디도 하지 않는다. 한미일 군사 동맹관계 해체는 중국과 북한이 가장 바라는 바다. 좌파들은 극단적 반일민족주의를 활용해 안보 해체를 노리고 있는 셈이다.

오늘날 좌파 운동권들이 조장하고 있는 반일민족주의는 전체주의에 가깝다. 전국의 모든 공원과 학교에 소녀상을 설치하고 그것도 모자라 이제는 징용노동자상까지 만들어 전국에 퍼트리려고 한다. 그뿐인가. 얼마 전 경기도의회는 학교 내 일본 제품에 전범딱지를 붙여야 한다는 조례안까지 발의했다.

일본에 대해 맹목적인 증오와 배격의 감정으로는 시대적 퇴행만을 거듭할 뿐이다. 과거 조선을 합방하고 강점한 일본은 군국주의 일본이고, 현대의 일본은 자유민주주의 국가다. 기본적으로 같은 자유진영의 동지로서 일본은 동북아 평화와 번영을 위해 함께 협력해야 할 대상이다. 경제관계는 더욱 긴밀하다. 우리나라 전자제품 핵심 소재 부품 중에 일본산 아닌 게 없다. 일본이 수출을 중단하거나 하면 중국의 압력과 비교할 수 없을 정도로 우리나라 경제는 타격을 받는다. 일본에 수출하는 우리나라 제품은 또 어찌할 것인가? 일본에 취업하는 한국 젊은이들도 날로 증가하고 있다. 정부의 외교력이 우리나라 경제에 영향을 미친다. 대책없이 반일감정을 선동하여 관계악화를 시켰다가 그 결과를 감당할 수 있을것인가? 일제강점기에 대한 진정한 역사적 교훈은 일본을 규탄하고 악마화하는 것이 아니라, 부국강병으로 다시는 나라를 빼앗긴 역사를 되풀이하지 말라는 데에 있다. 일본이 메이지유신을 성공시키고 강대국이 된 것은 그들도 서구열강에게 강제로 개항 당했던 경험을 되풀이하지 않기 위해 서구문명을 적극 받아들이고 힘을 키웠던 결과가 아니었던가.

그렇다면 우리의 역사 교육 방향은 주변국들의 역학관계를 이해하고, 왜 부국강병이 중요한지를 깨닫게 하고, 선진 문화와 기술을 적극 받아들이는 개방화 정신을 육성하는데 초점을 맞춰야 한다. 그런데, 좌파 운동권들이 추구하는 방식은 일본에 맹목적 증오심만 부추기는 것에만 기를 쓰고 있다. 흡사, 북한이 미국에 대한 증오심을 고취시키고, 반미의식을 주입시키는 교육과 너무나 닮은 것이다. 이런 퇴행적이고 시대착오적인 민족근본주의적 교육과 역사관으로 어떻게 미래를 열어갈 수 있겠는가?

오늘의 안보 환경은 과거 중국이 죽의 장막 속에서 숨죽이고 있을 때보다 훨씬 나빠졌다. 경제의 급부상으로 자신감을 얻은 중국이 아시아 패권주의를 노골화하고 있기 때문이다. 자유와 민주주의라는 가치를 공유하는 일본과의 적대적 대립으로 인해 안보 환경은 더욱 악화되고 있다. 우리는 산업전략적으로 일본과의 경제협력을 더욱 중시해야 할 상황이다. 그런데도 구보수는 좌파들의 반일민족주의 전략에 대응하지 못했을 뿐만 아니라 오히려 국민의 반일감정을 이용하여 민족적 포퓰리즘 정책을 더욱 부추기기까지 했다. 우리가 진정 과거의 역사를 잊지않는다면 반일이 아니라 극일을 해야 하는것이다.

이제 대한민국은 10대 경제 강국의 위상을 갖고 있는 나라다. 현 20~30대 세대는 선진 한국에서 나고 자란 세대다. 새로운 세대와 함께 호흡하는 차세대 보수는 반일 쇼비니즘을 거부한다. 반이성적이고 국익에 백해무익한 반일민족주의적 전략에 말려들지 않고 일본과도 미래지향적 선린우호관계를 추구해야 한다. 세계 각국을 여행하며, 개방과 교류의 세계

보편 시민으로서 실리를 중시하는 새로운 세대들이 흡사 조선시대의 위정척사 정책을 연상시키는 폐쇄적이고 퇴행적인 민족근본주의를 극복할거라 생각한다. 차세대 보수는 민주주의, 인권, 자유라는 보편적 가치에 입각하여 대한민국의 가치 공동체를 새롭게 구성해야 한다.

차세대 보수 : 권위주의, 귀족주의를 탈피하고 대중과 더 밀착해야 한다

박정희 대통령도 그랬지만, 2세대 보수는 대개 개천에서 용이 난 케이스가 많았던 것에 비해 3세대 보수로 넘어오면서 점점 우리사회의 기득권층 즉 자산가의 자식, 관료나 법조인, 지역토호 등 안정적으로 성공한 기성세대가 인생에서 마지막 명예를 좇아 정치에 입문하는 경우가 많았다. 그러다보니 자연스레 의전을 중시하는 모습 등 권위적 모습을 보이는 경우가 많았고 헌신성, 진정성, 잡초 같은 투쟁력이 떨어진다는 의미에서 귀족정당, 웰빙정당이라는 비판을 받기도 했다. 사실 한국보수야말로 책임감과 사명감으로 국민들의 삶의 문제, 민생에 관심을 갖고 꾸준히 문제해결에 노력해 왔는데 어느 순간 한국의 보수는 기득권의 대명사처럼 되었다.

다시 산업화 시대 한국보수의 진정성과 치열함으로 돌아가야 한다. 대한민국 국민에 대한 책임감으로 강남좌파나 귀족노조가 아닌 밑바닥 기층 서민들을 위한 정치를 해야 한다. 선의로 포장된 사회주의가 아니라 자유롭고 다양한 기회가 보장되며, 안정되고 안전한 국가에서 번영이 있는 법이다.

보수의 세대 혁명이 필요하다

대한민국의 보수는 이제 새로운 세대를 맞이하기 위한 전략을 시작해야한다. 그것은 단순히 특정 세대의 입맛에 맞춰주는 일이 아니다. 이는 마치 새가 알을 깨고 세상에 나오듯이 스스로의 관성을 파괴해, 자신을 완전히 변모시키는 과정이어야 한다.

반사회주의, 반전체주의에 대한 확고한 신념을 바탕으로 권위주의적 사고와 관행을 타파하겠다는 강한 원칙 위에서 꼰대보수가 아닌 청년보수, 합리적 경쟁을 제1가치로 삼는 공정한 보수, 기술혁신에 헌신하는 미래보수, 그리고 정치와 경제의 자유를 넘어 일상과 문화와 예술의 자유로 나아가는 4세대 보수를 반드시 창출해야 한다.

이승만 대통령이 3·1 운동 직후 임시정부의 수반이 되었을 때 만 44세였다. 박정희 대통령도 44세에 30대 장교들과 함께 5·16을 일으켰다. 마거릿 대처는 50세에 총리가 되어 영국병을 치유했다. 영국의 토니 블레어는 41세에 집권하여 100년 전통의 영국 노동당 노선을 제3의길 노선으로 전환시켰다. 빌 클린턴은 46세에 당선되어 미국 민주당 노선에 큰 변화를 일으켰다. 마크롱은 39세에 당선되어 프랑스의 노동개혁을 주도하고 있다.

시대적 변화가 필요한 시기 마다 새로운 세대가 등장하여 혁신을 주도했다. 거대한 혁신을 요구받고 있는 오늘의 한국 보수도 세대교체의 희망을 보여줘야 한다.

6장

보수가 해결해야 할
한국 사회 과제

보수가 해결해야 할

한국 사회 과제

01 | 보수여, 절박한 위기의식을 갖자!

가끔 시사고발 프로그램 같은 것을 보면 돌팔이 치료에 대한 내용을 접하게 된다. 그럴 때 마다, '아니 내로라하는 전문의들도 있는데 어떻게 저런 황당한 사기에 걸려들지?' 하는 생각에 사기 피해자들이 한심하게 느껴지기도 한다. 그러나 한편으로는 난치병에 걸린 사람들에게는 지푸라기라도 잡는 심정이었으리라는 생각에 측은한 마음이 드는 것도 사실이다. 의료 사기꾼들은 마약이나 진통성분이 들어있는 약을 제조하여 처방한다. 잠시 증상에 효능이 있는 듯 보이지만, 사실은 증세를 악화시켜 병세는 회복불가능한 단계로 접어들게 만든다.

문재인 정부의 정책은 의료 사기꾼을 연상케 한다. 어려워진 경제 여건에 소득주도성장이라는 미명하에 강제로 임금을 올리고, 정규직을 확대하고, 퍼주기식 복지를 하면 순간적으로 좀 나아질 것처럼 느껴질지 몰라도 경제를 더 골병들게 만든다는 점에서 흡사하다. 그런 점에서 문재인 정부의 돌팔이 처방에 대해서는 정말 사명감을 갖고 극력 저지해야 마땅하다.

그러나 돌팔이 처방을 중지시키는 것 자체가 질병치료가 아니듯이 문재인 정부 정책을 저지하는 것이 곧 문제 해결은 아니다. 포퓰리즘이 활개 치는 배경에는 골병 든 한국경제와 무너져가는 중산층 서민의 삶이 있었다. 산업의 경쟁력은 갈수록 떨어지고, 소득의 양극화는 심화되고 있다. 복지를 아무리 퍼부어도 저출산 문제는 해결되기는커녕 1명 미만으로 떨어져 역대 최저 기록을 갈아치우고 있다.

이 문제들은 어제 오늘 제기된 것도 아니고, 어느 정당할 것 없이 선거 때마다 그 해결을 장담해왔다. 그러나 20년 넘도록 쌓여온 이 과제에 대해 그동안 보수는 제대로 된 해법과 처방을 내려왔는가? 제대로 실천했는가? 그 대답은 부정적일 수밖에 없다.

한국의 보수정치세력은 권위주의적 통치에 대한 비판을 많이 받았지만, 다른 한편으로는 눈부신 경제적 성공을 이루었던 업적에 대한 국민적 평가도 분명했다. 때문에 국가운영 능력에 관해서는 보수세력에 대한 국민적 신뢰는 높았다. 그러나 IMF 외환위기를 거치며 그 두터웠던 신뢰는 금이 갔다. 외환위기 이후 10년간 보수가 정권을 잃은 것도 근본적으로는 이런 영향이 있었다.

그러나 노무현 정부의 실정은 다시금 보수의 귀환을 가져왔다. 노무현 정부 이래 경제성장률은 추세적 하락이 거듭되었고, 집값 폭등에 청년실업, 비정규직 증가, 자영업 과잉 등으로 성장잠재력은 갈수록 악화되었다. 이로 인해 서민들이 체감하는 경기하락은 더 심해졌다.

국민들은 경제문제 해결을 기대하며 이명박 정부에 높은 지지와 기대를 보냈다. 비록 도덕적인 흠은 있을지 몰라도, 경제문제 하나 만큼은 이전 정부와는 달리 유능할 것이라는 믿음에서였다. 그러나 보수정권이 근 10

년 동안 나라를 이끌었어도 한국 사회의 구조적 위기는 여전하다. 대한민국은 저성장 늪에 빠졌고, 선진국 문턱에서 만성적 당뇨병에 걸린 환자처럼 노쇠해졌다. 이 상태가 지속된다면 망국에 이를 수 있다는 절박한 위기의식을 가져야 한다. 국가의 미래를 위해 중장기적 전략을 세우고, 국가적 비전을 제시하고, 시대의 어젠다를 만들어야 한다. 근본적인 개혁을 추진할 단호한 결단이 필요하다. 이런 위기 속에서 문재인 정부는 앞으로 나아가기 위한 개혁은커녕 퇴행적 엉터리 사회주의 경제실험으로 상황을 악화시키고 있는 셈이다. 개혁은 혁명보다 어렵다는 말이 있다. 개혁의 결과로 이득을 볼 다수는 아직 집단으로 형성되지 못하고 있고, 기존의 기득권을 잃는 집단의 저항은 거세기 때문이다. 그렇다고 혁명처럼 그들을 폭력적으로 진압할 수도 없다. 그럼에도 이 어려운 과제는 반드시 완수해야 한다. 보수를 자임하려면 선조들이 피땀으로 이루고 성공시킨 나라를 후손들에게 물려줘야 할 막중한 책임을 기꺼이 짊어져야 한다.

최우선의 과제는 미래의 먹거리 개척이다. 이를 위해서는 새로운 산업 진입을 가로막고 있는 규제를 개혁하고 실종된 산업정책을 새롭게 부활시켜야 한다. 또 기업이 고용을 기피하게 만드는 현 노동법을 대폭 손봐야 한다. 공공부문의 기득권화도 심각한 문제다. 온 국민이 공무원과 관료를 선망하는 나라는 공산권 국가를 비롯해 전체주의 국가들이 대부분이다. 이런 나라에서 창의와 혁신이 숨 쉴 수 있겠는가? 고령화, 저출산 트렌드 속에 국민부담률마저 낮은 상태에서 현재와 같은 퍼주기 복지는 미래 세대를 약탈하는 것이다. 이러한 퍼주기식 복지는 한 세대 이상 지속될 수 없다. 복지개혁이 시급한 이유다. 그뿐인가? 청년과 저소득층은 일자리는 부족해 아우성인데, 외국인에게 한국은 일자리 천국이다. 더구나 '인도주의'라는 미명하에 무분별하게 외국인 난민을 수용하고 수많은 불법체류자를 방치하고 있다. 국민 통합과 국민 안전은 위태로울 수밖에 없다. 외교안보적 상황은 매우 엄중하다. 중국은 지역 패권주의를 거칠게 내세우고 있으며, 북핵 문제는 해결 전망이 난망한 가운데, 한미동맹 관계는 파탄 일보 직전이다. 문재인 정부가 무너트린 외교 안보의 기틀을 다시 세워야 하는 무거운 과제가 우리를 기다리고 있다. 보수는 절박한 위기의식을 가져야 한다.

한국의 좌파운동권이 민주화를 30년 우려먹듯이, 보수도 과거 산업화의 눈부신 성공에 기대어 자신의 정당성을 강변하는 데만 머물러서는 안 된다. 대한민국을 일으켰던 위대한 선조들처럼 현시대의 보수는 후세에 물려줄 선진대한민국을 만들어야 한다.

02 | 미래에 무엇으로 먹고 살 것인가?

추락하는 것은 날개가 없다

최근 한국 경제는 반도체 등 일부 수출업종을 제외하고서는 전 분야에 걸쳐 부진과 침체를 넘어 추락하는 단계로 넘어갔다. 한국 경제를 지탱해 왔던 산업분야들은 중국의 추격에 속속 맥없이 무너져가고 있다. 생산기지라 여겨졌던 중국이 어느새 우릴 추월하는 경쟁국이 된 것이다.

2018년 3월, 사회디자인연구소에서 개최한 토론회에 참석하여 한국산업 위기에 대한 발표를 들은 일이 있었다. 현대경제연구원의 주원 이사가 발표한, [한국 주력산업의 위기와 활로]라는 보고서를 보며, 내가 짐작했던 것 이상으로 우리 산업의 경쟁력 약화가 심각하다는 사실을 느꼈다. 그 보고서 내용을 기초 삼아 한국의 제조 산업 위기를 살펴보자.

유엔공업개발기구(UNIDO)에서 발표하는 국가별 제조업 경쟁지수 CIP(Competitive Industrial Performance Index) 비교에서 한국은 2015년 5위로 중국(3위)에 추월당했다. 중국은 2008년까지만 하더라도 10위권이었다가 10년 만에 3위로 뛰어올랐다. 반면 한국은 2014년도까지 4위를 유지하다가 2015년 5위로 하락했다. 한국과 중국의 기술격차는 2008년 2.7년에서 2016년 1년으로 줄어들었다. 고기술 수출 비중은 1990년에는 한국이 압도적으로 높았으나, 2015년 현재 한국(26.8%)과 중국(25.8%)은 비슷한 수준에 와 있다.

제조업 경쟁력 지수
(Competitive Industrial Performance index)

출처 : 국제연합공업개발기구(UNIDO)
단위 : 순위

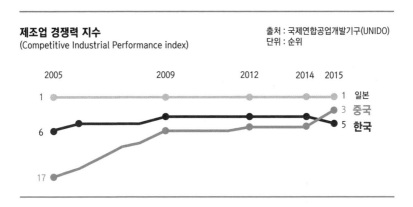

철강, 자동차, 반도체 등 우리나라의 8대 주력산업의 경쟁력은 갈수록 저하되고 있거나, 대내외적 환경 변화로 위기를 겪고 있다. 철강산업은 공급과잉이 지속되는 가운데, 주도권은 중국이 가지고 있으며, 석유화학은 중국의 자급률 상승으로 인해 어려움에 처해 있다. 기계산업은 근본적인 기술경쟁력이 취약하고 자동차 산업은 수출과 내수, 모든 측면에서 수요 부족 사태에 직면해 있다. 다만 반도체만이 경쟁력을 가지고 있으나, 그 품목의 업그레이드 가능성은 아직 불투명한 상황이며, 스마트폰은 해외생산비중 급증으로 주력산업의 역할을 크게 하지 못하고 있다.

투자율 저하도 심각한 문제로 떠오르고 있다. 통계청 자료에 따르면, 한국의 총고정투자율은 1990년대 중반 43%대로 양호한 수준이었지만,

외환위기를 거치며 30%대로 뚝 떨어졌다. 현시점에서도 30% 이하에 머물러 있다. 투자율 감소는 성장을 뒷받침하는 하드웨어가 쇠퇴한다는 것 외에 투자와 함께 들어오는 새로운 지식이 업데이트되지 않는다는 것을 의미한다.[69]

산업의 경쟁력 약화는 거시경제 지표의 악화로 직결되어, 한국의 성장잠재력은 갈수록 고갈되는 것으로 나타난다. 2001~2005년대 초 5%에 달했던 잠재성장률은 매 5년 단위마다 3.7%(2006~2010), 3.4%(2011~2015), 2.8%(2016~2020) 대로 급속히 추락하는 중이다. 미래 전망은 더욱 어둡다. 2020년대 이후에는 1%까지 떨어진다는 전망까지 나온다. 사실상 성장엔진이 꺼져간다는 얘기다.[70]

한국 경제에 대한 경고음은 오래전부터 울려왔다. 이미 노무현 정부 때부터 중국의 거센 추격에 대한 경계심을 갖고 있었고, 차세대 성장 동력을 강조하지 않은 적이 없었다. 이명박, 박근혜 정부 때도 사정은 마찬가지였다. 그러나 정책목표만 있을 뿐, 이를 뒷받침할 정책 수단과 중장기적으로 치밀한 전략이 부재했다.

실질 GDP 성장률과 잠재성장률 추이

단위 : %
출처 : 한국은행

산업은 그 사회의 제도, 문화와의 깊은 연관 속에서 발전한다. 따라서 제도와 문화 대한 깊은 통찰력과 함께 산업 발전을 가로막고 있는 다양한 요인을 파악하고 개혁하는 일은 산업 육성의 전제 조건이다. 그러나 앞선 정부들은 백화점식 나열 방식으로 산업발전의 청사진만 제시할 뿐, 구체적인 실행 역량을 갖추지 못했다. 과거의 산업정책은 해체했지만, 이를 대체할 산업전략은 여전히 부재하다. 80년대에 새로 만들어낸 반도체를 제외하고 새로운 산업을 창출하지 못하고 있다.

이제 시간이 많이 남지 않았다. 오늘날 한계에 봉착한 우리 경제를 다시 일으키기 위해 제2의 산업화 혁명을 일으키겠다는 비상한 각오와 결의가 절실히 필요하다.

제조업이 중요하다

무엇보다 제조업의 중요성에 대한 자각이 필요하다. 제조업 중심의 수출성장 전략이 이제 한계에 달했으니, 금융, 서비스업종으로의 산업 전환이 필요하다는 주장이 나오고 있지만, 기존 산업을 보완하는 차원은 몰라도 서비스업에 나라의 미래를 맡길 수는 없다.

제조업은 상대적으로 양질의 일자리를 만드는 원천이면서, 서비스 산업을 포함한 전후방 산업의 발전을 견인하는 중추다. 외형상 제조업의 경제성장 기여율은 32.%, 서비스업은 50%에 달린다고 하지만, 타산업 후방효과와 좋은 일자리 가계소득효과까지 고려한다면 제조업의 실제 기여율은 50%가 넘는다고 추정할 수 있다.[71]

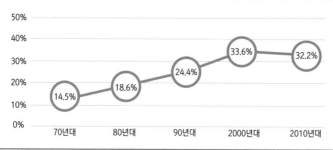

제조업의 경제성장 기여율

계산 : 제조업기여도/경제성장율
출처 : 현대경제연구원(한국은행 통계를 이용한 계산)

박근혜 정부가 강력한 서비스업 발전을 표방하며 추진했던 의료 산업을 보면, 미국의 경우 의료 수출로 번 국제수지 흑자가 GDP 대비 우리나라의 4배에 달했지만, 2011년 GDP의 0.012%에 불과했다. 우리나라가 의료수출을 45배 늘린다고 하더라도, GDP 대비 무역흑자의 규모가 반도체 부문의 8분의 1, 자동차 부문의 30분의 1밖에 안 된다고 한다.[72]

한 때 미국이 금융 부문에서 높은 이익을 창출하여, 전 세계적으로 금융투자 열풍이 불었던 적이 있었다. 이에 따라 탈산업 전망이 한 때 유행하고 오프쇼어링 과정(기업업무의 일부를 해외 기업에 맡겨 처리하는 것)을 겪으며 제조업이 급속히 꺾이기도 했다. 그러나 2008년 금융위기 이후 세계의 모든 추세는 다시 제조업으로 리턴하고 있다. 결국 제조업을 외면하면 안정적 일자리 양산에는 한계가 있음이 확인되고 있다.

그만큼 제조업은 기술발전과 생산성을 견인하는 선도 산업으로 경제 발전의 핵심을 이루며, 안정적인 일자리와 튼튼한 경제기반을 구축하는 데 중요한 역할을 하기 때문이다. 글로벌 금융위기 이후 독일이 유럽에서 가장 발전하고 있는데에는 이와 같은 제조 강국으로서의 경쟁력이 있었다.

산업정책 재건과 성장전략

그렇다면 우리의 기본 성장 전략은 제조업 강화를 중심에 두고 어떻게 산업을 육성해야 하는가의 문제에 집중해야 한다. 성장동력 육성은 세 가지 방향에서 이루어져야 한다.

첫째, 현재 경쟁력을 갖춘 산업은 끊임없는 기술개량과 부가가치 고도화로 더욱 경쟁력을 강화해야 한다. 반도체, 철강, 자동차 등 우리 경제를 지탱하고 있는 산업의 경쟁력이 언제까지나 우위를 점하고 있다고 볼 수 없다. 중국의 추격세는 매섭다. 현재 이 분야에 경쟁력을 갖고 있는 대기업들이 보다 장기적인 관점에서 투자할 수 있도록 제도적 뒷받침이 더욱 중요해졌다. 더욱이 최신 언급되고 있는 4차산업혁명 관련 기술들은 기초소재, IT, 자동차 등 우리 주력산업들을 근간으로 파생되는 것이기 때문에 주력 산업을 소홀히 하면서 이에 대응할 수는 없다.

둘째, 선진국을 따라가지 못하고 있는 기존 산업 분야에 대한 적극적인 육성이 필요하다. 반도체는 일등이지만, 반도체를 만드는 소재, 부품, 기계 산업에 있어서 우리는 여전히 열위에 놓여 있다. 만성적인 대일무역 적자도 사실 여기에서 기인한 측면이 많다. 이런 부품 소재 산업은 중소기업에게 알맞다. 또 이 제품들의 주요 고객사는 주로 대기업으로서 대기업-중소기업의 상생할 수 있는 방안으로 이만한 산업이 없다. 또 중소기입 상호간에 경쟁도 해야겠지만, 연구개빌, 노동자 기술훈련, 해외마케팅 등 개별 기업이 하기 힘든 건 공동으로 진행해 비용을 낮추고 서로 아이디어를 교환하는 등 협동적 활동을 할 수 있도록 제도적 지원을 마련해야 한다.

셋째. 완전히 새로운 산업을 키워야 하는 경우도 있다. IoT(사물인터넷), 드론, 제약, 바이오, AI 등 신산업 분야에서 선도적으로 자리 잡아야 한다. 이런 혁신 산업 분야는 기존 산업을 근간으로 형성된 제도와 규제로 인해 막히는 경우가 너무나 많다. 규제 혁신이 가장 절실한 부분이다.

이러한 산업을 육성하기 위해서는 체계적인 지원시스템이 마련되어야 한다. 과거 노태우 정부 시기까지 경제기획원은 산업정책을 입안,기획하며 효율적으로 산업발전을 이끌어왔다.

그러나 김영삼 정부 들어 경제기획원이 해체되면서 이와 같은 산업정책 시스템은 증발하고 말았다. 각 정부부처는 각자가 관할하는 산업부문에 대한 지원과 규제를 중구남방식으로 펼쳐 집행의 일관성을 확보하지 못하고 사업은 중복되며 재정은 낭비되고 있다.

산업정책은 과거 개발독재 정권 시절의 유산이 아니라 오늘날에도 계승해야 할 정책이다. 자유시장경제를 한다고 해서 산업정책을 도외시하면 안 된다. 미국, 독일, 일본 등 산업선진국들은 산업지형과 자국의 강·약점을 고려한 산업 전체의 청사진을 가지고 있다.

물론 과거와 같이 강압적인 방식을 그대로 답습해서는 안 되겠지만, 산업전체를 조망하며 일관된 목표 속에 정책을 추진할 수 있는 정책 기구는 필요하다.

4차산업혁명에 긴밀하게 대응해야 한다

우리 경제에서 제조업의 높은 비중[73]을 고려하면 4차 산업혁명에 대한 선제 대응은 향후 산업 경쟁력과 경제성장을 좌우하는 중요한 과제이다. 2016년 9월 세계경제포럼(WEF)은 '사회를 뒤바꿀 21개 기술'의 하나로 블록체인을 지목하였으며, 미국 정보통신회사 시스코는 2021년 블록체인 세계 시장규모가 10조 원에 이를 것이라는 보고서를 발간하였다. 문제는 IT 강국인 대한민국의 블록체인 기술 수준이 외국에 뒤처지고 있다는 것이다. 하지만, 블록체인 기술은 아직까지 국가 간 기술 격차가 크지 않은 상황이다. 경쟁력 확보를 위해 초기에 신속하고 효과적으로 기술 격차를 좁혀 골든타임을 놓치지 말아야 한다. 이럴 때일수록 정치인은 산업 분야에서도 리더가 되어야한다. 산업전환을 통한 부가가치와 효율성 제고의 대안을 마련하는 것이 미래 지도자가 해야 할 일이다.

자율주행자동차, 농업기계화, 드론, 등등 블록체인 기술을 금융, 제조, 유통, 공공서비스와 융합한다면 신뢰성을 확보하고 비용절감 등을 통해 새롭고 다양한 가치창출이 가능하다. 우리는 대한민국이 4차산업혁명의 주도국가가 될 수 있도록 노력해야한다.

축적 역량을 키워야 한다

서울대 공대교수들의 조언이 담긴 [축적의 시간]을 보면, 우리 한국 산업 위기에 대해 근본적인 원인을 진단하고, 현실적인 해법을 제시하고 있다.

〈축적의 시간〉은 그동안 한국경제가 발전해왔던 추격시스템이 한계에 도달한 시점에서 우리에게 필요한 역량은 원천기술을 만들어내는 개념 설계 역량이고, 이 같은 역량은 많은 시간 동안 경험의 축적이 이루어졌을 때만이 가능하다고 말한다. 그러나 선진국처럼 100년을 기다리면서 찬찬히 경험을 축적할 수도 없고, 중국처럼 내수시장을 바탕으로 짧은 시간에 경험을 축적할 공간적 이점이 없는 한국이 개념설계 역량을 구축하려면 비상한 전략이 있어야 한다. 그 전략은 다름 아닌 산업계뿐만 아니라 사회 전체의 시스템을 축적 지향으로 바꾸는 것이어야 한다는 것이다.

기업은 새로운 개념에 대한 시행착오를 인정, 격려하는 문화를 만들어야 하고, 기업은 계열 수직화에서 수평적으로 재편하여 상호 경쟁체제를 마련해야 한다. 대학은 새로운 개념설계에 과감히 도전할 창의적인 아키텍트를 키워내야 하며, 새로운 패러다임을 제시해야 한다. 정부는 실패를 용인하고 시행착오와 경험이 기업에 축적될 수 있도록 지원하는 정책 방안을 강구해야 한다. 또 한편으로는 민간의 혁신적 시도에 따른 위험을 국가적으로 공유하기 위한 정책 지원도 필요하다. 사회 발전을 위해서는 제조업 발전이 중요하다는 국민적 공감대 속에 한 분야의 장인을 대우하는 사회 문화 형성이 절실하다.

과학기술 강국을 꿈꾸는 정치리더십 절실

무엇보다도 기술강국을 지향하려면 과학기술자 우대, 과학기술 연구에 대한 국가의 전폭적 지원이 필수적인데, 이는 정치리더십에 달려 있다. 최고통치자를 비롯하여 정치리더들이 '과학기술의 발전만이 우리의 미래 먹을거리를 만들 수 있다'는 신념을 갖고 과학기술 관련 산업, 학문 등에 대한 열정을 국민들과 공유해야 한다. 실무자들이나 관료들이 아무리 열심히 하더라도 한계가 있다. 국가의 정신을 그 방향으로 잡고 비전을 제시 토론하고 직접 챙겨야 한다. 정치리더십이 세상을 바꾼다.

우리 산업의 성장 동력 확보와 이를 위한 역량 발굴이라는 이 절대 과업을 성공적으로 추진하기 위해서는 규제 개혁을 포함한 전 사회 부문의 개혁이 필수적이다. 노동개혁, 공공부문 개혁 등 사회적 개혁이 뒷받침되지 않는다면 우리의 산업 역량 확보는 공염불로 그치고 말 것이다.

03 | 노동 개혁이 사회 정의다

'비정규직 없는 세상'은 사기다.

'비정규직이어도 살만한 나라' 만들어야

우선, 정규직-비정규직 프레임이 잘못되었다. 정규직에 해당하는 영문은 없다. 즉, 'regular worker'란 말은 없다. 'permanent worker'를 정규직이라는 말로 잘못 부르고 있을 뿐이다. 즉, 현대사회에서는 평생 책임지는 영구직이 특별한 경우다.

우리나라의 노동시장은 흡사 조선시대 신분제를 연상케 할 정도로 극심하게 갈라져 있다. 상층에는 양반에 속하는 대기업(공공부문) 정규직과 그 아래는 중소기업과 비정규직 등 저소득층 노동자로 두 동강이 났다. 이 같은 이중구조가 고착화된 것은 정규직에 대해 지나치게 과보호가 된 현행 노동제도에서 기인한다. 정규직 임금이 지나치게 비싸고, 해고하기도 너무 힘들다 보니, 기업은 고용을 줄이거나 비정규직을 늘릴 수밖에 없다. 그나마 비정규직도 2년 후 정규직 고용을 해야 한다는 의무조항 때문에 2년마다 갈아치우듯 계약을 해지한다. 이러다보니 숙련도가 올라갈 수도 없고, 그에 따라 노동생산성은 갈수록 떨어지는 풍선효과가 일어날 수밖에 없다. 또, 같은 직장 안에서도 연공서열제에 따른 임금 격차는 매우 심각해, 신입사원과 20년이상 경력의 50대 정규직과의 임금격차는 3배에 달하기도 한다. 고임 노동자들은 강력한 노조를 앞장 세워 더 많은 임금과 더 긴 정년을 관철해 왔다. 이런 구조가 청년 일자리를 줄여왔고, 출산율도 떨어뜨리며 소득 양극화를 고착시켜왔다. 비정규직의 상대임금은 정규직에 비해 50%초반대에 머물러 있다.

임금의 연공성(年功性) 격차는 세계에서 가장 높고, 해고는 자유롭지 못하다보니, 기업은 대규모 공장을 설립하고 투자할 엄두를 못 내고 있다. 현대기아차가 지난 십 수 년 동안 전 세계 각지에 공장을 10군데 이상 짓는 동안 국내에 신규공장을 설립한 것은 1996년 아산공장 준공이 마지막이다.

최근 '위험의 외주화'라는 프레임으로 위험 업무에서 안전사고가 나는 건 무조건 비정규직이라서 문제니 정규직화를 해야 해결된다는 얼토당토않은 주장에 국회가 넘어가 일명 '김용균법'이 통과되었다. 안전사고가 어째서 비정규직 때문인가? 정규직이라도 안전사고는 있을 수 있다. 문제는 비용절감으로 전문화 되지 못한데 문제가 있는 것이다.

'비정규직 없는 세상'은 참 좋은 얘기다. '모두가 평등하게 잘 사는 세상'처럼 참으로 듣기 좋은 말인데 알고 보면 이 또한 허무맹랑한 거짓말이다. 실제 세상이 이렇게 되면 "신규 고용이 없는 세상"이 된다.

생각해보자. 기업이 모든 근로자를 채용할 때마다 모두 정규직으로 고용해야 한다면, 기업은 그 사람이 역량이 어떤지? 인성이 어떤지? 알 수도 없는 데 한번 고용하면 평생 책임져야 하는 상황이 된다. 세상은 빛의 속도로 변해가고 있다. 아날로그에서 디지털로, AI로 변해가는 세상에서 전 세계 경쟁은 치열해지고 있다. 자고 일어나면 수많은 회사가 생기고 망한다. 도처에서 알 수 없는 경쟁자들의 도전으로 당장 내일 회사가 유지될 수 있을지 없을지 모르는 세상에서 종업원을 평생 책임질 정도의 사업계획을 수립할 수 있는 곳이 얼마나 될까? 국내 경영환경은 갈수록 악화되어가고 개발도상국의 경쟁자들이 치고 올라오는 상황에서 누가 평생 고용을 약속할 수 있겠는가 말이다. 게다가 갈수록 IT 콘텐츠 지식 산업이 중요해지는 상황에서 그런 분야는 사실상 노동시장이 국경 없는 세계경쟁이자 완전경쟁상태 아닌가?

정규직을 강요하면 할수록, 역설적으로 기업은 직접 고용을 회피하고 외주를 선호할 수밖에 없다. 외주가 나쁜 것은 아니지만, 굳이 직접 고용을 회피하게 할 이유가 뭔가? 회사가 시장에서 도태되면 어차피 노동자도 갈 곳이 없어진다. 고용이 경직되어 시장의 변동에 회사가 대응하지 못하면 일시적으로 회사가 어려워지고 긴축운영을 하다가도 다시 좋아지면 고용을 늘일 수도 있는데 이를 묶어 놓으면 회사는 망하게 되는 것이다. 모두 단합해서 자폭하는 꼴이다.

결국 '모두 정규직으로 채용하라'는 국가의 명령은 실제 아무도 채용하지 않는 말라는 선고와 다를 바 없다. 비정규직의 정규직화는 안정된 직장에서 이미 기득권자가 된 대기업 정규직의 진입장벽이 높아지고 그들의 정치적 힘에 의해 기득권은 더 강해질 뿐이다. 그리고 이미 비정규직으로 알음알음 들어간 기득권자들의 이익만 공고해질 뿐 더 이상 비정규직조차 뽑지 않으려는 것이다. 그러니 세금으로 멋대로 할 수 있는 공공부문으로 장난치는 것 아닌가? 40~50대 들의 기득권 놀음에 20~30대들의 기회의 문이 닫히는 것이다.

노동시장 개혁 없이 경제활성화 될 수 없다

이처럼 한국의 고용제도는 사회 정의 측면에서도 너무나 부당할 뿐만 아니라 기업과 산업경쟁력을 갉아먹는 주범이 되고 있다. 특히 주력산업의 고용흡수력이 제한된 상황에서 고용의 유연성이 보장되지 못할 경우 생산성이 하락하여 경쟁력은 취약해질 수밖에 없다.

과도한 고용보호를 보장하는 현행 노동법은 시급히 혁파해야 한다. 노동시장의 유연성 확보를 위해 이중노동시장구조는 타파되어야 하며, 고용과 해고의 자유를 높이고 성과주의를 확산 하는 등의 노동개혁이 절실하다. 물론 일부에서는 사회안전망 미비를 이유로 노동의 유연성 확보를 반대하고 있으나, 이는 지나친 기우다. 우리나라 실업보험 제도는 미국보다 더 발달해 있다. (현행 1.3%의 고용보험률을 2~3%대 수준으로 높이는 추가 방안도 검토할 만하다) 노동시장이 유연해지면 신규노동수요가 발생해 실업의 일정부분을 흡수할 수 있게 된다. 물론 직업 전환 교육과 사회보장은 더 신경 써야 한다.

테트리스 게임을 생각해보자. 큰 벽돌 긴 벽돌 들이 떨어질 때 보다 작은 벽돌, 짧지만 다양한 모양의 벽돌이 떨어질 때 공간을 더 촘촘하게 메울 수 있는 것 아닌가? 사회 전체 일자리나 총 근로시간이 훨씬 많아지는 것이다. 문재인 정부는 인위적으로 근로시간을 단축시켜 일자리 나누기, 일자리 늘리기를 하자고 하지만 사람들은 정부 뜻대로 움직여주지 않는다. 근로시간만 줄어들지 일자리 나누기는 잘 되지 않을 거라는 얘기다. 오히려 고용형태나 고용시간, 고용기간 등을 자유롭고 다양하게 정해지도록 보장하면 사용자와 노동자의 자유로운 선택 시장원리에 따라 다양한 고용시간과 고용형태가 만들어지고 오히려 고용률은 훨씬 높아질 것이다. 인위적 근로시간 단축을 강제하기보다는 노동시장의 유연화를 추구하는 것이 자연스러운 일자리 나누기가 효과를 볼 수 있을 것이다.

우리가 잘 모르던 사실 중 하나가 바로 북유럽국가들의 노동시장이 매우 유연하다는 점이다. 운동권들은 틈만 나면 스웨덴을 들먹이며 복지 확대를 얘기하지만, 북유럽 국가들이 세계에서 가장 유연한 노동정책을 갖고 있다는 것을 간과한다. 덴마크는 공무원조차 해고가 자유로운 나라다.

노동시장의 유연성 확보는 국가 경쟁력과 직결된다. 2002년 민간협약 임금인상률은 노동생산성증가율을 크게 상회했다. 한국 경제 전체의 노동생산성(ppp대비)은 미국의 49.5% 수준에 불과하다. 문재인 정부는 비정규직의 정규직화, 최저임금 대폭 인상 등의 역진적 정책으로 이런 현상에 기름을 부었다.

노동시장이 경직되어 인력의 이동성이 굳어진 나라에서 어떻게 투자가 일어나고 경제가 활성화되고 고용이 늘어나겠는가? 노동개혁 없이 경제 활성화는 없다. 노동시장 개혁은 이제 우리 사회 양극화 해소와, 경쟁력 강화라는 두 목표를 실현할 수 있는 강력한 처방이다. 더 이상 미루다가는 우리는 베네주엘라, 그리스로 직행하게 될 것이다.

04 세금 블랙홀, 공공부문 개혁해야 한다

공공부문은 얼마나 받는가

우리는 오랫동안 공무원은 박봉이라는 편견 속에서 살아왔다. 요즘도 공무원들이 그렇게 푸념하는 경우도 없지 않다. 하지만 현실은 전혀 그렇지 않다. 공무원들은 연봉만 해도 보통의 중소기업들보다 높다. 공무원들의 임금은 민간으로 치면 상시 근로자 100인 이상 중견기업 사무관리직 보수와 같다. 한국 공무원들의 보수가 민간 기업에서 치열하게 경쟁해서 살아남은 사람들과 같다는 말이다. 한국의 공공 부문은 한 번 채용되면 해고가 불가능하고, 세계에서 가장 높은 연공급제의 급여를 받는다. 김대호 사회디자인연구소장은 다음과 같이 지적한다.

> 공무원 9급 1, 2, 3호봉으로 뽑으면 기본 30년은 근무한다. 요즘 같은 고령화 시대에는 은퇴 이후에도 연금 30년이 기다리고 있다. 어기에다 공무원 본인이 사망해도 유족연금으로 배우자가 10년 정도 더 받는다고 계산하는 게 맞다. 즉, 공무원 증원은 총 70년 동안 지속되는 정책이라고 봐야 한다. 9급 공

무원이 30년 근무하면 7급 18호봉 정도가 된다. 이 경우 연봉이 6천만 원 정도이다. 연금, 복지포인트, 제반 연가보상비, 출장수당 등은 모두 뺀 금액이다. 한국납세자연맹이 공무원 1인당 직접경비로 잡은 것이 연간 1억 원이다. 이 계산은 공무원들이 대부분 인정하는 것이다. 물값, PC, 피복값, 난방비 등은 다 뺀 것이다. 이걸 30년 동안 유지하는걸 감안하면 한마디로 한국의 공공부문에는 엄청난 분식(扮飾)이 존재하는 것이다.[74]

결국 한국의 공무원 임금은 일본보다 높은 수준이다. 이들은 정년까지 보장되니 당연히 청년층은 공무원 시험에 매달릴 수밖에 없다. 어느 노동시장이 높은 진입장벽을 감수하고서라도 많은 공급자들이 몰린다는 사실은 가격, 즉 그들의 임금이나 대우가 높다는 것을 보여준다. 연금까지 계산하면 그들의 기득권은 '연봉 1억 대기업 정규직'에 못지않다.

공무원 연금의 수령 규모는 어마어마하다. 2014년 8월 기준 33년간 공무원연금에 가입하고 퇴직한 공무원의 연금 수령액은 평균 295만 원이다. 현재 만 60세의 기대수명이 85세에 근접한 것을 감안하면 25년간 연금을 수령하게 된다. 물가변동에 따라 연 2%씩 수령액이 인상된다 추산하면 25년간 받는 연금액수는 11억 3천387만 원이다. 이건 매달 500만 원씩 20년간 당첨금이 지급되는, 실제로는 세금을 떼고 390만 원씩 지급되어 총액 9억 3천 600만 원이 되는 연금복권보다 높은 액수다. 연금복권 1등의 당첨확률은 315만분의 1이다.[75]

반면 공공기관은 공무원 연금의 혜택은 없지만 그 자체로 고임금이다. 2017년 기준으로 공공기관 평균 연봉은 7천만 원을 돌파했고, 상위 20

개 기관의 평균 연봉은 이미 8천만 원을 넘어섰다.

공무원 총 인건비를 아무도 모르는 현실

2019년 3월 11일, 한국일보는 단독임을 강조하는 기사를 실었다. 공무원 총 인건비가 80조 원으로 추산된다는 보도였다. 국가예산에서 지급되는 공무원 임금 총액이 얼마인지 알아내는 것이 마치 특종인양 보도되는 현실이다. 지금까지 전체 공무원 인건비가 얼마인지 한 번도 공개된 적이 없다. 정부 부처마다 제각각 다른 기준으로 집계하여 발표하기 때문이다. 같은 2018년이지만 인사혁신처는 66조 원이고, 기재부는 35조 원으로 발표한다. 인건비 편성대상에 국가공무원과 지방공무원, 군인 등을 집어넣거나 빼거나 하여 정확한 규모를 파악하지 못하도록 하고 있다. 교육 예산으로 집행되는 사립학교 교원 등의 인건비는 통계에서 빠져 있다.

이런 통계를 작성하고, 집계하고, 발표하는 자들이 모두 공무원이다. 엄청난 규모의 액수가 발표되면 공무원 인건비에 대한 부정적 여론이 조성될까봐 그런지 공무원 임금은 가급적 축소되어 조각조각 공개된다. 임금과 별개로 지급되는 초과근무수당, 특수활동비, 특정업무경비, 업무추진비 등은 인건비 통계에 집어넣지도 않는다.

공공부문은 얼마나 방만한가

문재인 대통령의 공공부문 81만 개 일자리 공약의 근거가 된 것은 한국 공공부문이 총 취업자에서 차지하는 비중이었다. 한국의 통계는 7.6%인데, OECD 평균은 21.3%이기에 늘려야 할 필요성이 있다고 봤다. 이 주장은 과연 사실일까. 한국의 공공부문은 정말로 선진국에 비해 규모가 작은 걸까.

결론적으로 말한다면, 이는 전혀 다른 기준의 통계를 단순 비교한 것이다. OECD의 다른 나라들은 의료와 교육 등을 공공부문에 포함시킨다. 한국에선 100만이 넘는 의사들이 공공부문 통계에서 빠져 있다. 사립학교와 사립유치원 등은 정부 예산이 대단히 많이 지원되지만 역시 공공에 포함되지 않는다.

무엇보다 이들의 고임금이 생산성에 근거하지 않았다는 것이 문제다. 미국 역시 불평등이 심한 나라이지만, 미국의 임금불평등은 각 산업과 기업별 생산성 격차에서 나온다고 볼 수 있다. 반면 한국의 임금불평등은 대항력의 격차에서 나온다. 노동조합이라는 수단을 가지고 있는 이들이 그 힘을 발휘하여 임금을 챙겨가고 그 비용이 그 바깥에 전가된다. 그런 점에서 보면 한국의 임금불평등은 생산성 격차가 아니라 지대추구형 약탈에서 발생한다고 볼 수 있다. 특히 공공 부문의 경우 민간과 달리 무언가를 생산하는 부가가치를 창출하는 영역이 아닌데 고임금을 받아가면서 사회의 인센티브 체제를 왜곡시킨다. 이렇게 되면 민간부문이 위축될 수밖에 없다. 각 기업에서의 업무 퍼포먼스보다는 특정 기업에 입사하기 위한 시험공부가 더 중요한 사회가 된다. 부가가치를 창출하지 않고 세금으로 운영되는 기관의 연봉이 세계 시장에서 치열하게 경쟁하는 기업보다 더 많은 현실은 비정상의 극치가 아닌가. 게다가 공공부문이 방만

할수록 규제는 더욱 늘어날 수밖에 없으니 그럴수록 민간부문은 침체되어 갈 것이다.

<어떻게 바꿔야 할까>

① 공무원 총량제 도입 및 공무원 인건비 공개

우리 헌법이 정한 국민주권주의와 자유민주주의의 정신을 구현하기 위해서는 공무원의 인건비 내역 등을 투명하게 국민에게 공개하고, 공무원 총수와 인건비를 국민의 대의기관인 국회가 철저히 통제해야 한다. 상황과 여건이 변하면 공무원 수는 줄일 수도 있어야 한다. 나는 공무원 급여뿐만 아니라 각종 수당과 특활비 등 모든 인건비를 주권자인 국민들이 알 수 있게끔 투명하게 공개하는 '공무원 인건비 공개법'을 발의한 바 있다.

② 공무원, 공공부문의 임금체계 개편

호봉제를 축소하고 합리적 직무급을 도입하고, 공무원 인사·조직의 개방화와 유연화가 필요하다. 신규 채용자는 5년 계약직, 10년 계약직하는 식으로 북유럽처럼 고용 방식을 다양화하고 장기적으로 정년 보장되는 공무원을 50% 이상 감축해야 한다, 다만 계약직과 임시직의 보수는 최소 9급 공무원 초임 이상이 보장되어야 한다. 공공 사회복지 분야의 돌봄 노동 송사자들의 임금 수준은 더 높일 필요가 있나. 고용·임금 수준을 인터넷에 공개하고, 기존 정년 보장 공무원에 대해서는 임금피크제를 도입해야 할 필요가 있다.

③ 행정구역 개편

　지방자치 단체도 개편될 필요가 있다. 각 기초자치단체가 인구가 늘어날 수 있다고 우기고 도시재생사업에서 예산을 나눠 쓰는 행태를 반영하여 광역자치단체는 좀 더 큰 단위로 묶고, 지방의 작은 시군구도 합치는 방안을 고민해야 한다. 경기도와 같은 지역은 북부와 남부의 사정이 현격하게 다르므로 끊임없이 분도론이 나온다. 이 부분 역시 조정이 필요하다. 큰 틀에서 보면 조선시대의 행정구역 단위를 21세기 3만 달러의 산업국가 대한민국이 그대로 답습해야 하는지도 따져봐야 한다.

④ 지방자치제도의 구조개혁 - 기초를 폐지하고 광역으로 흡수하자

　행정구역 개편과 더불어 지방자치제도의 구조개혁이 필요하다. 우리나라 지방자치제도가 풀뿌리 민주주의로 제대로 기능하고 있는가? 행정부나 국회도 문제가 많지만 지방자치로 넘어가 국민들은 그 효용성을 더 더욱 느끼지 못하는 것이 사실이다. 낭비되는 축제 및 선심성 예산, 집행부와 의회의 결탁, 이해관계 충돌, 단체장이나 지방 의원의 자질 문제까지 생각하면 현재의 지방자치제도를 근본적으로 재고해볼 시점이 왔다. 과연 우리나라 규모에서도 기초지방자치가 필요한지, 그 효용성이 부작용보다 더 큰지 의문이다. 차라리 기초 지방자치의회 중에서 특히 구단위는 폐지하고 광역지방자치의 실효성을 높여야 한다. 기초의회 대신 광역의원의 수를 늘리고 그들이 기초단위 행정감사를 하게 하자.

05 복지는 지속가능해야 한다. 부모세대가 탕진하고 나면 미래세대는?

세계 최고 속도의 저출산 고령화

한국의 저출산 기록이 세계기록으로 갱신되고 있다. 2018년 세계에서 처음으로 1명 이하로 떨어질 것이라는 전망이 나왔다. 한국의 저출산 고령화라는 메가트렌드는 조용한 살인 무기처럼 치명적인 사회적 재앙으로 다가오고 있다. 흡사 끓는 물에 서서히 익어가는 개구리처럼 당장은 실감나지 않겠지만, 서서히 죽음의 늪 속으로 우리 사회는 잠식될 것이다.

우리나라의 출산율 하락 속도는 다른 어느 나라에서도 비슷한 사례를 찾아보기 어려울 만큼 가파르다. 게다가 지난 10여 년 동안 정부는 저출산 대책으로 100조가 넘는 돈을 쏟아 부었지만, 출산율은 오히려 더 떨어지고 있다. 생산가능인구가 감소하는 차원이 아니라, 국가 존립마저 걱정해야 할 단계인 것이다. 실제로 2006년 '세계인구포럼'에서 영국 옥스퍼드대 데이비드 교수는 "한국은 지금 이대로의 줄산율이라년 300년 뒤에는 역사 뒤편으로 사라지는 국가 1호가 될 것"이라고 경고했다.

소비성향이 강한 젊은 인구가 줄면 문을 닫는 상점이 늘어나며 내수 불황이 찾아온다. 기업들은 불황에 대응해 임금과 고용을 줄여나갈 수밖에 없다. 경기는 더욱 침체하는 악순환의 사이클이 만들어진다. 인구절벽이 소득절벽을 만들어내고 있다. 경제가 성장을 멈추게 되니 세원도 줄어들어 재정압박은 더욱 크게 받는다. 반면 고령화는 빠르게 진행되어 복지지출은 그만큼 늘어나 재정 부담은 크게 늘어나게 된다. 일본은 90년대초 버블경제 붕괴 후 경기불황이 시작되었고, 인구감소까지 겹쳐 '잃어버린 세월'을 겪었다. 한 때 세계최고의 재정건전국가였지만, 지금은 재정적자가 GDP의 230%인 나라가 되었다.[76)]

그나마 일본은 세계최고의 제조기술력과 세계 경제에서 차지하는 위상으로 그 정도에서 버티며 다시 부활하고 있다.

저출산은 무분별한 복지보다 다양한 기회와 경제활력이 해법

복지는 저출산 문제의 근본적 해법이 될 수 없다. 자판기처럼 돈을 투입한다고 출산이 늘어나지 않는다는 것은 지난 10여 년 동안 정부가 실험하지 않았던가? 혼인한 여성의 합계출산율은 2명이 넘는다. 2.23명이다. 저출산의 문제는 다름 아닌 비혼에 있다. 왜 결혼을 안 하는가? 청년들의 기회가 미래가 없기 때문이다. 한국의 청년고용률은 10명당 4명꼴이다. 어떤 미래를 꿈꾸며 결혼을 하겠는가? 청년들에게 수당을 남발하면 처음에는 좋을지 몰라도 근로의욕을 오히려 낮추고 청년들의 정신을 피폐하게 한다. 청년들한테 필요한 것은 '일하지 않아도 돼, 국가가 배급해줄게'가 아니라 '일할 기회가 다양해서 확률이 높지 않더라도 성공할

OECD 국가 청년 고용률 순위 자료 : OECD 통계
(청년은 15~29세)

순위	국가	고용률(%)
1	아이슬란드	78.8
2	스위스	71.8
3	네덜란드	69.3
5	영국	65.4
10	미국	60.6
12	독일	58.7
15	일본	56.8
21	멕시코	49.2
30	**한국**	**42.1**
32	칠레	41.5

기회가 있고 희망이 있다.'라는 정신이다.

그렇다면 문제는 분명하다. 소수 정규직들에게 모든 혜택이 보장되는 경직된 노동구조와 성장동력의 부재로 인한 저성장의 경제체질이다. 저출산과 복지 문제는 그 자체로서 해결될 성질의 것이 아니다. 우리 사회의 노동구조와 경제정책의 함수 관계 속에서 바라봐야 한다. 따라서 정책 당국이 저출산 문제 해소와 복지 제도 개선을 위해서라도 최우선적인 순위에 두어야 할 것은 바로 노동개혁과 성장 정책이어야 할 것이다. 경제가 성장하고 고용이 늘어야 복지수요도 감소하고 더불어 세수 확보도 늘면서 복지재정 여력도 그만큼 높아지기 때문이다.

지속가능한 복지 : 우리가 다 탕진해버릴 것인가?
아이들의 어깨가 무겁다

더불어 고령화가 급속히 진행되고 있는 현실에서 복지 지출 증가는 불가피하다. 그러나 지속가능한 복지여야 한다. 건전한 재정을 유지하는데 만전을 기해야 한다.

한국개발연구원(KDI) 이태석, 허진욱 연구위원은 지난 2017년 11월에

복지는 지속가능해야 한다. 부모세대가 탕진하고 나면 미래세대는?

발표한 보고서를 통해 "한국의 재정여력은 현 시점에서 건정하지만, 앞으로 고령화 등으로 경제성장률이 둔화되고 사회보장지출 등의 재정지출 소요가 확대되면 재정여력이 감소할 것"이라고 말했다.[77] 이렇게 정부 부담이 늘면 총생산과, 소비, 투자가 모두 하락하고 그에 따라 복지 수요도 늘어나면서 재정 압박은 더욱 거세진다. 때문에 현재 재정 여력이 있는 상태에서 국가부채와 더불어 재정지출 수요 관리를 보다 철저하게 해야 한다.

2017년을 기점으로 정부의 총지출에서 의무지출(이자, 교부금, 복지비 등)이 차지하는 비중이 재량지출 비중을 넘어섰고 그 추세는 현재도 계속되고 있다. 재량지출 부분도 국방비나 인건비 등 경직성 예산까지 포함하면 실제 정부가 경기에 대응하여 사용할 수 있는 예산범위는 극도로 제한될 수밖에 없고, 재정의 건전성도 계속 위협받고 있다.

그러나 정부의 방만한 지출은 계속되고 무분별한 복지 확대와 공공부문 확대를 통해 국가 재정 여력을 급격히 고갈되는 중이다. 더욱이 우리나라 공무원은 세계에서 가장 가파른 연공급제와 평생고용, 그리고 연

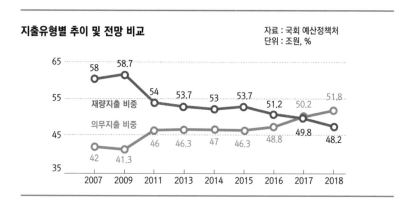

지출유형별 추이 및 전망 비교　　　자료 : 국회 예산정책처
단위 : 조원, %

금복권을 상회하는 고액의 연금 혜택을 누리고 있어, 구조조정이 시급한 실정이다.

앞으로 저출산 고령화가 심해지는데, 우리 세대가 다 탕진하고 나중에 미래세대는 우리를 부양하느라 허리가 휘게 할 것인가? 미래세대에까지 이르러 같은 수준의 복지가 지속될 수 있는가? 복지 포퓰리즘이 이대로 가다가는 나라 망한다. 야당은 문재인 정부의 포퓰리즘에 수동적으로 대응할 것이 아니라, 대안을 갖고 맞서야 한다.

지속가능한 복지를 위해서는 복지 재정이 튼튼해야 한다. 특히 초고령 사회가 얼마 남지 않은 현실에서 경각심을 갖고 장기적인 재정 원칙을 수립하고 철저히 대비해야 한다. 그 대원칙은 재정지출 축소와 세원확대 그리고 세입구조조정의 순으로 재원 조달 계획을 수립해야 한다.

생산적인 복지이어야 한다

생산적인 방향으로 복지지출이 이루어져야 한다. 무분별한 수당을 늘려서 어디서 어떻게 쓰이는지도 모르는 지출은 곤란하다. 실업급여도 마구잡이로 집행할 것이 아니라 급여수급기간 동안 취업노력을 하지 않으면 지급을 중단해야 하고 기관이 취업을 알선해줬으면 다른 대안이 없는 한 무조건 가서 노동을 하거나 그래도 적응하지 못하면 급여지급을 해서는 안 된다. 실업급여도 사회안전망으로써 지원해주는 것이기 때문에 자기책임의 원칙이 완전히 깨져서는 안 된다. 혈세나 사회보험을 그렇게 낭비해서야 되겠는가?

복지 확대는 증세에 대한 합의 없이는 안 된다

세입을 고려하지 않고 세출을 마구 늘리다니 한마디로 '허탕인생'으로 가라는 건가? 복지국가에 대한 정치 철학이 있다면 좋다. 그러나 위정자들은 국민보다는 자기 표에 눈이 어두운 사기꾼에 다름 아니다. 이젠 주권자인 국민들도 이런 사기꾼들을 걸러낼 책임이 있다.

정치 사기꾼들이 흔히 쓰는 수법이 사기 증세다. 즉, 저항이 있는 직접세를 그대로 둔 채 간접세를 올리거나 세율 대신 공시지가 같은 산출세액을 높이는 꼼수를 쓴다. 더 악질적인 사기꾼들은 세무조사를 지독하게 해서 세수를 늘인다. 한마디로 '현대판 가렴주구'인 셈이다.

문재인 정권에서 기승을 부리고 있는 성실신고납세제도가 바로 그렇다. 이 제도는 알고 보면 "네 죄를 네가 알렸다!"는 식으로 자신들이 기대하는 정도의 금액을 국민이 알아서 신고해서 갖다 바치지 않으면 세무조사 하겠다는 엄포로 보일 수도 있다. 이러고도 국민이 이 나라의 주권자이고, 그들이 민주공화국의 공직자라는 것인지 헌법1조가 무색하다.

■ 재정지출 축소

첫째, 공무원 인건비를 축소해야 한다. 정부가 먼저 허리띠를 졸라매야 한다. 특히 국민의 보통 임금과 현격한 차이가 있는 공무원 인건비를 줄여야 한다. 공무원의 보수를 중견기업 이상이 아니라, 임금근로자의 중간 임금을 기준으로 삼고 과도한 연공급제를 직무급으로 전환시켜야 한다. 지난 박근혜 정부 때 공무원연금을 개혁했지만 일반 국민연금과 비교할 때 여전히 미흡하다. 세금으로 특수직역 연금을 뒷받침하는 구조는 개혁해야 한다. 장기적으로 공무원연금은 국민연금과 통합시키고 현재의 과도한 공무원연금은 축소시켜야 한다.

둘째, 행정개편을 하여 불필요한 지출을 억제해야 한다. 인구는 급속히 줄어들고 그 영향은 지방도시에 가중될 것이다. 행정비용과 인프라 비용은 그대로인데, 인구가 줄어든 만큼 효율성은 떨어짐에 따라 예산 부담은 갈수록 가중된다. 현재의 조선시대 때 행정구역이 거의 그대로 보존되고 있고 이에 따라 행정비용도 그대로다. 어떤 지역은 학생수와 교사수가 비슷한 곳도 많다. 지방자치제도가 실시되었던 1995년도의 지방 평균 재정자립도는 63.5%였지만, 2016년에는 52.5%로 떨어졌다. 시골의 작은 시군구는 사정이 더 나쁘다. (2040년에는 전국 지자체 중 30%가 기능을 상실한다는 예측마저 나오고 있다) 대도시 지역의 경우 1인당 평균 세출액이 15년간(2001~2016) 119만 2000원이 증가했지만, 지방도시는 345만 4,000원, 군 지역은 무려 538만 5,000원이 증가했다. 주민 1인당 소요예산이 무려 4~5배 차이가 난다. 10년 후엔 그 격차가 더벌어져, 대도시 주민에게 소요되는 예산은 1인당 246만 원인데, 군 단위 지역은 1,173만 원으로까지 추정될 정도다.[78] 저출산 고령화에 맞게지방발전도 선택과 집중 전략을 통해 비효율적인 부분을 거둬내야 한다.

셋째, 불요불급한 복지지출을 줄이고 합리화시키는 구조개혁이 필수적이다. 정부는 내년부터 고등학교 의무교육을 단계적으로 실시한다고 한다. 사실상 100%에 육박하는 진학률에 비추어볼 때, 이는 너무 당연한조치이기도 하다. 또, OECD 대부분의 국가에서도 고교까지 무상교육은 보편화되어 있다. 그런데도 그동안 없던 지출이 생김으로 인해 재정지출 증가는 불가피하다. 연간 2조 원이다. 그렇다면 지출이 불요불급했던 다른 지출항목을 줄여할 것 아닌가. 무상급식, 무상보육 등 이른바 무상시리즈로 매년 10조 원에 가까운 돈이 지출된다. 고교무상교육을 도입한다면, 무상급식 등 긴급하지 않은 복지예산은 없애야 한다. 전 세계에서 전면적으로 무상급식을 하는 나라는 북유럽과 일부 나라 외에는 없다. '가난을 증명해야 한다'는 선동으로 시작된 무상급식은 그야말로 어처구니없던 정책이었다. 가난을 증명하지 않는 기술적 방법은 얼마든지 있다. OECD에서 보편적으로 실시되는 복지도 무조건해야 하고, 북유럽 등 일부에서만 실시되는 복지도 해야 한다면 우리 재정이 남아나겠는가? 게다가 보편복지라는 명분으로 여유 있는 사람들에게까지 복지지출을 늘려, 소득재분배 개선 효과는 매우 낮다. 소득상위 30%가 소득하위 30%보다 무상보육, 무상급식 등 무상복지 수혜금액을 1.4배~1.7배 더 받고 있어 소득재분배에 역행하고 있다는 지적도 많다.[79] 아울러 저출산 대책이라는 명목 하에 지급되는 각종 복지 지출 항목도 전면 재검토해봐야 한다. 10여 년간 효과도 없는 정책을 지속시키는 것은 문제가 있다.

■ 세원 확대

OECD 국가만큼의 복지지출을 위해서는 OECD 만큼의 국민부담률 (34%)을 감수해야 한다. 증세다. 물론 증세하기 전에 정부는 솔선수범해서 허리띠를 졸라매야 한다. 앞서 말한 지출축소가 전제가 되어야 한다. 증세는 세율 인상 보다는 세원확대 방향으로 가야 한다. 우선 비과세를 축소하고, 간이과세제도를 폐지하며 면세자 범위를 축소시켜 나가야 한다. 부가가치세는 세원이 넓어 동일한 세수를 효율적으로 징수할 수 있고, 개인소득세와 달리 재원배분의 왜곡이 작다는 장점이 있기 때문에, 세율 인상할 때 우선적으로 고려해야 할 세입항목이다.

06 | 국민이 먼저다! 난민-외노자 규제

외국인 근로자 유입 이대로 좋은가?

그동안 보수는 저렴한 노동력 공급이란 차원에서 외국인노동자 유입을 확대해왔다. 좌파 운동권 진영은 이 문제를 인권의 차원에서 접근하여 외국인 근로자에 대한 문제제기 자체를 봉쇄해왔다. 저임금노동의 일부를 외국인이 떠맡는 경향이 선진국의 공통된 현상이긴 하나 한국은 그 정도가 너무 심하다. 이미 국내체류 외국인은 인구대비 5.2% 비율로 OECD 평균을 상회하고 있고, 불법체류자 숫자는 통계만 보더라도 2018년 기준 35만 명으로 전년 대비 41%나 급증했다. 일본의 6만 명과 비교하면 인구 대비 8배에 달한다.

이제 외국인노동자는 한국인들이 기피하는 일자리를 떠맡는 것을 넘어 한국인들을 일자리에서 밀어내고 있다. 건설현장에 1990년대부터 유입된 조선족들은 이제는 건설현장의 하층 관리자의 위치에까지 올라 내국인 노동자들마저 조선족에게 떠밀리는 현상이 비일비재하다.

이런 현실은 실제 연구결과로도 입증되어 있다. 한국노동연구원의 보고서에 따르면 외국인 고용이 1% 포인트 늘 때 여성고용은 0.15% 포인트 줄고 중장년 일자리 역시 감소한다고 한다. 임금도 영향을 받는다. 외국인 근로자 비중이 1%포인트 늘면 내국인 근로자의 임금이 직종별로 0.2~1.1%까지 줄어든다.[80]

그런데도 외국인 근로자는 갈수록 증가일로다. 국내 체류 외국인은 이미 2019년 1월 현재 236만 명을 돌파했고 2021년에는 300만 명을 넘을 전망이다. 중국계 체류자만 100만 명을 이미 돌파했다.

각종 저임금육체노동의 현장이 외국인 중심으로 돌아가다 보니 안전 관리도 더 부실해진다. 정부도 신경을 덜 쓰게 된다. 이렇게 일자리 질이 낙후하면 자국민들은 더 기피하게 되고, 이에 따라 계속해서 그 일자리는 외국인노동자들로 채우게 되는 악순환의 연속이다. 그러면서 최저임금 인상의 혜택은 외국인들이 온전히 다 받고 있다. 정부는 일자리 확보 예산이라며 수십 조원을 투입하고 있는데, 다른 한편에선 외국인들에게 일자리 천국이 되고 있는 아이러니한 현실이 지속되고 있다.

경제 현실을 들어 외국인 노동자를 받아들이는 것은 불가피하다고 말하는 사람들이 있다. 그들은 외국인이 노동자가 없으면 중소기업이 돌아가지 않으며, 한국 경제에 그들이 매우 보탬이 된다고 주장을 한다. 그러나 과연 그런 순기능만 있을까? 나는 외국인 노동자 유입에 따른 편익보다는 우리가 감당해야 할 사회적 비용이 훨씬 크다고 생각한다. 이 문제는 중장기적 영향을 따져 신중하고 치밀하게 대처해야 할 문제이다. 그때그때 땜질하다가 나중에 바꾸려면 늦다.

월 100만 원씩 송금하며, 의료보험 체계에도 구멍 낸다

경제적인 측면에서 따져 보더라도 과연 우리 경제 전체에 외국인 노동자가 기여하는 부분이 더 큰지 의문이다. 외국인 노동자가 우리나라에서 벌어들이는 돈의 절반 이상은 자국으로 송금한다. 한국에서 빠져나가는 해외 송금액은 20조 원에 달하는데, 그 중 70%가 외국인 근로자가 보내는 돈이다.[81]

내국인이 벌었다면 모두 국내에서 소비될 돈이다. 외국인 노동자로 인한 복지비용 증가도 우리가 치러야 할 대가다. 경력이나 학력 없이 들어갈 수 있는 저임금육체노동 일자리는 저소득층에겐 사회안전망과도 같다. 하지만 이 영역을 외국인노동자들이 잠식하고 있으니 일자리를 구할 수 없는 저소득층은 점점 더 복지에 의존하여 복지비용은 가파르게 상승하게 된다. 더욱이 최저임금이 대폭 향상되자, 취업비자가 만료된 외국인근로자들이 출국하지 않고 불법 체류자가 되어 내국인 일자리를 더욱 잠식하고 있다. 한국의 최저임금 폭등 소식은 전 아시아 국가에 퍼져서 지난 1~2년 사이 관광비자로 들어온 외국인들의 불법 취업이 급증하는 현상마저 빚어졌다. 2018년 12월 말 기준으로 국내 불법체류자는 35만 5,126명으로 전년보다 무려 41.5% 증가했다.[82]

외국인 노동자는 기존의 복지체계에도 구멍을 내고 있다. 건강보험 문제가 대표적이다. 국민건강보험은 국내에 3개월 이상 체류한 외국인들까지 보장 대상자로 하고 있다. 중국인들은 바로 이 허점을 악용하고 있다. 중국인들이 많이 사는 서울 영등포구 대림동의 약국에서는 한국인들은 그리 구매하지 않는 간염약이나 혈압약 등을 대량 구매하는 경우가 많다. 건강보험공단은 이런 약에 대해 70%이상을 부담하고 있으니, 이들은 그 야말로 한국인들의 부담으로 약을 거저 얻다시피 하는 셈이다.

'가짜난민 양산법'으로 국민안전 위협

'인도주의'라는 허울을 쓴 난민 신청자 수용 문제도 큰 문제다. 난민법의 허점 때문에 한국은 이슬람권 이민 희망자들에게 기회의 땅이 되고 있다. 지난 2018년, 예멘인 500여 명이 제주도에 몰려와 난민신청을 하는 바람에 제주도 당국은 지원을 요청할 정도가 되었다. 2015년 39명에 불과했던 예멘인 이민신청자들은 불과 3년이 지난 무렵에는 무려 552명으로 급격히 증가했다. 이들이 제주도로 몰려간 것은 제주도가 무비자 입국이 허용되기 때문이었다. 우리나라는 이민을 신청만 하더라도 심사기간 동안 국내에 마음껏 체류할 수 있다. 이런 제도적 맹점을 노리고 이민 브로커들이 활개를 치며 아시아 각국의 이민자들을 국내에 이송시키고 있는 것이다. 난민 신청자들은 매년 증가하여 2018년 5월 기준으로 7,737명이다. 1994년부터 난민법이 시행되기 전인 2013년까지 20년간 난민을 신청한 인원(5,580명)을 불과 5개월 만에 훌쩍 뛰어 넘은 것이다. 이런 추세라면 3년 뒤 12만 명으로까지 늘어날 수 있다는 전망까지 나오는 실정이다.[83]

이렇게 해서 들어온 외국인들은 국내 일자리를 잠식할 뿐만 아니라, 국민 안전에도 큰 위협이 되고 있다. 인권이나 자유민주주의 가치가 부재한 나라에서 들어온 외국인들은 범죄에 대한 의식이 우리와는 다르다. 파키스탄의 경우, 강간범에게 무죄를 선고하는 경우도 비일비재하고, 아내에 대한 폭행이 법으로 허용되는 나라다. 명예살인이 심심치 않게 일어나기까지 한다. 이런 문화 속에서 살던 사람들이 한국에 들어오면 어떻게 되겠는가? 우리 사회는 강력범죄와 테러에 무방비적으로 노출될 수밖에 없다. 실제 2017년에 말레이시아를 통해 입국한 예멘 출신 입국자들 중에는 사우디 국왕 암살 테러 모의범도 있었다. 외국인들에 의한 강력범죄는 통계적으로도 확인되고 있다. 무책임한 '인권주의자'들은 내국인의 범죄율과 외국인의 범죄율을 단순 비교해서 외국인의 범죄율이 내국인에 비해 보다 낮다고 말한다. 그러나 국민 안전과 직결되는 것은 강력범죄율이다. 2013년 기준으로 보면, 체류 외국인의 범죄율이 내국인 평균보다는 낮지만 살인이나 강도를 저지르는 비율은 최고 2.5배 높다. 특히 이슬람권 국가에서 온 외국인 범죄는 우려스러운 수준이다. 강간범죄율은 파키스탄이 내국인 대비 5.85배, 방글라데시 3.2배, 스리랑카 2.43배로 월등히 높다.[84]

외국인 노동자 문제, 더 이상 이대로는 안 된다

외국인 노동자와 난민 문제는 한국 사회의 일자리와 안전을 위협하는 요인임에도 불구하고 여론화가 안 된다. 이들과 경쟁하거나 함께 지내야 하는 상황에 있는 사람들은 주로 저소득층이다. 저소득층은 여론을 조성할 여력도 없으며, 언론들도 이 문제에 대해 그다지 주목하지 않는다. 대체로 중산층 이상 환경에 있는 지식인이나 기자들은 외국인들과 경쟁하는 환경 속에서 지내지 않기 때문이기도 하다.

그동안 정치권 역시 외국인 문제를 회피하다시피 했다. 사실상 방치를 했다. 외국인 노동자 문제나 이민 문제를 거론할 경우, 인권 귀족들로부터 '외국인 혐오자'라는 비난을 듣기 두려워서였을까? 정치권이 이 문제를 의도적으로 외면하는 가운데, 일자리를 찾는 국내 체류 외국인은 매년 급증한다. 불법체류자 역시 가파르게 상승하여 35만 명을 넘어섰다. 2018년을 기준으로 최근 5년간 무려 70%넘게 증가한 것이다.

상품교역도 경제에 미칠 영향 때문에 관세를 부과하며 제한을 두고 있는 판국에, 경제는 물론이고 사회 문화적으로도 큰 파장을 불러일으킬 인력을 이렇게 무분별하게 수용하는게 과연 정당한가? 이민자들이 대폭 늘어나게 된 유럽이 지금 얼마나 큰 사회적 비용을 치르고 있는지를 보고도 이토록 대책 없이 외국인 이주자를 받아들여서야 되겠는가? 난민법이 이렇게 허술하고 외국 인력에 이렇게 무방비인 나라는 아시아에서 한국이 유일하다. 남아시아 지역 사람들이 한국에 집중적으로 유입되는 이유다. 유럽도 이제는 예전처럼 난민에 우호적이지가 않다. 독일도 수십만 명의 난민을 들였다가 극심한 범죄와 사회적 혼란이 야기되어 난민 정책을 바꿨다.

'글로벌 기준'이란 현재의 글로벌 상황으로 판단해야 한다. 1980~2000년대 과거 시구에서 인도주의란 미명하에 난민을 무분별하게 수용하나가 지금 와서 엄청난 부작용을 겪고 후회하며 정책 방향을 선회하고 있다. '후발자의 이점'이라는 것이 있다. 선발자의 실패를 타산지석으로 삼을 수 있어서다. 그런데 지금 우리는 과거 서구 국가들이 실패한 길을 뻔히 보면서 그 길을 따라가고 있다. 더 이상 외국인 문제를 이대로 방치해서는 안 된다. 원점에서 전면적으로 재검토해야 한다.

정부는 외국인에 대한 인도주의를 국민의 생존권에 우위로 두는 어리석은 정책을 펼치지 말아야 한다. 전 세계의 어느 산업국가도 건설과 제조와 같은 국가 기간산업에 이처럼 무분별하게 노동시장을 개방하는 나라는 없다. 지속가능하지 않은 정책은 시행하지 말아야 한다. 국민이 우선이라는 생각을 단 한시도 버려서는 안 된다.

불법 체류 외국인 단속 강화, 최저임금 산입범위에 숙식비포함, 적응기에 최저임금산입 배제, 외국인에 대한 사회보험혜택 재검토, 외국인 근로자 쿼터제 실시, 재외동포법 개정, 공공 SOC 사업 등 외국인노동자 취업 제한 업종 확대 등 다양한 방안으로 내국인 노동자를 위한 보호를 한층 더 강구해야 한다.

보론

미중패권 경쟁 속의
한국의 외교안보

미중패권 경쟁 속의

한국의 외교안보

01 | 미중 패권 경쟁 본격화

　미중 무역 전쟁이 본격화되고 있다. 2018년 미국은 2000억 달러 어치 중국 제품에 25% 관세 부과를 단행할 것을 예고하며, 무역 전쟁의 포문을 열었다. 2019년에 들어서 미국은 중국의 차세대 산업을 주도할 핵심 기업인 화웨이를 정조준 했다. 스마트폰, 통신설비 등 화웨이가 생산하는 모든 제품을 전면 보이콧하기 시작했다. 구글, 인텔, 마이크론 등 굴지의 테크 기업들이 화웨이에 부품과 서비스 공급을 중단하기로 했다. 자국만이 아니라 동맹국들 기업에게도 동참을 요구했고 여기에 일본, 호주 등은 신속하게 호응했다. 중국은 이에 보복관세로 맞대응하면서도 협상으로 문제를 해결하고자 하지만, 미중 간 갈등은 이제부터 시작이라는 시각이 지배적이다. 단순히 무역 분쟁에 그치는 것이 아니라, 미-중간 패권 경쟁이 전면화된 것이다.

중국의 부상과 패권 도전

　미중간의 세력 경쟁은 기본적으로 중국의 부상에 따른 것으로 미국 주도의 세계질서에 대한 중국의 현상 변경 시도가 맞물려 일어난 것이다. 중국은 이미 2010년경부터 일대일로 이니셔티브 등을 통해 장기적인 지역질서 재편 전략을 추구하였으며, 주변국에 대한 영향력을 강화시켜 나갔다. 중국은 2011년 일본을 제치고 경제규모 세계 2위로 부상한 이래 2016년 기준으로 GDP 11.8조 달러로 19.4조 달러의 미국을 바짝 뒤쫓고 있다.

중국은 '중국제조 2025'이라는 산업 전략으로 경제 패권의 야망을 구체화하고 있다. 2025년까지 핵심, 소재 부품에서 70%를 자급자족해 제조 강국에 들어서고, 2035년까지 해양 엔지니어링, 전기차, 반도체 등에서 독일과 일본을 제치고 2045년까지 미국을 추월하겠다는 야심찬 계획을 수립했다. 실제 기술력과 경제력에 있어 미국을 향한 중국의 추격은 맹렬한 기세를 타고 있다. 중국은 이미 화웨이를 앞세워 5G 통신망 구축에 있어서 상당한 수준의 5G 통신망 기술을 확보한 바 있다. 인공지능(AI), 빅데이터, 무인운송수단 등 미래 핵심기술 영역에 있어서 미국을 바짝 뒤쫓고 있다. 40년 전 작은 어촌마을이었던 중국의 선전시는 전기차 기업 '비야디', 인터넷 게임서비스 기업 '텅쉰' 등 세계 1위 기업의 근거지가 되어 실리콘 밸리와 맞설 정도로 성장했다.

중국은 제조화를 고도화시키는 가운데, 달러 패권에도 도전하고 있다. 국제결제시스템인 스위프트(SWIFT)를 대체할 위안화 국제결제시스템 (CIPS)의 거래량은 최근 '일대일로 프로젝트'에 힘입어 급격히 늘어나고 있다. 중국의 금융 굴기 역시 기축통화인 미국 달러의 위상을 겨냥하고 있는 것이다.

산업기술은 군사기술과 직결되는 만큼 중국의 경제굴기는 군사굴기와 동전의 양면으로 작용한다. 실제 지난 20여 년간 중국은 군사력 증강에 열을 올려왔다. 중국은 GDP의 2%를 연구개발(R&D) 예산에 투입하는데 이런 기술들은 대부분 군사 용도에 활용될 수 있는 것이다. 국방비 지출규모는 1550억 달러 이상으로 미국 다음의 수준이다. 중국은 주변국들에 대해 위압적인 태도로 영토분쟁을 벌이며, 아시아 각국의 안보 위협으로 등장하고 있다. 미국 주도의 세계 질서를 도전자로서 흔들고 있는 것이다.

투키디데스의 함정

2000년대 중반까지만 하더라도 중국을 부상하는 신흥국으로서, 일본을 뛰어넘을 수 있느냐를 논하는 정도였지 미국의 경쟁자로 여기는 분위기는 아니었다. 그 기간 동안 미국은 9.11테러와 이라크 전쟁 등 중동 정세에 대응하기에도 벅찼다. 또, 2008년에 발생한 미국발 금융위기는 미국의 위상에 타격을 가했다. 그 영향으로 미국의 가치와 세계화에 대한 회의적 시선이 팽배했다. 2010년 이후 미-중간 격차가 축소되고, 미국이 주도하는 질서가 흔들린다는 평가가 나오면서 중국은 미국과 겨뤄볼 수 있다는 자신감으로 패권 도전의 야망을 숨기지 않았다. 2010년을 기점으로 중국이 일본의 GDP를 제치자 건국 100주년이 되는 2049년에 이르면 미국을 넘어 세계 패권 국가로 발돋움하겠다는 내용의 중국몽을 선포한 것이다.

미국은 제2차 대전 이후 세계 패권국으로 등장한 후, 소련을 패퇴시키고 미소 냉전시대를 종식시킨 바 있다. 이후 세계 유일의 패권국이 되어 자유주의 경제이념과 민주주의 정치이념을 전지구적으로 확산시켰으며, 오늘날의 국제 질서의 균형자로서 역할을 하고 있다. 소련만이 아니다. 같은 자유 진영에 있던 일본도 비슷한 운명에 처했다. 1980년대 맹렬한 속도로 경제를 성장시킨 일본은 당시 미국의 GDP의 40% 가까이 쫓아갔다. 무역과 재정, 두 부문의 쌍둥이 적자에 시달리던 미국은 플라자합의를 통해 엔화 절상을 유도했다. 이후 일본 경제는 수출경쟁력 하락과 부동산 버블의 충격으로 '잃어버린 20년'을 보내며 긴 불황의 터널을 지나야만 했다. 세계 유일 패권국 미국에게 경제패권의 도전은 용납될 수 없는 일이다. 미국은 패권적 지위가 자신에게 얼마나 유리한 지를 잘 알고 있다. 따라서 미국 주도의 세계질서에 대한 중국의 도전을 미국이 용납하지 않을 것은 자명하다. 역사적으로나 국제 정치적 현실을 보더라도 전쟁을 거치지 않고 평화적으로 패권이 이양되는 경우는 없다.

　아테네 출신 역사가 투키디데스는 고대 그리스 패권을 놓고 일어난 펠로폰네소스 전쟁사(BC 431~404)를 통해 패권국과의 전쟁 원인을 갈파한바 있다. 신흥강국(아테네)이 빠르게 부상하면 기존 패권국(스파르타)의 견제심리가 발동하게 되어 전쟁으로 치닫게 된다는 것이다. 이러한 경향을 일컬어 '투키디데스의 함정'이라고 한다. 과거 역사적 사례는 '투키니네스의 함징'이 국제 징치역힉싱 필연적으로 작용하고 있음을 보어주고 있다. 20세기 초반 독일의 급속한 국력 증강에 따른 세계대전, 20세기 중반 소련의 군비 증강에 대한 미소 냉전 등은 '투키디데스의 함정'으로 설명이 가능하다. 다만, 핵무기라는 절멸의 무기로 인한 상호확증파괴 공포감에 따라 미소 패권 경쟁은 열전(hot war)으로 비화되지 않고, 냉전(cold war)으로 끝날 수 있었을 따름이다. 중국이 신흥 패권국으로서의 지위를 넘보고 있는 한 투키디데스의 함정은 피할 수 없을 것이다. 다만 이번의 경우 역시 3차 대전으로 비화될 우려가 있는 열전보다는 새로운 형태의 냉전으로로 치닫게 될 확률이 높다. 과거 미국과 소련은 각자 진영을 형성하고 있었고 정치, 이념적 대결이 치열했다. 또 상호간의 교역량도 거의 없었다. 그러나 현재의 미국과 중국의 대결 양태는 그와는 전혀 다르다. 미중간의 이념 가치적 대결 구도는 미약할 뿐만 아니라 상호의존적 경제구조를 갖고 있다. 때문에 경제적으로는 제한된 범위 내에서 미국이 제제를 가하거나, 안보적인 측면에서 중국의 해양진출을 지속적으로 봉쇄하며 장기적으로 중국의 국력을 소진시키는 형태로 진행될 가능성이 크다.

미국의 대응

중국의 도전장을 받은 이상 미국이 응하지 않을 이유는 없다. 2017년 미 행정부는 새로운 '국가안보전략 보고서'를 공개하며 중국을 적대적 경쟁국가로 인식하고 대처할 것임을 선언했다. 여기서 과거 어느 때보다 경제문제를 강조하고 나섰다. 무역불균형 해소, 무역장벽 철폐, 수출기회 증대 등을 제시했는데 중국을 정면 조준한 것이다. 이에 따라 미국은 중국과의 무역협상에서 세 가지 핵심 사항을 요구했다. 첫째, 불공정 무역 관행의 수정, 둘째 시장 경제적 글로벌 스탠더드의 수용, 셋째, 국가보조금과 비관세 장벽의 철폐다.

그동안 중국은 외국기업이 중국에 투자할 때, 산업에 따라 정해진 비율 이상의 지분을 갖는 중국인과 파트너십을 체결해야 한다. 이 과정에서 많은 강제적 기술 이전이 일어나고 있다. 또 국고보조금이 마음껏 투입될 수 있는 국영 기업이 주도하여 생산력을 증대시켜왔는데, 그 영향으로 과다공급이 만성화되어 있다. 또한 외국기업들의 서버는 모두 자국 내에 보관하게 하는 중국 정부의 조치는 산업스파이 활동 의심을 사고 있다. 미국의 협상 요구들은 이와 같은 중국의 기존 산업정책과 밀접히 관련되어 있는 것이다. 중국의 현 경제구조상 수용하기 어려운 조건들인 것이다. 그동안 중국은 미국과의 무역협상에 있어 대미 무역 흑자 규모를 줄이는 정도 선에서 합의할 것을 예상했지만, 미국이 요구는 그와 비견조차 되지 않는 사안들이다.

미국은 또한 중국의 기술탈취, 지적재산권 침해 등을 더 이상 묵과하지 않기로 했다. 아예 중국 산업정책의 총화인 '중국 제조 2025'를 '경제침략'으로 규정하고 강력 대응에 나선 것이다. 우선 중국의 대미투자에 제한을 걸었고 특히 인공지능(AI), 반도체 등 첨단 기술 수출을 제한하고 있다. 중국 자본이 들어간 기술 기업에 대해서는 M&A를 원천 봉쇄하고 있다.[85]

군사력 강화는 패권 경쟁이 결정체다. 중국의 국방력 증강은 육군 우위에서 해군 우위로 전환된 지 오래다. 과거 중국이 국력이 약했을 때는 자국 방위에 치중하는 육군의 대병력주의였지만, 80년대 이후 경제력 부상과 함께 해.공군을 강조하는 현대식 군사력으로 바뀌었다. 해양 국가로의 변신을 꾀한 것이다. 중국의 해양 패권 도전의 기세는 맹렬하다. 중국은 도련선 전략을 실현시키기 위해 주변국들과의 마찰을 빚어가면서 남중국해를 영토 분쟁화하고 있다.

미국은 오래전부터 중국을 패권 도전국으로 간주하고 안보의 중심을 아시아태평양 지역으로 이동시켰다. 2012년 미국 국방부는 '신국방전략보고서'를 발간하였는데, 파네타 국방장관은 지구 방위에서 가장 중요한 지역을 아시아 태평양, 중동, 유럽순으로 나열했다. 보고서는 "미국은 전 세계의 안보에도 기여해야 하지만, 아시아 태평양 지역을 더욱 강조해야 할 필요가 있다"라고 적시했다. 그동안 대서양 중심으로 짜여있던 미국의 해양전략이 아시아 인도양 중심 해양 전략으로 바뀐 것이다.

02 | 중국의 패권 도전은 성공할 수 있는가?

시간은 중국 편인가?

한 때 '수퍼차이나'라는 용어가 유행처럼 번지던 시기가 있었다. 연 평균 10% 이상의 수치로 수십 년째 맹렬히 성장하는 중국의 경제는 가공할만한 했다. 또 15억 거대한 인구는 중국이 세계 경제의 중심이 될 날이 머지않을 것이라는 장밋빛 환상을 심어주는 요인이기도 했다. 이런 전망 속에 세계 1위 미국을 따라잡을 것이라는 시각은 일반적이었다. 단지 언제 오느냐의 문제만이 남아 있을 뿐이었다.

하지만 최근 들어 중국의 미국 추월론을 꺼내는 사람은 점차 사라지고 있다. 많은 전문가들의 예상과는 달리, 미국 GDP의 규모는 여전히 중국보다 60% 이상 앞서 있다. 10년 내에 따라 잡힐 수준이 아니다. 무엇보다 중국의 성장률이 예년과 달리 확연히 둔화되고 있고, 그 미래도 결코 밝지 않다. 2018년 중국의 경제성장률은 6.5%로서 4년 연속 7% 이하로 떨어졌다. 하지만 이마저도 중국의 통계 조작이 너무 만연한 것을 감안한다면 실제 성장률은 이미 4%로 주저앉았을 가능성도 크다고 보는 전

문가들이 많다. 2019년 전망은 더 어둡다. 5% 이하로 추락할 것이라는 전망이 지배적이다

현재 중국이 처해있는 내외부적 상황은 중국이 과거와 같은 고도성장을 회복하리라는 기대를 더욱 불가능하게 만든다. 현재 미국이 주도하는 무역전쟁으로 중국의 대미 무역은 직격탄을 맞고 있다. 앞으로 중국의 수출증가율 하락은 불가피하다. 중국 경제에 대한 위협은 관세를 통한 무역전쟁만이 아니다. 미국은 이미 통화전쟁을 개시했다. 중국의 가격경쟁력은 해마다 떨어지고 있고, 더 이상 제조공장으로서의 매력도 상실해가고 있다.

중국의 내부 사정은 더 암울하다. 2005년부터 지속된 부동산거품은 그야말로 천문학적 규모로 진행되어 중국의 지방정부는 사실상 파산직전에 내몰려 있다. 중국 경제를 움직이는 중산층 자본의 약 70%가 부동산에 묶여 있다고 한다.

이밖에 세계 최고수준의 빈부격차, 늘어난 경제규모에 맞지 않는 공산당 독재체제의 비효율성, 고질적인 부정부패 등 산적한 중국의 구조적인 문제는 미래 전망을 더욱 불투명하게 만든다. 중국의 성장세가 L자형으로 변해감에 따라 중진국의 함정에 빠져들었다는 진단이 전문가들 사이에서 중론을 형성하고 있는 중이다. 지난 30년간 중국은 연평균 9%가 넘는 성장률을 기록해왔다. 그러나 앞으로 30년간 이런 고도성장의 시대는 오기 힘들 것이다. 지구상의 어떤 나라도 이토록 높은 성장률을 60년간 지속시켰던 적은 없다. 현재와 같은 추세라면, 2030년은커녕 금세기 내에 중국의 국력이 미국을 추월하는 것조차 가능할지에 대해 회의적인

시선이 지배적이다.

하드파워의 절대적 열세

중국이 패권 도전자로서 자격을 갖기 위해서는 하드파워적인 면에서 대등한 조건을 갖춰야 한다. 군사력은 하드파워의 핵심을 이룬다. 과거 미소냉전 시절, 소련이 미국과 맞설 수 있었던 근본적인 힘은 대등한 군사력에 있었다. 1970년대 한때는 미국의 군사력을 넘어선 적도 있었다. 소련의 경우와 비교해 본다면 현재 중국은 군사 능력 면에서 전혀 미국에 맞설 수 있는 상황이 아니다.

7천억 달러를 웃도는 미국의 국방비는 중국의 5배, 러시아의 10배 수준으로 전세계 2위에서 10위까지의 다 합친 것과 비슷할 정도의 규모다. 국방비 지출과 군사력을 종합해서 계산할 경우 미국의 전력은 중국의 10배 정도로 평가된다. 미국 해군은 더욱 막강해서, 미국 다음의 17개국의 해군을 합친 것만큼이나 강하다. 여기에 미국은 세계의 주요 선진국들을 망라한 45개 국가를 동맹국으로 두고 있다. 중국의 유일한 동맹국은 북한이다.

지정학적으로 보더라도 중국은 패권 국가가 되기에는 매우 불리한 조건을 갖고 있다. 미국은 멕시코와 캐나다 단 두 개의 국가만을 국경으로 접하고 있는데, 이 두 나라는 미국의 우방이면서도 약소국이다. 미국군은 해외에 나가서 싸우면서도 본토의 안전을 걱정할 필요가 없을 만큼 천혜의 조건을 갖고 있다. 반면 중국은 세계에서 가장 많은 나라들과 국경을 접하고 있고 영토 도발을 전방위적으로 벌임으로서 이웃 국가들과 대부분 사이가 좋지 않다. 더욱이 중국 주변 나라들은 대부분 미국과 동맹국이거나 파트너 국가로서 미국의 영향권 속에 있는 나라들이다. 이런 정황은 중국이 패권 국가로 도약하기는커녕 주변 국가들로부터 봉쇄된 형국인 셈이다.

무엇보다 경제력 격차가 좁혀지지 않을 결정적 이유는 미국의 첨단 기술력에 있다. 인공지능과 5G 통신 등 최신 정보화 관련 기술력에 있어서 중국이 바짝 추격해 온 것만은 사실이지만, 여전히 첨단 제조 분야의 핵심 기술은 미국을 쫓아갈 수 없다. 미국은 군사기술과 산업기술이 융합되어 현대 기술 문명을 이끌어온 과학기술의 최강국이다. 컴퓨터, GPS, 인터넷, 레이더, 전자레인지, 내시경 등 미국이 개발한 기술이 전세계에 끼친 문명의 영향은 심대할 뿐만 아니라, 미국의 핵심기술 없이는 제대로 된 제품 제조가 불가능하다. 이와 같은 기술을 개발할 수 있는 원천 기술력과 축적된 과학역량은 일시적 기술 탈취로 따라잡힐 성질의 것이 아니다. 화웨이 거래제한 조치에서 보듯, 미국이 기술을 폐쇄시키면 모든 제조기업은 문을 닫아야할 상황이다. 더 이상의 기술 추격을 허용하지 않겠다는 의지다.

반중(反中) 정서의 세계적 확산

세계적인 외교전문가 조지프 나이 하버드대 교수는 '소프트 파워' 개념을 처음으로 내세운 주창자다. 그 이론의 핵심은 국가의 힘은 문화나 매력, 동맹국과의 인적 교류 자원과 같은 소프트 파워가 경제력, 군사력으로 대표되는 하드파워보다는 더 크게 작용한다는 것이다. 이를 근거로 나이 교수는 중국의 경제적 부상이 곧 패권국 지위로 연결될 가능성이 없다고 단언한다. 중국의 소프트 파워는 미국과 상대가 되지 않기 때문이다.

중국 당국도 소프트파워의 영향력을 의식하여, 이에 대한 투자를 대대적으로 확대했다. 경제력처럼 소프트파워도 육성시키겠다는 의도로 이 분야에 11조에 달하는 금액을 쏟아 붓는 것이다. 그러나 이와같은 관주도 성격의 홍보가 중국의 소프트 파워 증진에 보탬이 될 가능성은 거의 없다. 소프트파워는 이렇게 인위적으로 생성되는 것이 아니기 때문이다. 오히려 문제는 다른 곳에 있다.

우선 중국은 정치체제가 일당 공산 독재 국가로서, 국제적 규범과 거리가 멀다. 다른 나라들이 모방하고 싶어 하는 이념적 가치가 전혀 없다. 영화, 출판, 드라마 등 모든 문화 매체들은 공산당에 의해 검열되고 있을 뿐만 아니라, 심지어 인터넷마저 전면적으로 통제되는 나라다. 구글, 유튜브, 네이버 등 해외 사이트는 접근이 금지되어 있으며, 중국 정부의 정책을 비판하는 교수가 인터뷰 도중 연행되는 일까지 벌어지는 인권 후진국이다.

중국이 홍콩시민과 국제사회에 약속한 홍콩의 자치권 부여는 공수표가 된지 오래다. 중국은 홍콩의 관료와 정치인을 내륙 출신들로 채우고 중국 정부의 직접적 영향권에 두었을 뿐만 이니라, 홍콩의 민주주의를 밀살시키다시피 했다. 최근 중국정부는 홍콩 시민을 내륙으로 강제 소환시키는 법률을 제정하고자 하여 백만명이 넘는 홍콩 시민들이 격렬한 저항을 맞이하고 있다.

중국이 거대한 야심을 품고 추진했던 일대일로(一帶一路)정책은 추진된 지 불과 5년 만에 그 약탈적 성격을 드러냈다. '현대판 실크로드'로 불리며 아시아, 유럽, 아프리카를 거대한 경제벨트로 잇겠다는 프로젝트로 주목을 받았다. 일대(一帶)는 대륙으로 연결되는 길이고, 일로(一路)는 남중국해에서 인도양을 아라비해 해를 잇는 해상 실크로드다. 여기에 포괄하는 나라만 62개국에 달한다. 이 프로젝트에 참가하는 나라는 주로 도로, 항만, 철도 등 산업 인프라를 구축하게 된다. 그러나 중국정부가 일방적으로 주도하는 사업이다보니, 중국의 패권주의를 강화시키는 성격으로 변질되었다.

이처럼 공산당 독재체제 속에서 오만한 태도로 주변 국가와 만성적으로 마찰을 빚는 중국의 모습은 대국의 면모와 거리가 멀다. 미국은 말할 것도 없고, 과거 소련도 위성국가와 동맹국에게 자원을 무상으로 공여해가며 공산권 진영의 패권을 유지시켜 왔다. 그러나 현재의 중국은 오직 눈앞의 이익만을 쫓는 이기적인 국가가 되고있다. 그래서 '소아(小兒)적 대국'이라는 별칭을 얻고 있다. 소프트파워는커녕, 국제적으로 지탄의 대상이 되고 있다. 이런 나라가 세계의 패권국으로 도약하는 것은 상상하기 힘든 일이다.

03 한국의 외교안보적 대응 방향

문재인 정부의 대중국 굴종 외교

미중 패권 경쟁이 본격화되자 한국의 선택은 매우 까다로운 듯 보인다. 그동안 한국은 '안보는 미국, 경제는 중국'이라는 소위 '안미경중'(安美經中)이라는 프레임으로 국익을 극대화했다. 사실 '안미경중'도 그동안 미국이 중국과 경제적 밀월관계를 유지했던 무역 체제 속에서 룸이 발생했기에 통용되었던 미봉책이었을 따름이다. 그러나 미중패권 경쟁이 본격화되고 있는 현실에서 그처럼 무임승차에 가까운 전략은 더 이상 지속될 수 없다. 미중간의 패권경쟁은 단기간에 해결될 성질의 것이 아니라, 30년이상 지속될 만큼 구조적 성격을 갖고 있기 때문이다.

당장 미국은 동맹국들에게 반화웨이 대응 등 반중 통상 동맹을 요구하고 있다. 그러나 한국 정부는 70년 혈맹이라는 수사가 무색할 정도로 미온적이다. 청와대기 "화웨이 통신장비 사용이 군사안보에 미치는 영향이 없다"는 입장을 밝히자 해리스 주한 미 대사는 "동의하지 않는다"고 말하기도 했다.

문재인 정부의 대중국 외교는 눈치보기 정도가 아니라, 굴종에 가깝다. 중국의 사드 보복에 대해 한국 정부는 속수무책으로 백기 투항을 했다. WTO제소도 못했다. 시진핑은 2017년 문 대통령을 베이징에 초청해놓고 여러 끼를 혼밥하게 만드는가 하면, 중국 경호팀은 한국 기자들을 구둣발로 짓밟기까지 했다. 그럼에도 항의 한번 제대로 못했다.

김용삼 펜앤마이크 대기자는 구한말 고종을 비롯한 국가지도부는 패권국 영국이 아니라 러시아에 줄을 섰다가 망국을 경험했는데, 오늘날 친중, 반미, 혐일 외교로 일관하는 문재인 정부의 외교 행태는 그때의 망국 외교와 다를 바 없다고 진단한다.

한미일 동맹과 군사력 강화가 살길

앞서 살펴보았듯이 미중간 패권 경쟁의 승패 결과를 예상하는 것은 그리 난이도 높은 일이 아니다. 장기적 전망 속에 예측해봐도 답은 분명하다. 미국이다. 중국이 패권국으로 도약할 가능성은 제로다. 그렇다면 우리가 미국과 손잡아야 하는 것은 선택이 아니라 외교적 의무에 가깝다.

역사적으로 미국은 한국의 독립과 전쟁, 그리고 경제대국으로의 도약에 결정적으로 도움을 준 나라였다. 무엇보다 자유와 민주주의라는 가치를 공유하고 있으며, 영토분쟁 염려가 없는 동맹국이라는 점에서 미국과의 안보협력은 우리의 전략적 선택일 수밖에 없다. 무엇보다 북핵의 위협이 가중되고 있는 현실에서 한미동맹 강화는 그 어느 때보다 절실하다. 미국이 아시아에 새로운 우방국들을 얻으면서 한국의 전략적 가치는 과거 냉전시절만큼 크지 않게 되었다. 미국과의 동맹관계에 소홀하면 안 되는 이유다.

또한 중국의 패권 전략이 노골화되고 있는 현실에서 일본과의 안보 협력 강화는 그 필요성이 더욱 커지고 있다. 일본은 북핵과 중국의 해상진출 문제 앞에서 한국과 안보적 이해가 일치한다. 100년전 과거사에 얽매여 일본과 전략적 연대를 하지 못한다면 매우 어리석은 일이다. 일본은 70년 전 군국주의 국가에서 민주주의 국가로 전환되었다. 민주주의 국가 사이에서 전쟁이 일어나지 않는다는 '민주주의 평화론'은 국제 정치학의 정설이다. 미국의 저명한 전략이론가 브레진스키 교수는 미국의 힘이 몰락한다고 가정할 경우 막강한 중국의 힘 앞에서 한국이 택할 가장 바람직한 안보정책은 '일본과 연계하는 것'이라고 충고했다. 미국의 대중국 견제 정책에 한국이 소극적으로 나오자 미국의 일본 의존은 더욱 긴밀해지고 있다. 한미일 삼각동맹 강화는 더 이상 미룰 수 없는 안보 과제다.

가장 중요한 것은 자강의 노력이다. 우리는 결코 무시할 수 없는 수준의 국방력을 지녀야 한다. 미-중 간 다툼 국면에서 의미있는 수준의 군사력을 갖고 있어야 한국의 전략적 가치가 높아진다.

그러나 최근 안보 상황의 악화에도 불구하고, 한국의 국방비는 GDP 대비 3%를 넘지 않고 있다. 외환위기 이전까지 한국은 3%를 유지하고 있었다. 3% 이상은 되어야 군대가 현상 유지를 하고 미래에 대한 투자를 할 수 있다는 점을 감안하면 점진적으로 국방비를 늘려야 한다.

무역 다변화와 제조기술력 제고

중국은 한국의 사드배치 조치에 대해 경제 보복을 대대적으로 감행한 바 있다. 이미 중국은 2012년 일본과 센카쿠열도 영토 분쟁을 일으킬 때 희토류를 자원무기화 하여 일본을 굴복시킨 전례가 있다. 중국에게 경제 논리는 안보논리와 동전의 양면을 이룬다. 때문에 중국의 경제 무기화는 안보를 위협하는 최대 요인이 되고 있다.

중국과 미국은 우리의 1, 2위 무역 상대국이다. 중국은 한국에 대해 경제적 위협을 가하는 일이 잦다. 그러나 한국이 중국에 수출하여 이익을 보는 대부분의 품목은 중국의 수출 품목에 필수적으로 들어가는 부품 소재 등이 대부분이다. 대중 수출의 80%가 이러한 중간재다. 우리의 수출을 막으면 자신들도 수출을 못하는 딜레마가 생길 수밖에 없다. 그러다 보니 중국은 자국 내에서 소비재를 판매하는 롯데마트를 사드보복 대상으로 겨냥할 수밖에 없었다. 그래서 당시 한국 경제는 사실상 큰 영향을 받지는 않았다.

한국의 대중 무역 흑자 규모는 전체 무역 수지의 80%를 차지할 만큼 압도적이다. 바로 이런 점을 들어 '안미경중'(安美經中)의 담론이 우리 사회를 압도했다. 그러나 중국에 수출하는 품목의 최종 종점이 미국이라는 점을 감안하면 얘기의 방향은 사뭇 달라진다. 우리가 중국에 100을 수출한다면, 그 중에 70~80%는 미국을 향한다. 사실상 우리 경제는 중국을 경유하여 사실상 미국에 의존하고 있는 셈이다. 과연 경제에 있어서 미국을 경시하는 것이 미중 패권 경쟁 속에서 얼마나 위험한 일인지 생각해 봐야 한다.

또, 중국은 한국과의 무역 수지 균형을 맞추기 위해 중간재의 국산화를 서두르고 있을 뿐만 아니라 미국과의 무역 마찰이 지속될 수밖에 없기 때문에 향후 한국의 중국에 대한 수출은 급감할 수밖에 없다. 안보적 적대 관계에 놓인 일본에 대해 여전히 중국이 경제협력 관계의 끈을 놓지 않는 이유가, 대체 불가능한 일본의 기술력 때문이다. 그런 점에서 무역을 다변화하고 제조 기술력을 높이는 일은 우리의 경제 발전은 물론이거니와 안보력 강화에 있어 필수적이다.

핵에는 핵, NATO식 핵공유협정이나 전술핵 재배치 고려해야

문재인 정부는 권력 안전 보장과 경제 지원을 약속해주면 북한이 핵 폐기에 나설 수 있다는 식으로 국민과 주변국들을 설득하고 있다. 그러나 그런 실험은 과거 20년 동안 지속시켰던 정책의 반복일 뿐이다. 이미 그 기간 동안 북한은 핵무기를 완성시켜왔다. 마이클 그린 전략국제문제연구소 선임부소장은 북한이 핵무기를 개발하는 목적 네 가지를 설명한다.[86]

첫째는 미국에 대한 억지력 증강이다. 미국의 한국 방어 계획과 공군력 전개에 혼선을 주는게 큰 목적이라는 설명이다.

돌째는 중국을 억지히기 위해서다. 북힌은 중국이 북힌을 흡수히기니 붕괴시킬 수 있다는 점을 염두에 두고 있다.

셋째는 북한군을 억지하기 위해서다. 북한군은 재래식 군비로는 한국과 경쟁이 안된다는 사실을 잘 알고 있다. 때문에 군의 충성심을 유지시키기 위해서는 핵무기가 필수적이라는 것이다.

넷째는 한국을 고립시키기 위해서다. ICBM으로 미국을 타격할 수 있다는 능력은 미국이 한국전 개입에 망설일 빌미가 된다. 그렇게 되면 한국은 단독으로 북한과 맞서야 하는 상황을 맞이할 뿐만 아니라 핵무기로 한국 경제의 안정성을 위협받게 되어 궁극적으로 북한 주도 통일의 기회를 엿볼 수 있게 된다는 것이다.

북한 김정은이 핵을 '민족의 보검'으로 여기는 것도 다 이런 이유였을 것이다. 이런 가설에 동의하게 된다면 김정은 정권에게 경제지원을 약속하는 것으로서 비핵화가 실현된다는 것은 망상에 가깝다는 사실을 깨닫게 된다. 한미 간의 최선의 전략은 북한이 핵무기를 끝내 추구하게 되면 미증유의 대가를 치룬다는 걸 납득시키고, 한미간 동맹이 약화되는 일은 결코 없다는 것을 입증시키는 일이다. 여기에 북한의 핵개발 의지를 꺾는 한 가지 옵션을 더 추가한다면 그것은 아시아 태평양지역 동맹국들과 NATO식 핵공유협정을 체결하거나 남한에 전술핵을 다시 배치하는 일이다. 막연한 거짓 평화쇼에 계속 흔들릴 수 밖에 없는 것도 결국 핵균형이 무너진 상황에 대한 막연한 공포심 때문이다. 북한 비핵화를 끝까지 완전하게 해내기 위해서도 한반도 핵균형을 통한 심리적 안정감 확보가 필요하다.

전성훈 아산정책연구원은 북핵에 대한 현실주의적 대응으로 전술핵 재배치를 주장한다. 그의 논지에 전적으로 동의하며 그 내용의 일단을 소개한다.[87]

지구상에 핵시대가 열린 이래 적대 당사국 간의 어느 한쪽의 핵보유를 일방적으로 허용한 사례는 한반도가 유일하다. 핵에는 핵으로 대응할 수밖에 없다는 것이 핵시대의 교훈이다. 국가안보의 둑이 터진 현실에서 핵으로 맞대응하지 않는다면 우리는 영원히 핵인질로 살아갈 운명이 된다. 전술핵을 도입하면 북한에게 비핵화를 요구할 명분이 사라진다는 이유를 대며 한반도 전술핵재배치를 반대하고 있지만, 북한의 위반으로 이미 휴지조각이 되어버린 명분을 붙잡고 있는 것 만큼 어리석은 일도 없다. 전술핵이 배치되면 북한에게 선제공격의 빌미로 작용할 수 있다는 우려도 기우다. 오히려 전력의 불균형이 이루어질 때 도발이 시작된다. 미 본토의 대륙간탄도미사일 등의 전략 자산을 활용하는 것도 코앞의 배치된 전술핵만 못하다. 수십조 원을 퍼부어 첨단 재래식 대응 무기를 마련하는 것도 북한의 핵 앞에서는 무용지물이 될 수밖에 없다. 그런 점에서 전술핵 재배치는 비용 대비 효과 면에서도 우월하다. 남한의 핵무기 독자개발은 NPT를 정면으로 위반하여 외교적 마찰을 불러일으키지만, 미군에 의한 전술핵 재배치는 동맹을 존중하고 핵 비확산 규범을 준수하면서도 안보적 효과는 동일하게 볼 수 있는 최상의 선택이다. 이제 핵에는 핵으로 대응하는 전술적 전환을 고려할 때가 되었다.

한미동맹이 중심이다

패싸움이 격렬해질수록 주변에 있던 사람들은 둘 중 한쪽 편이 될 수밖에 없다. 싸움을 말리거나 중재하려면 둘보다 혹은 그만큼 영향력이 세거나 적어도 둘로부터 권위를 인정받고 있어야 하는 법이다. 두 강자가 맞붙고 있는데 별 영향력도 없으면서 주변에서 얼쩡거리며 "나는 어느 쪽 편도 아니야"라며 어떨 땐 이쪽 편, 어떨 땐 저쪽 편을 들며 그때마다 오락가락하다가는 결국 양쪽 모두로부터 외면당하기 십상이다. 본래 한쪽 편과 가까웠는데 반대편한테 공격당하니 눈치보느라 기회주의적으로 처신하면 본래 내편은 더 이상 나를 믿지 않게 되고 반대편이 나를 위협할 때에도 나서서 도와주지 않게 된다.

그런데 재미있는 것은 그 상대편도 센 친구가 내 편을 확실히 들고 있을 땐 날 안 건드렸는데, 이젠 내가 외톨이가 되니 만만하게 보고 괴롭히기 시작한다. 왕따가 된 것이다. 서글픈 얘기지만, 윤리보다 힘의 원리가 지배하는 국제사회에서는 적나라하게 일어나는 현상이다.

과거와 달리, 적어도 현재 미국과 중국은 다시 대립적 관계로 복귀하며 경제 안보 전 분야에서 치열한 싸움을 벌이고 있다. 미국은 인도, 베트남, 필리핀, 일본, 호주 등 중국의 패권을 견제하고자 하는 중국 주변의 아시아-태평양 지역의 해양세력들과 연합하여 중국을 포위, 견제하고 있다. 그런데 그 중 미국이 한국전에 참전하여 공산화를 막았고, 오랜 동맹 관계에서 지원을 아끼지 않았던 한국이 문재인 정권 들어 동맹국 대열에서 사실상 이탈하여 중국 눈치 를 보는 중이다. 반면 일본은 확실히 미국 편에 서서 사실상 아시아태평양 지역에서 미국의 대리인 역할을 자처하며 그 후광으로 강대국으로 부상하고 있다.

아이러니하게도 중국은, 미국의 강력한 후광을 업고 있는 일본과 정면으로 대립하기 보다는 오히려 눈치를 보고 있다. (미국 편에 확실히 붙으면 중국이 더 보복할 거라는 생각은 국제관계 전략의 기본도 모르는 단편적 사고에 불과하다) 최근 오사카 G20 중에 열린 일-중 회담에서 양국은 "격상된" "새로운 시대에 부응하는 일중관계를 구축하기로 약속하는 등 중국은 한때 우리나라와 함께 일본 과거사를 강하게 문제 삼던 입장을 바꾸어 양국관계를 미래지향적으로 구축해 나가기로 한 것 같다.

그만큼 중국은 미국의 압박을 견디기 힘들고 일본의 대미영향력 등 전략적 가치가 크다고 보는 것이다. 우리나라만 "닭 쫓던 개 지붕 쳐다보는 격"이 된 셈이다. 2018년 10월경 제주관함식에 우리나라는 욱일기를 단 일본 해상자위대의 참석을 거부 했던 반면 중국은 지난 4월 중국에서 열린 관함식에 욱일기를 단 일본함선의 입항을 문제 삼지 않았다. 이것이 바로 국제관계의 냉혹한 현실이다.

어쨌든 미-중간 무역갈등이든 군사적 전략적 경쟁이든, 아직 중국은 미국의 상대가 되지 않는다. 중국이 국가 주도적 개발로 여기까지 오긴 했지만 지속적 성장을 위해서는 지적재산권 존중과 공정한 경쟁 등 국제거래상의 질서를 존중하는 체질로 변해야 한다. 게다가 점차 심화되는 통제 관행과 자유의 억압 등 중국이 근본적으로 바뀌지 않는 한 중국의 팽창은 이웃에 위치한 우리나라의 입장에서 심각한 위협이다.

우리는 한미동맹, 더 나아가 일본과의 우호적 관계를 중심으로 외교 전략을 짜야 한다. 한마디로 확실히 미국편에 붙고 일본과 전략적 협력관계를 구축해야 한다. 그래야 중국도 미국과의 관계를 개선함에 있어 우리의 전략적 가치를 인정하고 우리를 깔보지 못할 것이다.

에필로그

이언주는 누구인가?

이 언주는 누구인가?

이언주는 누구인가?

부산 소녀, 싱가포르에 가다

나는 부산 여자다. 부산 서구 대신동에서 태어나 수영구 민락초등학교를 다녔다. 하지만 2학년이 되면서, 당시 해운회사에서 일하시던 아버지가 싱가포르 상사주재원으로 발령나는 바람에 약 3년을 싱가포르에서 보냈다. 리버벨리 잉글리시 스쿨(River Valley English School)에 다녔는데, 싱가포르의 공립학교로 외국인들도 많이 다니는 학교였다. 사립국제학교를 가고 싶었지만 학비가 비싸 우리 집 형편에는 곤란했다.

적응은 쉽지 않았다. 무엇보다 영어를 할 줄 몰라 처음에는 외국인들 속에서 꿀 먹은 벙어리로 지냈다.

"언주야, 유치원에서라도 영어 좀 배워야겠다."

초등학교 2학년인데 유치원생들과 공부를 하라니! 나는 상처를 받았다. 어머니가 어린 나의 자존심을 생각하지 않고 밀어붙인 이유는 초등학교 편입을 위해 언어수행능력평가를 받아야 했기 때문이었다. 싱가포르는 다인종 다문화 국가였고 그때도 외국인 이주정책이 매우 엄격했던 것 같다. 그래도 항상 외국인들로 붐볐다.

한국인인 나는 60점이 넘어야 입학할 수 있었다. 그 때문에 부모님 걱정이 크셨고 나는 '유치원 재수생'이 되었다.

"지금 이것저것 따질 때가 아니야, 먼저 말부터 배워야지!"

그렇게 말씀하시면서 어머니는 나를 유치원 '청강생'으로 보냈고, 집에서는 현지인을 불러 읽기와 쓰기를 직접 배웠다. 그렇게 두어 달 동안 짧은 영어를 배워서 겨우 턱걸이로 초등학교에 진학할 수 있었다.

싱가포르는 철저하게 능력별 수업을 진행하고 있었다. 우열반이 있어 B반에 있다가 성적이 오르면 A반으로 가고, A반에 있다가도 실력이 떨어지면 B반으로 떨어졌다. 대학도 특출난 아이만 가고 대부분은 가지 않는 분위기였다.

지금도 그렇지만 당시에도 싱가포르는 우리보다 훨씬 잘 살았다. 싱가포르에 도착했을 때 우리가족은 마치 시골 쥐처럼 눈이 휘둥그레졌던 기억이 난다. 가족들끼리 "우리나라도 이렇게 잘 살았으면…." 하는 얘기를 많이 했다.

넌 어디에서 왔니?

싱가포르에는 매우 다양한 인종과 민족이 무여 있었다. 그 덕에 학교에서 다양한 아이들을 만날 수 있었다. 내 짝꿍은 인도 아이, 뒷자리는 노르웨이 친구였다. 3학년에 올라가면서 영어가 트여 공부에 취미를 붙였고 4학년이 되자 자유자재로 쓰고 읽을 수 있게 되었다. 하지만 4학년이 끝날 무렵 아버지가 조선소로 직장을 옮기시면서 한국으로 돌아와야 했다. 겨우 적응해서 정(情)도 많이 들었는데, 떠나게 되니 무척 아쉬웠다.

어린 시절을 회상할 때 가장 먼저 떠오르는 싱가포르는 한 마디로 매우 규범적인 나라였다. 공공질서의 준수, 책임이 따르는 자유, 준법정신 등 기본적인 사항에 대단히 보수적이고 엄격했다. 어쩌면 퍼블릭마인드(Public mind)를 중시하는 내 가치관도 이 때 형성되었는지 모른다.

싱가포르는 길거리에서 과자봉지를 함부로 흘리면 벌금에 처해졌고, 껌도 씹을 수 없었다. 어머니는 우리가 혹시라도 사고를 칠세라 항상 신신당부 하셨다. 어린 나로서는 너무 엄격한 규율에 갑갑함을 느꼈을 정도였다.

특히 '치팅(cheating 반칙)'을 해서는 안 됐다. 싱가포르에서는 몰래 법을 어기다가 들킬 경우 엄청난 불이익을 받았기 때문에 무슨 일이 있더라도 거짓말을 하거나 반칙을 해서는 안 되었다. 이러한 사회 분위기가 학교에도 그대로 적용되었다. 초등학교 2학년인데도 시험 때마다 매우 엄숙한 분위기에서 치러지곤 했다. 이 때의 교육이 성장기에 큰 영향을 준 것 같다.

당시 담임선생님께서 우리에게 "잘못된 행동에 대해서는 책임을 져야 한다."고 말씀하신 일이 아직도 기억에 남아있다.

싱가포르에서 일찌감치 글로벌 세상에 익숙해지는 법을 배운 것은 행운이었다. 그러나 학교에서 나는 굴욕감도 맛보았다.

"안녕? 어디서 왔니? 일본에서 왔니?"

싱가포르에서 만난 다른 나라 친구들은 비슷하게 생겨서 그랬는지 한국인을 일본인으로 생각하는 경우가 많았다. 싱가포르뿐만 아니라 동남아에서는 일본의 영향력이 컸다. 국가 인프라 건설부터 각종 경제 지원 활동 등이 많았다. 이 나라들은 과거 일본의 식민지배를 받았지만 그에 대한 감정보다는 일본에 대한 동경과 선망이 더 강하다는 점이 느껴져서 나로서는 잘 이해가 안되었다. 우리가 너무 과민한 걸까라는 생각이 들기도 했다. 당시 우리 학교에도 일본인이 있었는데 아주 매너가 좋았던 걸로 기억한다.

어린 나는 사람들이 나를 일본인으로 착각할 때마다 자존심이 상했다. 내가 '사우스 코리아'에서 왔다고 말하면 그들은 잘 알아듣지 못했고 나의 괜한 자격지심인지 '한국인'이라는 말에 실망하는 표정을 짓는 것처럼 느껴졌다.

"왜 사람들은 코리아를 모를까?"

어린 나는 싱가포르에서 이런 물음에 빠지곤 했다. 그것은 아무에게도 물어볼 수 없는 질문이었다. 짧은 싱가포르 생활이 어린 나에게 가장 큰 영향을 준 것은 이 물음이었던 것 같다.

어느 나라 출신인가? 에 따라 교실안에서도 학생들 사이에 보이지 않게 계급이 갈라지는 느낌이 있었다. 그럴 때마다 나는 막연하게나마 내가 태어난 나라가 굉장히 중요하다고 느꼈다. 철모르는 어린 아이였는데도 '우리나라도 힘센 나라, 강한 나라였으면 좋겠다.'는 부러움과 열망이 그때부터 시작되었다. 비록 어린아이의 시각이었지만, 나라의 중요성을 느끼게 되었고 애국심이 생겨났다.

맏딸의 책임감

초등학교 4학년을 마칠 무렵 해외에서 돌아 온 뒤로는 부산 영도에서 초중고를 다녔다. 싱가포르에 처음 갔을 때 힘들었듯 한국으로 다시 왔을 때도 적응하기가 쉽지 않았다. 특히 싱가포르에서와는 달리 한국에서는 무리를 지어 다니는 경향이 강했는데 참으로 생소했다. 집에서는 동생들 앞에서 대장노릇을 제대로 했다. 나는 삼남매의 맏딸이라서 그런지 어린 시절부터 책임감을 많이 느끼고 집안을 많이 챙겼다. 어머니는 상담교사, 적십자활동 등 지역사회활동을 왕성하게 하셨다. 그 때문에 집을 비우는 날이 많으셨고, 나한테 많은 걸 맡기셨다. 나는 두 살씩 차이 나는 동생들의 공부와 숙제를 챙기고 엄마를 대신해 밥을 챙겨 먹이곤 했다.

부산영도의 대평 초등학교를 졸업하고 남도여자중학교에 진학했을 때는 학교 시설이 낡아서 어린 마음에 실망을 했던 기억이 난다. 오래된 학교라 시설이 너무 노후되어 있었다. 심지어 화장실이 재래식이라 가기도 힘들 정도였다.

한 번은 학교에서 환경미화 대회를 했다. 그런데 시설이 너무 낡아 청소 정도로는 도저히 티가 나지 않았다. 반장이었던 나는 아예 페인트칠을 다시 해봐야겠다는 생각이 들었다. 그렇지 않아도 왜? 책상은 꼭 초록색이고 벽은 다 흰색인지 의문을 갖고 있던 참에 환경미화를 계기로 아예 교실의 색을 바꿔보고 싶었던 것이다.

"얘들아, 우리 칙칙한 교실을 다른 색으로 칠해보자!"

나는 돈을 걷어 페인트를 사고 친구들을 모았다.

하지만 막상해보니 페인트칠은 쉬운 일이 아니었다. 영화를 보면 쓱쓱 깔끔하게 칠이 되던데 실제로는 엄청 힘든 작업이었다. 힘든 노동에 친구들이 하나 둘 떨어져나가기 시작했다. 너무 힘들어서 우는 친구도 있었고 왜 되지도 않을 일을 벌였냐고 원망하는 친구와 싸우기도 했다. 정말 힘든 순간이었다. 하지만 포기할 수는 없었다.

나는 끝까지 친구들과 함께 밤을 새워 가면서 결국 교실을 다시 칠해 놓았다. 아침까지 끝내야 하는데 진도는 안나가고 스스로가 원망스럽고... 울고만 싶었다. 야간에 여자애들끼리 학교에서 밤샘 작업을 하는 것은 지금 같으면 상상조차 할 수 없는 위험한 일이었지만 그때는 그게 가능했다.

결국 아침에 등교한 친구들은 새 단장한 교실을 보고 깜짝 놀랐다. 함께 하지 못한 친구들이 미안해하며 뒷정리를 함께하였다. 환경미화는 당연히 우리가 1등을 차지했다.

에너지 넘쳤던 청소년기

나는 주도적으로 뭔가 시도하는 것을 즐겨했다. 내 가슴 속에는 늘 에너지와 열정이 끓어올랐다. 고교 시절에는 자발적으로 스터디모임을 만들어 방과 후에 친구들과 서로 가르쳐 주고, 함께 공부를 했다. 학교도 부모님도 도와주지 않았지만 우리 스스로 주도해서 뭔가를 만들면 할 수 있었다. 그런 것들이 우리의 자신감을 높여 주었던 것 같다.

합창대회 지휘자도 맡고, 수업 외 활동도 열심히 했다.

"영어 연극을 하고 싶은데 우리 학교에 영어 연극 클럽이 없네? 그럼 만들지 뭐!"

어느 고등학교 학예회 갔다가 영어연극을 보고 클럽에 가입하려 했는데 우리학교에는 없었다. 직접 영어 연극 클럽을 만들었다. 그뿐 아니라 인근 남자 고교의 영어연극반과 연락해서 연합 서클도 만들었다. 당시에는 남녀공학이 드물었기에 그렇게라도 해서 이성에 대한 호기심을 채우며 남학생들과 교류를 하고 싶은 의도도 있었다.

서클활동도 하고 학생회장으로 학생회 활동도 하다 보니, 고등학교 2학년이 된 뒤에야 공부에 집중하기 시작했다. 그때는 지금보다는 경쟁이 덜 치열해서 다행이었다. 학창시절, 어머니가 "언주야, 공부 좀 해라!"고 잔소리하신 적은 한 번도 없었다.

그 시절 나는 '뭔가를 시도해 보지도 않고 포기할 순 없다. 실패할 때 하더라도 내가 스스로 결정하고 실패해야 한다.'

지금은 이 세상에 계시지 않지만, 언젠가 어머니께서 그런 말씀을 하신 기억이 난다.

"언주야, 지구상 어디에 떨어져도 넌 네 앞길을 개척해 나갈 수 있어야 해. 우린 널 믿는단다."

그렇게 부모님의 강력한 신뢰와 믿음 속에서 학창시절을 보냈던 것은 나에게 큰 행운이었다.

생각해보면 나는 꽤 당돌했던 것 같다

사춘기 소녀였던 중2 무렵 15세 생일을 맞이했다. 어린 나에게 열다섯 살은 아주 큰 의미였다. 성년은 아니지만 일종의 '준성년'이랄까… 서양에서는 15세면 어느 정도 성인 취급을 해주면서 자기 의사를 꽤 중요하게 존중해준다며 남자 친구도 많이들 사귄다는 소리를 듣기도 했다. '나도 이젠 이성친구 정도는 사귀어 봐도 좋지 않을까?' 싶어 친구들이랑 미팅을 했다. 짝을 짓고 영화도 함께 봤다. 한두 번 만났을까? 수상쩍은 내 행동을 이상하게 여긴 어머니께서 날 다그쳤고 나는 결국 털어놓고 말았다. 그 당시는 중학생이 이성교제를 한다는 것이 상상도 할 수 없는 시절이라 어머니께 크게 혼이 났다. 어머니는 "학생이 하라는 공부는 안 하고 다른데 정신 팔면 안 된다."고 하셨지만 나는 "내 행동에 책임을 지면되지!"라는 생각이 강해서 어머니께 제안을 했다.

"제가 성적이 떨어지면 남학생 만나기를 그만 두겠지만, 그렇지 않으면 이성교제 허락해 주세요."

그런데 그 일이 있은 후 어머니와의 약속 때문에 나는 오기가 나서 더 열심히 공부를 했던 기억이 난다.

그런데, 한때 불붙었던 이성교제는 곧 시들해져 버렸다. 재미도 없는데 시간낭비 한다는 생각이 드니 자연스럽게 그만두게 되었다. 나중에 커서 더 멋진 사람이 되어서 제대로 연애를 해봐야지 하는 생각도 했다. 그런 생각을 어머니께 말씀드리면서 "이제 안 만나겠다."고 했더니, 내가 귀여웠던지 웃으면서 물끄러미 쳐다보시던 기억이 난다.

"넌 무엇을 해도 알아서 잘할 거야. 널 믿는다."

"걱정 마세요. 어머니! 걱정 끼쳐드리지 않을 자신 있어요. 저를 믿어 주세요."

그때 어머니의 "믿는다"는 말씀은 나로 하여금 '야무진 아이'가 되게 했다.

아저씨 세차하실래요?

"세상에 공짜는 없다!"

부모님의 지론이었다. 당시 집안 형편이 어려운 것은 아니었지만, 우리 남매는 절대 공돈을 받을 수가 없었다. 독립적인 아이로 키우겠다는 부모님의 교육 방침 때문에 청소년기부터 용돈은 반드시 어떤 기여의 대가로 받았다. 구두 닦기나 자동차 세차처럼 어린 나이에도 열심히 하면 해낼 수 있는 일을 맡기신 다음 용돈을 주셨다. 그렇게 어른으로 대해 주시는 게 나도 좋았다. 나 스스로도 뭔가 내 노력의 대가로 얻었다는 희열 때문에 더 그랬다.

그런 집안 분위기 때문이었을까? 나는 일찍부터 일을 해 보려고 했다. 특히 당시 유행이던 워크맨을 내 힘으로 사고 싶어서 심지어는 남의 집 세차까지 열심히 했던 기억이 난다.

"아저씨! 제가 세차를 잘 하는데 혹시 세차 안 하시겠어요?"

그렇게 우리 집 세차가 끝나고 이웃집 아저씨에게 '호객행위(?)'까지 하곤 했다.

중학교 때 한번은 "혼자 살겠다!"고 선언하고, 뛰쳐나갔다가 길거리만 배회하고 집으로 돌아온 일이 있었다. 그 뒤로 정말 독립하려면 경제적 독립부터 해야 한다는 것을 여실히 깨달았다. 그래서 중학교 때부터 방학 때마다 아르바이트를 열심히 했다. 신문배달도 하고, 동네 예식장에서 결혼식 반주도 잠시 했지만 너무 어리니까 계속 시켜 주질 않았다. 세차는 자신이 있었는데 사람들이 나중에 오라면서 채용해 주지 않았다.

"더 커서 오렴!"

어른 되기란 쉽지 않았다. 돈 버는 일, 참 어려운 일이었다.

"아직은 내가 독립할 때가 아니구나. 지금은 일단 학교생활을 열심히 하자!"

왜 그리도 빨리 독립을 하고 싶었을까? 하루빨리 부모님으로부터 떨어져 홀로서기를 하고 싶었던 것 같다. 지금 엄마가 된 내 입장에서 보면 아마 그 당시 부모님은 참 서운하셨을 것 같다. 지금은 어머니가 그립고, 같이 하고 싶은 마음뿐이지만 사춘기 시절의 나는 그냥 얼른 어른이 되고 싶었다.

그러나 현실의 냉혹함을 알게 된 뒤에는 멋모르고 날뛰던 행동을 접고 조용히 공부에 집중해서 대학에 진학했다. 91년도였다.

운동권의 전체주의를 경험하다

대학 1학년 때까지는 학교에 운동권이 좀 있었다. 대학 신입생 시절, 강경대 사건으로 나라가 온통 시끄러울 때였다. 동년배의 죽음에 많은 사람들이 분노했고, 나도 선배들이 데모하러 가자고 하면 따라가곤 했다. 그런데 2학년 겨울방학이 지나고 학교에 돌아오니 캠퍼스가 달라져 있었다. 학회도 거의 없어지고 데모하자는 사람도 없고 현수막 같은 것도 붙어 있지 않았다. 나 역시 집회나 시위에 나간 것은 그게 마지막이었다. 그래서 우리 또래는 운동권이 없다. 물론 극소수의 운동권들이 있기는 했지만 그들은 더욱 더 과격해졌다.

"절대 운동권 하지 마라! 세상이 그렇게 만만한 게 아니다!"
한참 학생운동의 열기가 몰아쳤던 시절이라, 부모님은 내가 서울대학교에 들어가자 데모하지 말라고 신신당부하셨다. 하지만 나는 내 자신이 스스로 느끼고 판단이 설 때까지 무조건 겪어보자고 생각해서 학회에도 나가보았다.

그런데 지방 학생들이 운동권 선배들의 타깃이 되는 것 같았다. 나 같은 경우도 부산에서 혼자 서울로 유학을 오니, 오갈 데 없고 외로운 마음에 선배들을 많이 의지하기도 했다. 당시 총여학생회도 가입해서 1학년 때 잠시 활동을 하기도 했다.

하지만 대학 학생회 활동은 오래 못 갔다. 무엇이 맘에 안 들었을까? 1학년 여름방학이 지났을 무렵 나는 파마도 하고 멋도 내곤 했는데, 운동권 선배들이 나의 그런 모습을 지적하고 나섰다.

"너 왜 그렇게 외모에 관심을 갖니? 성의 상품화라는 생각이 안 들어? 여성을 대상화, 상품화하는 문화에 그렇게 쉽게 적응해도 되겠어?"

단지 내 기분 따라 머리손질도 하고, 하이힐을 신고 다녔을 뿐인데. 당시 운동권 문화는 이를 받아들이지 못했다. 이 때문에 나는 정말 불편했고, 결국 언쟁을 벌였다.

자연히 더 이상 학생회로 향하던 나의 발길은 끊기고 말았다. 학회 역시 마찬가지였다. 공산당이나 사회주의혁명 같은 역사 공부를 했는데 토론 중에 어느 선배가 나에게 자기 생각을 강요했다.

내가 "공산당 선언 같은 케케묵은 얘길 외워서 요즘사회에 적용한다는 것이 말이 됩니까?" 라고 항의하면 선배들은 '민중에 대한 애정과 의식이 없다' 운운하면서 '사명감을 가져야 한다'는 둥의 거창한 소리를 했다. 나와 언쟁을 벌였던 선배는 끝까지 날 설득해 보려했지만 이미 내 마음은 떠난 상태였다.

당시의 운동권식 사고와 나 사이에 어떤 건널 수 없는 강 같은 게 느껴졌다. 돌이켜보면 이제 갓 스물 넘은 친구들이 마르크스주의 이념서적 몇 권 읽고 민중을 선도한다는 선민의식을 갖고 보통사람들의 평범한 삶을 깔보는 것이 참으로 어처구니없기도 했다.

청년시절 그렇게 교만한 사고로 가치관을 형성했던 운동권 세대가 이제 중년의 나이에 접어든 오늘날까지도 그때와 비슷한 사고방식을 유지하는 것을 보면, 정말 사람은 잘 변하지 않는다는 것을 실감하게 된다.

어머니, 울지 마세요

내가 운동권 선배들과 티격태격하면서 대학 생활을 하고 있는 동안 아버지의 사업은 점점 어려워지고 있었다. IMF 외환위기 전에 했던 중국 투자가 잘 되지 않아 사업 철수를 하게 되었고 나날이 기울어가던 사업은 급기야 IMF에 즈음한 시기에 연쇄부도가 나 버렸다. 당시에는 채무자 보호제도 같은 것도 제대로 없었나 보다. 드라마에서 보듯이 채권자들이 집으로 들이닥쳤다.

아버지가 부도나기 직전 나는 집을 떠나 서울에 있었다. 서울에서 아르바이트를 하며 간간히 용돈을 받아쓰고 있었는데 나날이 집에서 날아오는 용돈이 점점 줄어드는 것이 느껴졌다. 그래서 '아버지 사업이 힘드신가 보다' 정도의 느낌은 있었지만 구체적으로 알지는 못했다. 그러던 어느 날 부산에서 대학을 다니던 동생에게 전화가 왔다.

"언니, 놀라지마. 회사가 부도가 나서 우리 이사했어. 전에 살던 집에 안 살아. 그러니까 부산에 내려오면 우리 옮긴 집이 OOOO에 있으니까 그리로 와. 우리 정말 어떡하지…?"

부산에 내려가 보니 집안형편이 거의 비참하다 할 정도가 되어 있었다. 낡은 시장통 골목에 한참 꼬불꼬불 계단으로 올라가는 그런 집으로 옮겼는데 비가 올 때면 천정에서는 비가 새고 천정은 벽지가 뜯어져 곰팡이가 피어 있었다. 그전까지 부족함 없이 살던 터라 더욱 적응하기 어려웠다.

"나야 젊으니까 고생해도 상관없지만 어머니가 이렇게 고생하시다니…."

나는 어떻게 해야 할지 앞이 캄캄했다.

"언니, 아빠는 집에 못 오시는데 채권자들이 집까지 찾아와서 계속 괴롭혀…."

아버지 사업 막판에 어머니가 절친한 친구에게까지 돈을 빌렸다가 못 갚으니 우정에도 금이 갔다. 어떤 상황에서건 마음을 단단히 먹으려 노력했던 나는 집안에 닥친 큰 불행 앞에서도 어떻게든 수습해 봐야겠다고 생각했다.

"어머니, 우리 다 컸으니까 괜찮아요. 그러니까 울지 마세요. 얘들아, 우리 힘내자. 반드시 잘 될 거야!"

하지만 그 무렵 나는 항상 밝고 행복하던 어머니가 무너지는 모습을 보았다. 어머니는 도저히 아버지 대신 가장 역할을 할 수 없는 상황이었다.

앞길은 막막한데, 빚쟁이들의 빚 독촉은 끊이질 않고, 돈 빌릴 곳은 없고, 돈 쓸 곳은 천지에 널린 암울한 상황이었다. 온 식구가 부둥켜안고 엉엉 울기도 했다. 항상 긍정적 마인드를 유지하는 나조차도 사는 게 고통이란 생각이 들 때도 많았다.

그런데 문제는 하필 그 때 내가 사법고시 2차 시험 공부 중이라는 사실이었다.

시험이 몇 달 남지 않은 상황에서 나는 '어떻게든 공부를 끝내야 했다. 이띡하면 좋을까?' 고민히다가 서울에 사시는 이모님을 찾아갔다.

"이모, 저 몇 달만, 길면 1년만 이모네 집에서 생활하면서 공부할게요. 부탁드립니다."

가족이란 역시 의지처였다. 이모는 흔쾌히 허락해 주셨다. 너무나 고마웠다. 시험이 코앞이라 아르바이트도 할 수 없는 상황에서 주거비라도 아낄 수 있게 된 것이 정말 다행이었다. 오래 공부할 여유가 없으니까 이번에 2차 시험에 붙지 못하면 나는 사시를 포기하고 취직해야 하는 상황이었다.

"어머니, 몇 달만 기다려 주세요. 시험에 붙든 떨어지든 어떻게 해서든 돈을 벌 테니 몇 달만 기다려 주세요."

어머니를 위로하면서 온 신경을 시험에만 집중했다. 지금 생각해봐도 세상에 태어나 그렇게 공부를 열심히 한 적은 처음이었다. 아마도 그 때 집에 여유가 있었다면 여유로운 마음에 시험에서 떨어졌을지도 모른다. 마음이야 심란하지만 심란할수록 더욱 자신을 채찍질하며 공부했다. 데드라인이 정해져 있고 목표를 달성해야 한다는 절박함을 느끼다보니 훨씬 더 집중력이 강해졌다. 말 그대로 눈 뜨고 있는 동안에는 공부만 했다.

미친 듯이 일하던 시절

집안이 몰락하기 전까지 나는 공부할 건 하면서도 나만의 즐거움도 찾아다니는 스타일이었다. 가끔 만화도 보고, 클럽활동도 하고, 연애도 하고, 그렇게 할 것 하면서 공부하는 편이었다.

그런데 사시2차를 준비할 때는 달랐다. 깨어 있을 때는 당연히 공부하고, 밥 먹을 때도 공부 생각하고, 화장실 갈 때도 공부 생각밖에 없었다. 그래서인지 다행히 합격을 했다.

합격을 했으나 그 뒤로도 문제였다. 연수원 월급은 거의 용돈 수준이라서 부업으로 다른 일자리를 열심히 찾아다녀야 했다. 그 전에 했던 아르바이트들은 쉬엄쉬엄 했지만 그때 나는 돈독이 오른 사람처럼 눈에 불을 켜고 일거리를 찾아다녔다. 하루 종일 공부하던 여세를 몰아서 아침부터 밤까지 일만 했다. 많이 할 땐 알바 네 탕을 뛰기도 했었다. 나의 생활은 완전히 일밖에 없었다. 아침에 초등학습지 교사 조회를 한 다음에 3~4시부터는 개인 과외 교습을 뛰었다. 학교가 일찍 끝나는 초등학생들 대상이었다. 저녁 먹고 나면 중, 고교생들 보습학원에 갔다. 그 일이 끝나면 인근 호프집에 가서 새벽 두 시까지 서빙을 했다. 중간에 학원이 망해서 월급을 떼이는 경우도 있었다. 벼룩의 간을 빼먹다니, 참 너무하다 싶었다.

밥 먹을 시간도 없어서 끼니도 거르기 일쑤였다. 주말에도 쉬지 않고 과외를 뛰었다. 지금 돌아보면 정말 미친 듯이 일했다. 그 덕분에 꽤 벌었다. 최소한의 생활비만 빼고 집에 꼬박꼬박 보내 드렸다. 당시 남동생은 막 대학에 합격한 상태라 자기 앞가림도 하기 힘든 처지였다. 학비를 집에서 보태줄 수가 없어 학자금 대출을 받느라 고생했다.

2년의 연수원 기간 동안에도 틈틈이 아르바이트를 했다, 그때만 해도 사법연수생이라고 하면 은행에서 목돈을 빌려주었다. 그래서 대출을 받아 부모님 생활비와 부채 상환에 보태드렸다.

당시 결혼까지 약속하고 만나던 남자가 있었지만 내 경제적 형편을 알고는 결혼을 자꾸 미루었다. 나는 미래에 자신이 있었는데, 그 친구는 내가 가지고 있던 빚을 같이 떠안는 게 싫었던 것 같다. 언젠가 아버지께서 그 친구를 보자고 하시더니 내 앞에서 "앞으로 언주가 우리 때문에 부담을 질 일은 더이상 없을거네. 걱정 말게. 나이가 들어가는데 혼인을 자꾸 미룰건가?" 그런데, 그 친구는 잠자코 있었다. 나는 조용히 일어서서 나왔다. 밖으로 나오신 아버지는 말없이 담배만 피우셨다.

내가 어릴 때 어머니랑 도시락 갖다 주러 회사에 갔을 때 보았던 그 활기찬 아버지의 모습이 아니라, 어느덧 초라하게 늙어버린 모습이었다.

"아버지..."

"괜찮니? 잊어버려라. 그까짓..."

담배를 끄고 돌아서시는 아버지의 뒷모습... 축 처진 초라한 어깨를 보며 가슴이 찢어지는 듯했다.

그동안 회사 부도내서 어머니 고생시키고 나한테 빚까지 갚게 만든다며 아버질 많이 원망했던 내가 부끄러웠다.

집에 와서 나는 실컷 울었다. '내 주제에 무슨 결혼이람. 경제적으로 바로 서기 전까지 결혼 같은 건 생각하지 않을 거야'

그 뒤로 나는 워커 홀릭이란 말을 들을 정도로 독하게 일했다.

어머니가 빚 때문에 친구들과의 우정에 금이 가는 걸 생생하게 지켜본 나로서는 남에게 빚지고 산다는 것이 정말 싫었다. 빚을 다 갚고 난 뒤에는 비 새는 판잣집에서 부모님을 이사시켜야겠다는 일념으로 또 열심히 일했다. 그렇게 변호사 생활을 하며 어찌어찌 집 한 채 마련하는 데 도움을 드릴 수 있었다.

힘들었던 로펌 창업

사법연수원 졸업 이후 내가 원하던 대로 로펌에서 해외투자, 외국인 투자, 국제 거래를 전문으로 하는 변호사가 되었다. 어렸을 적 영어로 의사소통을 했던 경험 때문에 외국인들을 만날 때 스스럼없이 대화를 나눌 수 있었다. 그때만 해도 한국 변호사들 중에 외국인들과 편하게 영어로 의사소통할 줄 아는 사람이 드물었다. 싱가포르에서 살다 온 것이 큰 자산이 되었던 셈이다.

로펌 고용 변호사 일을 3년 정도 하다 보니 사무실에서 서류만 보는 생활이 답답하게 느껴졌다. 페이퍼로만 리서치하고 회의는 많이 하지만 실제 현장을 가는 경우는 드물었다. 매번 시키는 대로만 일을 하는 것도 재미가 없었다. 산업현장을 누비며 밤새 일하는 뭔가 역동적인 삶을 꿈꾸었는데 내가 꿈꾸던 그런 변호사의 삶과는 거리가 있었다.

돈도 좀 더 벌어야겠다는 생각도 들었다. 정해진 월급만으로는 집안 형편에 썩 도움이 되지 못했고 나도 자립하고 싶었다.

'내 한 몸 누울 집은 하나 장만해야 하지 않을까?' 그래야 결혼도 할 수 있겠다는 생각 끝에 아예 동료 변호사 몇 명과 로펌을 차렸다. 사실 크게 지분이 있던 건 아니었지만 그래도 명목상 나도 이제 파트너가 된 것이다.

야심만만하게 로펌을 차리긴 했는데 뒷감당이 문제였다. 생각보다 초반에는 상황이 좋았다. 하지만 시간이 지나면서 다달이 내가 올려야 할 매출이 부담이 되기 시작했다. 그렇다고 수주만 하고 다닐 수는 없었다. 일도 같이 해야 했다. 작은 회사에서 사장이 영업도 하고 기계도 돌리는 것과 비슷한 상황이었다.

그 덕분에 고된 나날이 계속되었다. 밖에서 보면 변호사라는 멋진 직함을 갖고 있었지만, 막상 내부적으로는 피폐한 일상이었다. 한참 일이 많을 때는 '라꾸라꾸' 침대까지 갖다 놓고 거의 사무실에 살다시피했다. 버텨야 한다는 생각뿐이었다. '이렇게까지 했는데 성공해야 하지 않겠는가!'라는 오기로 버렸다. 하지만 너무나 힘들었다.

'내가 너무 성급했구나!'라는 탄식이 절로 나왔다. 아직 그렇게 영업력이 오르지 못했는데 너무 성급하게 나오는 바람에 고생하는 상황이 되어버렸다. 일 받아 오는 것이 정말 상상 이상으로 힘들었기 때문에 '조금 더 판로나 인맥을 쌓고 나왔어야 했다!'는 후회가 밀려왔다.

나는 새벽 5시부터 뛰어다녔다. 하지만 결과적으로는 무리였다. 치열한 경쟁을 뚫고 수주를 해와도 매출액은 적었고, 해야 할 업무량만 더 많이 늘어났다. 로펌을 유지하기가 너무 힘들었다.

아마 사업하는 사람들 심정이 다 그럴 것 같다. 정말로 긴장의 연속이다. 속이 까맣게 타들어간다. 고통스런 나날 속에서 '웬만하면 사업은 정말 할 일이 못된다!'며 고민하고 있을 때, 마침 헤드헌터로부터 연락이 왔다.

"르노-닛산그룹입니다. 한국 르노삼성자동차에 파견할 법무팀장을 찾습니다. 국제 거래 경험이 있는 사내변호사가 필요해요."

당시 사업이 너무 힘들 때라 '인터뷰나 한번 해보자'는 심정으로 인터뷰를 했다. 다행히도 내가 불문과 졸업이라 그랬는지(르노의 모기업은 프랑스였다) 본사 인터뷰는 매우 우호적인 분위기에서 진행되었다. 결국 르노삼성자동차에 근무하게 되었다.

그런데 막상 입사하고 보니 내가 소속된 부서가 따로 있는 게 아니었다. 맨땅에 헤딩하듯 내가 조직을 만들다시피 해야 했다. 여기저기서 사람들을 차출하고 인원을 증원하여 겨우 팀을 새로이 세팅하고 부서를 운영할 매뉴얼도 새로 만들어야 했다.

당시 르노가 삼성자동차를 인수하긴 했지만, 한국 회사다 보니까 본사 르노와 사내문화나 조직체계가 많이 달랐다. 당시까지만 해도 한국의 사내 변호사란 검사장 출신 등 전직 고위 법조인을 리스크 관리 차원에서 데려다 놓고 '회장님'을 보좌하는 역할이 대부분이었고, 선진국처럼 직원들과 함께 일상적으로 기업 업무를 보는 변호사는 드물었다.

새로운 시스템을 구축하다

처음부터 기존에 없던 조직과 룰을 새로 만들어야 했기에, 프랑스 본사에서 연수를 받아가며 벤치마킹을 많이 했다. 본사의 일하는 방식, 매뉴얼 등을 한국 현지에서 세팅하고 본사와 시스템을 연계하였다.

당시는 기업분화가 달라지던 시점이다. IMF 외환위기를 거치면서 생긴 변화다. 초반기에 미국 변호사들이 하던 역할을 2000년대 중반쯤 들어오면서 나처럼 한국 변호사들이 하기 시작했는데, 내 또래가 초창기 프론

티어들이라고 할 수 있다.

그 때 처음으로 한국 사내 변호사 협회라는 것을 만들고 다른 회사의 사내변호사들과 연대를 했다. 여러 가지로 정보가 부족하기도 했고, '사내변호사'라는 직종이 회사 내에서는 다른 직원들과 융화하는 게 만만치 않았기 때문이기도 했다.

"아 정말 짜증난다. 그동안 아무 문제가 없었어!"

안 들으려고 해도 그런 불평이 들려왔다. 우리가 하는 일은 주로 위기 관리였다. 각종 송사를 관리하고 지휘하고 계약 협상을 하고 큰 의사결정에 관여하는데, 기업 컴플라이언스 시스템(Compliance System)이 막 구축되던 시점이라 기업에서 관행적으로 진행되던 일 중에 문제의 소지가 있으면 개선시키려고 하다 보니 다른 부서들이 불편해 할 수밖에 없었다.

글로벌 기업이라는 위상에 걸맞게 법무 담당 부서의 역할이 상당히 광범위했다. 소극적 리뷰만 하는 것이 아니라 회사의 중요한 의사결정마다 관여를 했다. 그러다 보니 회사 영업이나 경영을 전체적인 맥락에서 들여다볼 수 있었다. 경영위원회, 이사회 등 주요기관에 관여하면서 여러 쟁점들에 자문을 하고, 본사에서 파견된 외국인 임원들과 아주 가깝게 지냈다. 그러다 보니 그들이 잘 이해하지 못하는 한국문화나 제도에 대해서 설명해 주는 등의 역할도 하게 되었다.

신차개발 등 큰 프로젝트를 진행할 때는 전 세계 주요 공장이나 엔지니어, 디자이너들이 다 모였다. 신차 개발에 대한 틀이 잡히면 주요 인사들이 모여서 업무 프로세스를 정하는 계약을 하게 된다. 이 때 나중에 사고나 하자가 발생했을 때 누가 얼마나 책임질 것인지, 개발 결과물에 대한 특허 등을 어떻게 나눌지, 생산 분담은 어떻게 할지를 미리 정하기 위해 아주 치열하게 협상하기도 한다.

여러 나라에 출장을 다니며 일을 하는데, 이 나라에서 1차 회의하고, 귀국했다가 다시 저 나라에서 2차회를 하는 식으로 거의 '날아다니면서' 일한 적도 많았다. 이렇게 전세계 사람들과 함께 일하면서 배운 것은 그들의 치밀한 계약 문화였다. 계약 목적과 용어의 정의, 역할 배분과 문제가 발생했을 때의 책임소재 등의 사항에서 그들은 정말 꼼꼼하고도 체계적으로 정리를 잘 한다. 우리는 아무리 중대한 계약이라도 두루뭉수리 넘어가다가 나중에 분쟁거리가 생기면 책임 소재 문제로 갈등을 빚는 경우가 많다.

그러나 서양의 계약문화는 전혀 다르다. 그들은 아주 일상적인 상황에서도 계약에 익숙하다. 그들은 마치 해부하듯 세심하게 계약을 했다. 기본적으로 인간은 완벽하지 않고 서로 불신한다는 전제하에 모든 경우의 수를 예상해서 이런저런 케이스마다 발생하는 문제를 어떻게 해결할 건지 절차를 정하고 각자의 권리와 의무를 분명히 했다. 지루할 정도로 이성적이고 침착했다. 세부합의가 다 끝나고 마지막 쟁점이 남으면 대개 최고 경영진 차원에서 결단을 통해 결론이 정해졌다. 서구 계몽주의를 이끈 사회계약론이 아마도 이런 문화에서 나왔겠다는 생각이 들었다. 이런 계약문화나 합의의 문화는 약속과 신뢰를 중시할 수밖에 없다. 이는 민주주의와 복지제도의 작동원리이기도 하다.

항상 현장으로!

세계를 돌면서 회사의 각종 계약에 관여한 3년 동안은 참 재미있었다. 3년 후 나는 스톡옵션을 받았다. 본사에서 평가가 아주 좋았다. 아마 젊은 혈기로 물불 안 가리고 현장을 뛰어다녔던 것이 호평을 받은 것 같다. 나는 항상 어느 부서든 도움을 청하면 "거기가 어딥니까? 제가 바로 가죠!"하며 피곤한 줄 모르고 현장을 누볐다. 그래서인지 처음엔 변호사가 왜 끼어드느냐며 꺼려하던 임직원들도 나중에는 오히려 도움이 된다며 일만 있으면 연락을 했다. 일종의 '컨설턴트'가 된 것이다.

유럽 사람들은 우리보다 업무 시간 자체가 짧고 휴가도 아주 길다. 내가 '라꾸라꾸' 위에서 생활하던 것처럼 일하면 그들은 너무 놀라서 '이게 인간이냐?' 하는 눈길로 바라볼 정도로, 열심히 일하는 한국 사람들에게 충격을 받곤 했다.

특히 한국 사람들의 'Just in Time'. 즉 원하는 시간까지 일을 만들어내는 능력에는 유럽인들이 혀를 내둘렀다. 파리 출장 가서 그들의 여유를 부러워하기도 했지만, 귀국 길에는 "그래도 우리가 이런 경쟁력이라도 없으면 뭘로 평가받겠어? 당분간은 더 열심히 하자구!"하며 동료들과 열의를 다지기도 했다. 그래서 르노그룹 안에서는 한국르노삼성자동차에 대한 평판이 아주 좋았다. 심지어는 관계사인 닛산에서도 인정할 정도였다. 가진 것 없고 물려받은 것 없는 우리나라가 여기까지 올 수 있었던 것은 바로 이런 열의 덕분이었다. 세상에 거저 주어지는 것은 없다.

내가 근무할 당시 생산직 근로자들이나 지역주민들 모두 삼성자동차 유치과정에서부터 몰락, 르노의 인수까지 파란만장한 경험을 해서인지 매우 열의에 차 있었다. 유럽공장들은 고질적 파업으로 몸살을 앓고 있었기 때문에 부지런히 일하는 한국 기업의 문화를 부러워했다. 자연스럽게 생산물량도 많이 배정받았고 협상하러 갈 때마다 협력업체들도 해외 판로를 뚫어주었다. 우리는 경제영토를 넓히고 말겠다는 야심으로 가득차서 열심히 일했다.

그러나 최근 르노삼성 자동차의 쇠퇴를 보니 참으로 가슴이 아프다. 회사노조가 "우리는 식민지가 아니다. 노예가 아니다." 류의 주장을 하며 연일 파업을 벌인다는 소식이 전해진다. 임금인상 등 원가상승요인 발생으로 한국자동차업계는 갈수록 경쟁력이 떨어지고 있다. 그 와중에 이렇게 예측불가능하고 기업에 적대적인 경영환경이 조성된다면 아마도 본사는 '울고 싶은데 뺨맞은' 느낌이 들 것이다. 그런 상황에 몰리게 되면 필시 다음 단계로 자본 철수 검토니 하는 말이 나올 것이다. 국민혈세로 버티면 된다는 생각을 갖고 있는지 모르겠지만 국민이 왜 개별 기업의 실패를 책임져야 하는가? 더 이상 그런 습성이 용납되어선 안 된다.

내가 르노삼성을 떠나려 생각한 것은 막 임원 승진을 바라보던 시점이었다. 나는 QM시리즈 개발 계약에 많이 참여했는데, 그 일을 다 하고 나니 진이 빠지는 느낌이 들었다. '내가 영원히 자동차 회사에서 일을 할수 있을까? 이 안에서 변호사 일이라는 것이 한계가 있는데…. 앞으로는 어떤 길로 가면 좋을까?' 그런 고민을 하던 시점에서 또 다시 헤드헌터의 연락을 받았다.

"에스오일의 한국인 회장이 주가조작과 분식회계 혐의로 구속되었습니다. 사우디에 있는 본사 대주주가 사람이 필요하다고 합니다. 상황을 수습하려면 이언주 씨의 노하우가 필요할 것 같은데 어떻습니까?"

괜찮은 제안 같았다. 곧바로 회사를 옮겨 에스오일 상무보로 업무를 시작했다. 실사하고 문제 분석하고 해결책들과 대응방안들을 내놓고 실행에 들어갔다. 그렇게 위기를 수습하면서 회사에 얽혀있는 송사들을 다 확인하고 본사에서 새로 파견된 사장과 대책을 논의해 나갔다.

젊은 임원

에스오일에는 상무보로 부임해서 상무로 승진했다. 당시 내 나이는 30대 중반. 지금 생각하면 어린 나이였다. 아마 웬만한 대기업 임원중에서는 가장 젊은 승진이었을 것이다.

그곳에서 나는 또 다시 일에 흠뻑 빠져 정신없이 5년 정도를 보냈다. 내가 할 일만 보는 것이 아니라 일선 현장을 뛰어다니며 개발, 생산, 영업과 판매의 모든 과정을 지켜보았다. 여기서도 뛰어다니지 않고는 직성이 풀리지 않는 성격은 계속되었다. 공장에도 자주 내려갔고 연구소에도 무척 많이 갔다. 산업현장이 돌아가는 생생한 모습을 아주 가까이에서 본 것이다. 마치 살아있는 생명체의 심장이 뛰는 것처럼...

공장이 돌아가는 모습에 나는 가슴이 뛰었다. 아마도 어린 시절 내 손을 잡고 조선소에, 항만 부둣가 컨테이너 야적장에 함께 다니며 당신의 꿈을 이야기해 주시던 아버지의 영향 때문이었던 것 같다.

어린 시절엔 아버지가 해운회사에서 일하시는 모습을 보며 자랐다. 어머니와 함께 아버지 직장에 도시락을 갖다 드리기도 했다. 그 거대한 공장에 가면 뚱-땅, 뚱-땅 하는 망치 소리들이 많이 들렸다. 그 때문일까? 지금도 역동적인 산업현장이 정신없이 돌아가는 풍경이 너무나 좋다. 공장에서 기계 돌아가는 소리, 컨테이너가 배에 실리는 장면을 보면 마음이 편해지고 왠지 기분이 좋아진다. 오죽했으면 어렸을 때 꿈 중 하나가 불이 환하게 밝혀진 밤 부두에 텐트를 치고 자는 것이었을까!

다행히 현장 사람들도 나를 좋아했다. 나는 무조건 현장에 맞춰주는 스타일이었다. 여러 가지 중재도 하고 새로운 대안도 제시하고, 영업이나 생산 쪽의 사람들과도 친하게 지내면서 현장에 있는 사람들과 가까이 지냈다. 그러다 보니 현장 간부들과 가깝게 되어 온갖 잡다한 산업현장의 얘기를 많이 들었다. 그 결과 동료들로부터 '저 사람은 법조인인데 법조인답지(?) 않다.'는 평판이 형성되었다.

이렇게 산업 현장을 좋아하던 내가 어느 날 갑자기 정치로 눈을 돌렸으니, 당시 나를 알던 사람들은 지금도 다들 의아하게 생각할 것이다. 사실, 나 자신도 정치가 뜻밖이긴 마찬가지다.

어머니의 죽음과 정치의 길

2010년 경, 처음으로 정치권의 러브콜을 받았다. 사내 변호사로 이런 저런 활동도 하고 경제정책 관련 자문도 많이 하다 보니 자연스레 정치인들을 많이 만나게 되었다. '국내 30대 대기업 최연소 임원 승진'이라는 타이틀도 있고, 정책토론회나 세미나 등에도 지속적으로 참여하면서 자연히 발이 넓어졌다. 변호사로서 언론 매체에 글을 기고하기도 해서 이름이 조금씩 알려지던 중이었다.

당시 여성의 정치진출이 화제가 되는 일이 많았기 때문에 '이언주 상무가 정치하면 좋겠다.'라는 말을 듣곤 했지만 엄두를 내지 못했다. 정치는 나와 다른 세계였다. 그런데 생각이 바뀐 계기가 있었다. 어머니가 돌아가시는 일을 겪고 난 후, 나는 그 때까지 살아온 인생을 반추하게 되었다.

어머니의 죽음은 나로서는 큰 충격이었다. IMF로 집안이 폭삭 주저앉고 나서 생계유지에 급급했던 어머니는 자신을 돌볼 겨를이 없으셨다. 치료를 제대로 못 받았던 어머니는 간암으로 병세가 악화되어 결국 소천 하셨다. 그 과정에서 막내 동생은 몸무게를 15kg이나 빼면서 간 이식을 하기도 했지만 결국 실패했다. 다시 뇌사자의 간이식을 받고 회복되는 듯하던 어머니는 기력이 약해진 상황에서 잠시 간호가 소홀한 사이에 음식물 역류와 기도폐쇄로 갑자기 돌아가셨다.

결국 IMF 때문에 어머니가 일찍 돌아가신 것 아닌가! 하는 원망스런 생각이 들었다. 그리고 국가란 무엇인가에 대한 질문을 떠올렸다. "열심히 살았는데 이렇게 되는 거지? IMF는 아버지 탓 아닌데 어머니는 왜 고생해야 했나!" 나라 경영이 잘못되면 이렇게 국민 개개인에게 엄청난 비극을 야기할 수 있다는 사실을 새삼 절감했기 때문이다.

계속 열심히 해서 부사장도 되고 CEO도 되겠지만, 돈을 더 버는 것보다 좀 더 의미 있는 일을 하고 싶었다. 남은 인생동안 우리나라가 잘 사는 나라가 되는 길에 조금이라도 보탬이 될 수 있도록 내 능력과 역량을 쓰기로 결심했다.

마침 민주통합당에서 인재영입제안이 왔다. 당시 정권을 잡고 있던 보수당은 우리 젊은이들에겐 권위주의적 정당으로 비쳤던 상황이라 야당인 민주통합당에 합류하는 것이 자연스러운 흐름이었다.

나는 기질적으로 자유주의적 성향이 강했다. 대학 시절 운동권 선배의 문화적 강요에 거부감을 갖게 된 것도 개인의 선택과 개성을 무시하는 듯한 그들의 획일적인 태도 때문이었다.

보수정권에 대해 갖고 있던 느낌도 그랬다. 박정희 정권의 산업화 정책의 성과에 대해서는 나는 그때나 지금이나 높이 평가하지만 그럼에도 민주화 이후에는 시대에 맞는 국가운영 방식이 있어야 했다고 생각해왔다. 그러나 이른바 민주정부건 보수정부건 국가주의적 개입의 정도는 계속 심화되는 듯 보였다. 여전히 개발독재 시대의 국가주의 마인드가 시장과 정치 전반에 스며들어 있었다.

지금에서야 고백하자면, 당시 나는 정치에 대해서는 잘 몰랐던 것 같다 민주당에 대해서도 매우 단순하게 생각했다. 민주당에 운동권 출신들이 있는 것은 알고 있었지만, 당시에는 그들이 다수가 아니라고 생각했고,

운동권들의 반체제 성향도 학창시절 얘기일 뿐이라고 대수롭지 않게 여겼다. 그러나 민주당에 대한 판단과 기대가 얼마나 순진한 생각이었는지 깨닫기까지, 그리 오래 걸리지 않았다.

겁 없는 신인

2012년. 민주당은 19대 총선을 앞두고 여성인재 영입 차원에서 경제계, 법조계 등의 전문가를 섭외했다. 그 때 나를 비롯한 입당자들은 비례는 안 되더라도 당선이 유력한 좋은 지역구를 받을 걸로 기대했다.

그런데 막상 영입 기자회견 이후에는 상황이 달라졌다. 당내 기득권에 밀려 죄다 어려운 지역구만 남아있었다. 나는 고민 끝에 '어차피 쉬운 지역구가 없는데 기왕 붙으려면 센 사람이랑 붙어야겠다.'는 생각으로 전재희 전 장관과의 대결을 선택했다. 장관 출신의 경험 많은 여성정치가인 전재희 씨와 만 사십이 안 된 변호사 출신 초보 여성 정치인의 구도였다.

애당초 어려운 선거였지만 떨어진다 해도 좋은 경험으로 삼으면 된다고 스스로 용기를 내며 선거에 임했다. 반면 상대후보 쪽에서는 신인 정치인인 나에게 그다지 위기감을 느끼지 않았는지 그렇게 열렬히 선거운동에 임하지 않았다.

나는 정말 미친 듯이 선거운동을 했다. 동료들과 새로이 로펌을 차렸을 때도 미친 듯이 일했고, 아버지 회사 부도나고 가장노릇하며 가계부채를 갚기 위해 아르바이트를 할 때도 미친 듯이 했는데 그때도 딱 그렇게 했다. 그러다 보니 금방 소문이 쫙 퍼졌다. "젊은 여성 신인이 왔는데, 너무 열심히 뛰더라!"

내가 영남 출신이고 대기업 임원 출신이라는 사실도 유권자들에게 확장력이 있었다.

결과는 뜻밖에도 나의 승리였다. 3,000표 차이로 이겼으니 박빙이었다. 중도층의 지지가 있었기 때문에 승리할 수 있었다. 당시 나의 당선은 큰 이변이었다.

정치, 끝없는 실천의 길

정치권에 첫발을 내디딘 뒤로 나는 소신껏 나의 길을 걸어왔다. 8년째 야당정치인으로 살아오면서 끝없이 공부했고, 정치적 이해관계나 계파의 눈치를 보지 않고 신념에 따라 실천하는 일을 두려워하지 않았다. 그러다 보니 어느덧 보수의 여전사라는 별칭까지 얻게 되었다.

나는 힘들 때마다 내가 정치를 시작한 이유에 대해 돌아보곤 한다. 내가 정치에 처음 관심을 갖게 된 것은 IMF를 통해서였다. 아버지의 부도로 온 가족이 고통 받던 쓰라린 기억에서 처음으로 정치가 얼마나 사람들의 일상에 큰 영향을 미치는지 알게 되었다. 그러한 자각은 내가 국회의원이 된 이후, 고스란히 정치에 대한 책임의식으로 바뀌었다. 파란만장한 대한민국의 역사 속에서 나는 어떤 역할을 할 것인가? 뭔가 내 역량을 나라의 미래를 개척하는데 써야 겠다고 생각했다.

그 때의 각오와 다짐을 실천하기 위해 나는 기업인이 현장을 뛰듯 정치의 현장에서 치열한 나의 길을 걸어왔다. 때론 좌절하고 분노했으며 때론 설득하고 대립하면서 내가 속한 당과 부딪치고, 몸부림치기도 했다. 그 과정은 어떤 측면에서는 나의 시야를 넓혀주고 정치철학을 다듬는 과정이기도 했다.

돌이켜 보건대, 지도 한 장 없이 망망대해에서 미지의 땅을 찾아간 탐험가의 길을 걸어온 느낌이다. 중간에 포기하고 싶었던 순간도 있었고, 오랜 시간 공들인 것들을 다 버려야 할 때도 있었다. 아마도 내가 단순히 정치권에서 양지 바른 곳만을 찾아다녔다면 이렇게 힘든 길을 걷지는 않았을 것 같다. 어려울 때마다 나를 붙잡아 준 것은 처음 정치에 나서며 내가 스스로 다짐했던 소명의식과 책임의식이었다.

당선증을 받아든 초보 정치인의 첫 마음을 가슴에 품고 나는 다시 광야에 서고 싶다. 그 어떤 무거운 소명이 짓누르더라도 두려워하지 않을 것이다. 진심을 갖고 책임을 다하면 언젠가 아름다운 희망의 길이 열린다고 믿기 때문이다.

— 주 —

1) 86세대는 <386세대>에서 비롯된 말이다. 386세대라는 말이 처음 나올 무렵, 그들은 대부분 30대였다. 이 때문에 나이는 30대, 학번은 80년대 학번, 출생연도는 60년대라는 의미를 담아 <386세대>라는 신조어가 생성되었다. 그러나 이들이 점점 나이가 들면서 30대는 40대가 되고, 어느덧 50대에 접어들었다. 이 때문에 이 세대를 지칭하는 용어도 386세대에서 486세대로, 그리고 다시 586세대로 변화하게 한다. 이 책에서는 용어의 혼란을 막기 위해 현재까지도 80년대 운동권식 사고방식을 고집하며 대한민국의 여론을 주도하고 있는 일련의 흐름을 <86세대>로 통칭하고자 한다.

2) 주대환, [주대환의 시민을 위한 한국현대사], 나무나무, p.225

3) [정치·경제 권력 30년…민주화 세대는 무엇을 남겼나], 한겨레신문(2018.12.7.)

4) 이진우, [민주주의는 '자유'민주주의다], 교수신문 (2019.04.26.)

5) 전 세계에서 우리나라와 터키 등 극소수 국가에만 주휴수당이라는 제도가 있다.

6) 김강식, [2018년 최저임금 인상에 따른 중소기업의 대응방안], 경기도경제과학진흥원

7) [서울 직장인 월급 223만원…자영업자 월소득은 172만원], 매일경제(2018.4.18.)

8) [공공일자리 규모, 총 취업자의 8.9%…OECD 꼴찌수준], 한겨레 (2017.6.13.)

9) [한국 공무원 비율 OECD 꼴찌?…'엉터리 통계'알고도 갖다 쓴 정부], 한국경제 (2017.6.8.)

10) 김대호, [문재인의 '공공일자리 81만 개 창출'에 반박한다], 프레시안 (2017.2.15.)

11) [한국 대기업-중소기업 임금격차, 선진국보다 크다], 한겨레 (2018.11.27.)

12) 김대호, [조선행 퇴행열차를 어찌해야 하나?], 사회디자인연구소(2017.1.19.)

13) 이병태, [문재인 대통령님, 정말 '소주성' 족보를 보셨나요?], 조선일보 (2019.5.6.)

14) 이만우, [OECD 주요 8개국 사회복지지출의 공급형태별 비교], 국회입법조사처 (2015.)

15) 조동근, [우리나라 복지지출 적정성 및 지속가능성], 한국경제연구원 (2014.)

16) 조경엽, [한국의 복지지출과 재원달의 우선순위에 관한 고찰], 한국경제연구원 (2017.)

17) [한국, 세금+사회보장기여금 등 '국민부담률' OECD 최하위권], 헤럴드경제 (2019.1.14.)

18) 권혁철, [나라망치는 포퓰리즘, 그리스 따라가는 한국], 한국경제연구원 (2015.)

19) ['태양광이 원자력보다 경제정 크다는 주장'의 진실], 뉴데일리(2018.11.9.)

20) 최연혜, [대한민국 블랙아웃], 비봉출판사, p.133~134

21) 같은 책, p.78

22) 같은 책, p.78

23) 같은 책, p.209

24) [탈 원전 비용 370조원이 넘는다], 조선일보 (2017.7.6.)

25) [탈 원전 정책 21년간 232조 필요], 조선일보 (2017.10.12.)

26) 최연혜, [대한민국 블랙아웃], 비봉출판사, p.133

27) [원전 버린 독일, 탄소배출 늘어], 조선일보 (2018.9.7.)

28) [건강을 위협하는 미세먼지, 원인과 대책], 경기개발연구원 (2013.)

29) [신규 원전 매몰비용만 1조…월성 1호기 5년 단축땐 1.5조 날아간다], 한국경제(2017.10.25.)

30) 이용준, [북핵 30년의 허상과 진실], 한울아카데미, p.48~50

31) [남북 군사합의는 신체 포기 각서 쓴 꼴], 주간동아 (1157호)

32) 신상목, [문재인정부의 '균형외교'가 미국에 심각한 위협이 되는 이유], 조선pub (2017.11.6.)

33) 최윤식, [앞으로 5년, 미중전쟁 시나리오], 지식노마드, p.41

34) 이춘근, [미중패권 전쟁과 한국의 전략], 김앤김북스, p.171

35) 같은 책, p.248

36) 같은 책, p.318

37) 나치(Nazi)당의 정식 명칭은 <국가 사회주의 독일노동자당>
(Nationalsozialistische Deutsche Arbeiterpartei)이다.

38) 로렌스 W. 리드 (Lawrence W. Reed) : 경제교육재단(FEE) 회장. 1984년까지 노스우드 대
학에서 경제학을 가르쳤다. 그로브시티 대학에서 경제학 학사 학위를 받았고(1975), 슬리
퍼리록대학에서 역사학, 미시간대학에서 행정학을 공부했다. 노스우드 대학에서는 법학
명예 박사학위를 받았다. <왜 결정은 국가가 하는데 가난은 나의 몫인가>의 편저자다.

39) 오스트리아 출신 경제학자. 1974년 화폐와 경제 변동에 관한 연구로, 이데올로기적 라이벌
인 스웨 덴 경제학자 군나르 뮈르달과 함께 노벨 경제학상을 받았다. 시카고대 경제학 교
수로 활동하면서 사회주의 경제 정책을 비판하고, 자유시장 경제를 옹호해 신자유주의
의 사상적 아버지로 불린다.

40) 하이에크, [치명적 자만(The Fatal Conceit)]

41) 루트비히 폰 미제스(Ludwig von Mises)는 1881년 오스트리아 출신으로 1973년 미국에
서 사망한 경제학자이자 철학자다. 빈 대학에서 법학 및 경제학 박사 학위를 받았다. 상
이한 욕구를 가지고 합리적으로 행동하는 개인의 선호와 교환에 큰 학문적 의미를 부여

했다. ≪인간행동론≫ 외 많은 저서를 남겼다. 하이에크와 더불어 오스트리아학파의 거
두로 불린다.

42) [사회주의 국가에서의 경제계산(Economic Calculation in the Socialist Commonwealth)]

43) 하이에크, [노예의길 (The Road to Serfdom)]

44) 이 장의 서술은 이병태 교수의 유튜브방송 [이병태교수가 말하는 스칸디나비아 복지국가
    의 환상]을 참조하였다. (펜앤드마이크 정규재TV, https://youtu.be/ZNayvOpsdUg,
    2017.2.1)

45) 로버트 포겔(Robert Fogel) : 미국 시카고대학교 경제학 교수, 전미경제학회 회장.

46) 스웨덴의 경제학자. 스톡홀름 대학교 교수와 무역 상업부 장관 등을 역임했다. 차별이 가난
    을 낳고, 가난 때문에 교육과 의료에서 소외받게 되어 결국 빈곤층이 더 가난해지는 메커
    니즘을 오랫동안 연구했다. 1974년, 가난보다 경제적 자유에 관심이 많았던 라이벌 하이
    에크와 함께 노벨 경제학상을 공동 수상했다.

47) 원제 [Where Is Britain Going?]

48) 서옥식, [맑스,엥겔스 '공산당선언' 허구로 판명], 올인코리아 (2014.2.21.)

49) 민경국, [보수주의란 무엇인가?], 하이에크소사이어티 자유주의 정책심포지움 자료집,
    (2011.10.)

50) 박지향, [영국보수당이 200년 살아남은 비결], 조선일보 (2012.1.30.)

51) 조너선 하이트, [바른마음], 웅진지식하우스, p.540

52) ['보수주의 바이블' 220년 만에 한국어로], 한겨레 (2009.4.15.)

53) 김영환, [한국 보수주의의 정립이 시급하다], 시대정신 (2016,통권 73호)

54) 박찬승, [대한민국은 민주공화국이다], 돌베개 p.14

55) 같은 책. p.140

56) 최성락, [말하지 않는 한국사], 페이퍼로드 p.105

57) 이영훈, [대한민국이야기], 기파랑, pp.54~60

58) 이주영, [이승만과 그의 시대], 기파랑, p.32

59) 이영훈, [이승만의 독립정신 읽기](이승만학당 7기 제1강의 자료)

60) 김충남, 김효선 편역, 이승만 저(著), [독립정신], 동서문화사, p.242

61) 유영익, [이승만의 삶과 꿈], 중앙일보사 p.134

62) 주대환, [주대환의 시민을 위한 한국현대사], 나무나무. pp.47~73

63) 주대환, [대한민국과 호남이 함께 발전하는 미래], 제3의길 (2019.3.11.). 3road.kr

64) 최장집, [박정희 정권과 한국현대사], 계간 『대화』제5호

65) [문재인, 박정희 별로 안 존경하지만..], 중앙일보 (2017.2.7)

66) 박형준·권기돈, [보수의 재구성], 메디치, p.62

67) 같은 책 p.63~64

68) 조갑제, [군사문화 옹호론] chogabje.com

69) 서울대학교 공과대학 편, [축적의 시간], 지식노마드. p.30

70) [추락하는 잠재성장률, 10여 년 후부터 장기침체 우려], 노컷뉴스 (2018.11.17.)

71) 주원, [한국 주력산업의 위기와 활로], 현대경제연구원 (2018.4.6.)

72) 장하준 [서비스 산업에 걸린 지나친 기대], 중앙일보 (2014.4.10.)

73) 2015년 제조업의 비중은 우리나라가 29.5%로 독일 22.8%, 일본 18.6%, 미국 12%보다 높지만, 서비스업의 비중은 2015년에 우리나라가 59.7%로 미국 79.3%, 일본 72.4%, 독일 68.9%보다 낮다.

74) 김대호, [2019년 대한민국 위기와 대안], 국회토론회 (2018.12.16)

75) 김형모, [누가 내 국민연금을 죽였나?], 글통, P.73

76) 김현철 서울대 교수 [중산층 총체적 붕괴가 밀려온다], 경향신문 (2016.6.18.)

77) 이태석·허진욱, [재정 여력에 대한 평가와 국가부채 관리 노력 점검], KDI (2017)

78) 마강래, [지방정부 살생부], 개마고원 p.140

79) 조경엽, [한국의 복지지출과 재원조달의 우선순위에 관한 고찰], 한국경제연구원 (2017)

80) 이규용, [외국인력의 노동시장 영향과 정책과제], 한국노동연구원 (2017)

81) [20조원 잡아라' 불붙은 소액 해외 송금 경쟁, IT조선 (2018.12.13.)

82) [불법체류 작년 35만명 최대, 최저임금 오른탓?], 조선일보 (2019.1.22.)

83) [난민 신청자 3년뒤 12만명 예상], 중앙일보 (2018.7.6.)

84) [외국인 범죄율, 내국인 밑돌지만 살인·강도는 높아], 연합뉴스 (2016.2.12.)

85) [미중 무역전쟁에 제동 걸린 中 반도체 굴기...M&A 줄줄이 좌절], 한국경제(2019.4.24.)

86) [북한은 왜 핵무기에 목을 맬까...네 가지 가설], 중앙일보(2017.10.20.)

87) [전술핵 재배치는 타당한 현실적 대안], 문화일보(2017.9.4.)

나는 왜 싸우는가

초판 1쇄 발행 2019년 7월 22일
초판 3쇄 인쇄 2019년 8월 23일
초판 3쇄 발행 2019년 8월 27일
개정판 1쇄 발행 2019년 11월 20일

저　자 | 이언주
발　행 | 김태영
발행처 | 도서출판 씽크스마트
주　소 | 서울특별시 마포구 토정로2 22(신수동) 한국출판콘텐츠센터 401호
전　화 | 02-323-5609 · 070-8836-8837
팩　스 | 02-337-5608

ISBN 978-89-6529-218-0　03340　값17,000원

이 도서의 국립중앙도서관 출판예정도서목록(CIP)은 서지정보유통지원시스템 홈페이지 (http://seoji.nl.go.kr)와 국가자료공동목록시스템 (http://www.nl.go.kr/kolisnet)에서 이용하실 수 있습니다.

씽크스마트 • 더 큰 세상으로 통하는 길
도서출판 사이다 • 사람과 사람을 이어주는 다리